EBRARD

COLLECTION MICHEL LÉVY

LES SEPT
PÉCHÉS CAPITAUX

OUVRAGES
D'EUGÈNE SUE

Parus dans la collection Michel Lévy

LES SEPT PÉCHÉS CAPITAUX	6 vol.
L'ORGUEIL...	2 —
L'ENVIE. — LA COLÈRE............................	2 —
LA LUXURE. — LA PARESSE........................	1 —
L'AVARICE. — LA GOURMANDISE..................	1 —
GILBERT ET GILBERTE...............................	3 —
LE DIABLE MÉDECIN..................................	3 —
ADÈLE VERNEUIL.....................................	1 —
LA GRANDE DAME....................................	1 —
CLÉMENCE HERVÉ....................................	1 —

LAGNY. — Typographie de A. VARIGAULT et Cie.

LES SEPT
PÉCHÉS CAPITAUX

PAR

EUGÈNE SUE

LA LUXURE. — LA PARESSE

PARIS
MICHEL LÉVY FRÈRES, LIBRAIRES-ÉDITEURS
RUE VIVIENNE, 2 BIS

1860
Tous droits réservés.

LES SEPT
PÉCHÉS CAPITAUX

LA LUXURE

I

Le palais de l'*Élysée-Bourbon* (ancien hôtel de la marquise de Pompadour), situé au milieu du faubourg Saint-Honoré, était, dans ces derniers temps*, ainsi qu'on le sait, l'*hôtel garni* des altesses royales étrangères, catholiques, protestantes ou musulmanes, depuis les princes de la confédération germanique jusqu'à Ibrahim-Pacha.

Vers la fin du mois de juillet de l'une des années passées, vers les onze heures du matin, plusieurs jeunes secrétaires et gentilshommes de la suite de S. A. R. l'archiduc Léopold-Maximilien, qui habitait l'Élysée depuis six semaines, étaient réunis dans l'un des salons de service du palais.

— La revue donnée au Champ de Mars en l'honneur de S. A. R. se prolonge, disait l'un. L'audience du prince sera encombrée ce matin.

* Ce récit a été écrit avant la révolution de février.   E. S.

— Le fait est, reprit un autre, qu'il y a déjà cinq ou six personnes qui attendent depuis une demi-heure.

— Et Monseigneur, dans sa rigoureuse ponctualité militaire, regrettera fort cette inexactitude forcée.

Une des portes de la salle s'ouvrit alors, un jeune homme de vingt ans au plus, commensal de la maison, traversa le salon et entra dans une pièce voisine, après avoir salué, avec un mélange de bienveillance et de timidité, les personnes dont nous avons parlé et qui s'étaient levées à son aspect, lui témoignant ainsi une sorte de déférence que son âge et sa position ne semblaient pas d'ailleurs commander.

Lorsqu'il eut disparu, l'un des gentilshommes reprit, en faisant allusion au très-jeune homme qui venait de traverser le salon :

— Pauvre *comte Frantz*.... toujours aussi timide ! Une jeune fille de quinze ans, sortant du couvent, aurait plus d'assurance que lui...

— Qui croirait, à le voir si virginal, qu'il a fait pendant trois ans la guerre du *Caucase* avec une rare bravoure ?...

— Et qu'il a eu à Vienne un duel acharné dont il est vaillamment et brillamment sorti ?

— Moi, Messieurs, je me figure que le comte Frantz devait toujours baisser candidement les yeux en allongeant ses coups de sabre aux Circassiens.

— Du reste, je crois que S. A. R. s'accommode fort de l'ingénuité de son...

— Diable !.. pas d'indiscrétion, mon cher !

— Laissez-moi donc achever. Je dis que Monseigneur s'accommode fort de la persistante ingénuité de son... filleul.

— A la bonne heure... Et je pense, comme vous, que le prince n'avait pas vu sans quelque crainte ce beau garçon exposé aux tentations de ce diabolique Paris. Mais qu'avez-vous à sourire, mon cher ?

— Rien.

— Est-ce que vous pensez que le comte Frantz, malgré son apparente innocence, a eu quelque amourette ?

— Voyez un peu, Messieurs, toutes les belles choses que peut signifier un sourire...

— Sérieusement, mon cher, pensez-vous que le **comte Frantz**...

— Je ne pense rien... je ne dis rien, je serai muet comme un diplomate qui a intérêt à se taire... ou comme un jeune officier des gardes... nobles, lorsqu'il passe pour la première fois sous l'inspection de Monseigneur.

— Le fait est que le prince a un de ces regards qui imposent aux plus hardis. Mais, pour en revenir au comte Frantz...

Cet entretien fut interrompu par un collègue des personnages réunis dans le salon de service.

Ce nouveau venu fit oublier le comte Frantz, et deux ou trois voix lui demandèrent à la fois :

— Eh bien ! votre merveille ?

— Cette fameuse usine du faubourg Saint-Marceau?

— Cela valait-il au moins la peine d'être vu?

— Pour moi, Messieurs, qui suis très-curieux de ces constructions de machines, répondit celui qui venait d'entrer, cette matinée a été du plus grand intérêt, et je déclare M. Charles Dutertre le propriétaire de cette usine, un des plus habiles et des plus savants mécaniciens que je connaisse... en ajoutant qu'il est peu d'hommes plus avenants ; je compte même engager Monseigneur à aller visiter ces ateliers.

— A la bonne heure; vous, mon cher, on ne vous accusera pas de perdre votre temps à des futilités ; moi, j'ai de moins hautes prétentions, et ma prétention n'est même encore qu'à l'état d'espérance...

— Et cette espérance?

— Est d'être invité à dîner chez le célèbre docteur *Gasterini*...

— Le plus illustre, le plus profond gourmand de l'Europe...

— On dit en effet que sa table est un échantillon du paradis... des gourmands.

— Je ne sais, hélas! s'il sera pour moi de ce paradis comme de l'autre!... mais j'espère.

— Moi, j'avoue ma faiblesse. De tout ce que j'ai vu à Paris, ce qui m'a le plus charmé... fasciné... ébloui... ravi... je dirai même instruit...

— C'est... Voyons?

— Eh bien ! c'est .. (dût ce blasphème faire rougir notre pudique et fière Germanic), c'est...

— Achevez donc!

— C'est le bal Mabille.

Les rires, les exclamations, provoqués par ce franc aveu, duraient encore, lorsqu'un des secrétaires de l'archiduc entra, tenant deux lettres à la main, et s'écria gaiement :

— Messieurs! des nouvelles toutes fraîches de Bologne et de Venise!...

— Bravo! mon cher Ulrik... et quelles nouvelles?

— Les plus curieuses, les plus extraordinaires du monde.

— Vraiment?

— Vite... contez-nous cela, cher.

— Bologne d'abord, et Venise ensuite, ont été, pendant plusieurs jours, dans une agitation incroyable... par suite d'événements non moins incroyables.

— Une révolution?

— Un mouvement de la jeune Italie?

— Ou bien un nouveau mandement du pape libérateur?

— Non, Messieurs, il s'agit d'une femme.

— D'une femme!

— Oui... à moins que ce ne soit le diable, et j'inclinerais pour le croire.

— Ulrik, vous nous mettez au supplice, expliquez-vous donc.

— Vous rappelez-vous, Messieurs, avoir entendu parler en Allemagne, l'an passé, de cette jeune veuve mexicaine, *la marquise de* MIRANDA?

— Parbleu! c'est elle que notre poëte *Moser-Hartman*... a chantée en vers si magnifiques et si passionnés sous le nom de la *moderne* APHRODITE.

— Ah! ah! ah! quelle plaisante erreur! dit un des interlocuteurs en riant aux éclats, Moser-Hartman... le poëte religieux et spiritualiste par excellence! le poëte chaste, pur et froid comme la neige immaculée, aller chanter *Aphrodite* en vers brûlants! J'ai entendu, en effet, citer ces vers vraiment admirables.... mais ils sont évidemment d'un autre Hartman...

— Et moi je vous assure, mon cher, et Ulrik vous le confirmera, que ce poëme, que l'on place avec raison à la hauteur des plus belles odes de Sapho, est bien de Moser-Hartman.

— Rien de plus vrai, reprit Ulrik; j'ai entendu Moser-

Hartman réciter lui-même ses vers... dignes de l'antiquité.

— Alors, je vous crois ; mais comment expliquer cette transformation soudaine, inconcevable ?

— Eh ! mon Dieu ! cette transformation qui a changé un homme d'un talent estimable, mais correct et froid, en un homme de génie, plein de fouge et de puissance, dont le nom est à cette heure européen... cette transformation a été opérée par la femme que le poëte a chantée... par la marquise de Miranda.

— Moser-Hartman ainsi changé !... j'aurais cru la chose impossible.

— Bah ! reprit Ulrik, la marquise en a fait bien d'autres... et voici un de ses meilleurs tours que l'on m'écrit de Bologne. Il y avait là un certain cardinal-légat... la terreur et l'aversion du pays.

— C'est nommer Orsini, homme aussi détestable que détesté.

— Et il a bien l'extérieur de son emploi ; je l'ai vu en Lombardie... Quelle figure cadavéreuse... et sinistre ! Je me suis toujours ainsi représenté le type de l'inquisiteur.

— Eh bien ! la marquise l'a conduit au bal du Casino de Bologne, masqué et déguisé en cavalier *Pandour*.

— Le cardinal-légat en cavalier *Pandour !* s'écria-t-on tout d'une voix. Allons donc, Ulrik, c'est un conte bleu !

— Vous lirez cette lettre, et quand vous verrez de qui elle est signée, vous ne douterez plus, incrédules que vous êtes, reprit Ulrik. Oui, la marquise s'est fait accompagner de l'Orsini ainsi déguisé ; puis, en plein bal, elle lui a arraché son masque en lui disant à haute voix : *Bonsoir, cardinal Orsini !* et, riant comme une folle, elle a disparu, laissant le légat exposé aux huées de la foule exaspérée. Il eût couru quelque danger, sans la force armée qui vint le protéger ; le lendemain, Bologne se soulevait pour demander le renvoi de l'Orsini, qui, après deux jours d'agitation, a été forcé de quitter nuitamment la ville. Le soir, toutes les maisons ont été illuminées en signe d'allégresse : sur plusieurs transparents on voyait, m'écrit-on, deux M entrelacées, le chiffre de la marquise.

— Et elle, qu'est-elle devenue ?

— On ne l'a plus revue ; elle était partie pour Venise... reprit Ulrik en montrant une seconde lettre; là, m'écrit-on, ç'a été bien autre chose...

— Quelle femme! quelle femme!..
— Comment est-elle?
— L'avez-vous vue?
— Non...
— Ni moi...
— Ni moi...
— On dit qu'elle est très-grande et très-mince.
— On m'avait dit à moi qu'elle était d'une taille plus qu'ordinaire.
— Ce qu'il y a de sûr, c'est qu'elle est brune, car Moser-Hartman parle de ses yeux noirs et de ses noirs sourcils...
— Tout ce que je puis dire, reprit Ulrik, c'est que, dans cette lettre de Venise, d'où la marquise est partie tout récemment pour la France, assure-t-on, on appelle assez poétiquement cette femme singulière *la blonde étoile*... ce qui donnerait à penser qu'elle est blonde!
— Mais, à Venise... qu'a-t-elle fait? que s'est-il passé?
— Ma foi! répondit Ulrik, c'est une aventure qui tient à la fois des mœurs de l'antiquité païenne, et de celles du moyen âge en Italie.

Malheureusement pour la curiosité des auditeurs d'Ulrik, le bruit soudain d'un tambour battant aux champs ayant annoncé le retour de *l'archiduc Léopold*, chaque personne de la maison du prince regagna son poste; on se tint prêt à recevoir l'altesse royale.

En effet, le factionnaire de l'Élysée-Bourbon, ayant vu de loin venir rapidement plusieurs voitures à la livrée du roi des Français, avait poussé le cri : *Aux armes!* Les soldats de garde, leur officier en tête, s'étaient alignés, et au moment où les voitures de la cour entraient successivement dans l'immense cour de l'Élysée, le tambour battit aux champs, la troupe présenta les armes.

La première des voitures s'arrêta devant le palais; les valets de pied à grande livrée rouge ouvrirent la portière, et S. A. R. *l'archiduc* Maximilien Léopold monta lentement les degrés du perron, en s'entretenant avec un colonel, officier d'ordonnance, chargé de l'accompagner; à quelques pas du prince venaient ses aides de camp, vêtus de brillants uniformes étrangers, et déposés à leur tour au pied du perron par les voitures royales.

L'archiduc, âgé de trente-neuf ans, était d'une taille à la fois robuste et élancée; il portait, avec une raideur martiale, le grand uniforme de *feld-maréchal*, habit blanc à épaulettes d'or; culotte de casimir écarlate, sur laquelle tranchait le noir luisant de ses grandes bottes à l'écuyère, un peu poudreuses, car il avait assisté à cheval à une revue de troupes commandée en son honneur; le grand-cordon rouge, le collier de la Toison-d'Or, et cinq ou six plaques d'ordres différents, ornaient sa poitrine; ses cheveux étaient d'un blond pâle comme sa longue moustache militairement retroussée, qui rendait plus rude encore l'expression de ses traits, qu'accusaient fortement la carrure du menton et l'arête proéminente du nez; l'œil bleu, pénétrant et froid, à demi couvert par la paupière, s'enchâssait sous un sourcil très-relevé : aussi le prince avait-il toujours l'air de regarder de très-haut; ce regard sévère, dédaigneux, joint à une attitude impérieuse, à un port de tête inflexible, donnait à l'ensemble de la personne de l'archiduc un remarquable caractère d'altière et glaciale autorité.

Depuis un quart d'heure environ, le prince était rentré à l'Élysée, lorsque la voiture d'un ministre français et celle d'un ambassadeur d'une grande puissance du Nord, s'arrêtant successivement devant le perron l'homme d'État et le diplomate entrèrent dans le palais.

Presque à ce moment, l'un des principaux personnages de cette histoire arriva pédestrement dans la cour de l'Élysée-Bourbon.

Monsieur Pascal (notre héros s'appelait ainsi) paraissait avoir environ trente-six ans; il était de taille moyenne, très-brun, et portait une assez longue barbe, rude et noire comme ses sourcils, sous lesquels luisaient deux petits yeux gris, très-clairs, très-fins et très-perçants; il marchait légèrement voûté, non par suite d'une déviation de sa taille, mais par une sorte de nonchaloir : ayant d'ailleurs coutume de tenir presque toujours sa tête basse et ses deux mains plongées dans les goussets de son pantalon, cette attitude arrondissait forcément ses larges épaules; ses traits étaient surtout remarquables par une expression de dureté sardonique, à laquelle se joignait cet air d'inexorable assurance, particulier aux gens convaincus et vains de leur toute-puissance ; une étroite cravate noire nouée, comme on dit, *à la Colin*, un long gilet de coutil écossais, un léger paletot d'été de couleur blanchâtre, un chapeau gris assez râpé, et un large pantalon de nankin, dans les goussets duquel M. Pascal tenait ses mains enfoncées; tel était son costume, d'une propreté douteuse, et parfaitement en harmonie avec l'extrême chaleur de la saison et *le sans-gêne* habituel de ce personnage.

M. Pascal, lorsqu'il passa devant la porte du suisse, fut interpellé par ce fonctionnaire de la *loge*, qui, du fond de son fauteuil, lui cria :

— Eh!.. dites donc ! Monsieur, où allez-vous ?

Soit que M. Pascal n'entendît pas le suisse, soit qu'il ne voulût pas se donner la peine de lui répondre, il continua sans mot dire de se diriger vers le perron.

Le suisse, quittant alors forcément son fauteuil, courut après le muet visiteur, et lui dit impatiemment :

— Encore une fois, Monsieur, où allez-vous donc ? On répond, au moins !

M. Pascal s'arrêta, toisa dédaigneusement son interlocuteur, haussa les épaules, et répondit en se remettant en marche vers le perron :

— Je vais... chez l'archiduc.

M. le suisse savait son monde; il ne put s'imaginer que ce visiteur en paletot d'été et en cravate à la Colin eût réellement une audience du prince, et surtout osât se présenter devant lui dans un costume si impertinemment négligé, car toutes les personnes qui avaient l'honneur d'être reçues au palais étaient ordinairement vêtues de noir; aussi, M. le suisse, prenant M. Pascal pour quelque fournisseur égaré ou mal appris, le suivit en lui disant à haute voix :

— Mais, Monsieur... les marchands que S. A. R. fait venir ne passent pas par le grand escalier; voilà... là-bas, à droite la porte du fournisseur et des communs... par laquelle vous devez entrer.

M. Pascal n'aimait pas les paroles inutiles, il haussa de nouveau les épaules et continua de s'avancer vers le perron, sans répondre au suisse.

Celui-ci, exaspéré par ce silence et cette opiniâtreté obstinés, saisit alors M. Pascal par le bras, et, élevant la voix, s'écria :

— Encore une fois, Monsieur, ce n'est pas par là que vous devez entrer.

— Qu'est-ce à dire, drôle? s'écria M. Pascal avec un mélange de courroux et de stupeur, comme si l'attentat du suisse lui eût paru aussi audacieux qu'inconcevable ; sais-tu bien à qui tu parles ?..

Il y eut dans ces mots, dans leur accent, une expression d'autorité si menaçante, que le pauvre suisse, un moment effrayé, balbutia :

— Monsieur... je... je... ne sais.

La grande porte du vestibule s'ouvrit alors brusquement ; l'un des aides de camp du prince ayant vu, de l'une des fenêtres du salon de service, s'élever l'altercation du suisse et du visiteur, descendit précipitamment les degrés du perron, s'avança avec empressement vers M. Pascal, et, s'adressant à lui en excellent français, il lui dit d'un ton pénétré :

— Ah! Monsieur, S. A. R. sera, j'en suis sûr, aux regrets de ce malentendu. Veuillez me faire l'honneur de me suivre... je vais vous introduire à l'instant... J'ai reçu tout à l'heure des ordres de Monseigneur à votre sujet, Monsieur...

M. Pascal baissa la tête en manière d'assentiment, et suivit l'aide de camp, laissant le suisse ébahi et désolé de sa maladresse.

Lorsque M. Pascal et son guide furent arrivés dans le salon d'attente où se trouvaient d'autres aides de camp, le jeune officier reprit :

— L'audience de S. A. R. est encombrée ce matin, car la revue a retenu Monseigneur plus longtemps qu'il ne le pensait ; aussi, désirant vous faire attendre le moins possible, Monsieur, il m'a ordonné de vous conduire, dès votre arrivée, dans une pièce voisine de son cabinet. S. A. R. ira vous rejoindre aussitôt après la conférence qu'elle a en ce moment avec M. le ministre des affaires étrangères.

M. Pascal fit de nouveau un signe d'assentiment, et, précédé de l'aide de camp, il traversa un couloir assez obscur et arriva dans un salon donnant sur le magnifique jardin de l'Élysée.

Au moment de se retirer, l'aide de camp, distrait jusqu'alors par la malencontreuse altercation du suisse et de

M. Pascal, remarqua le négligé de ce dernier. Habitué aux sévères formalités de l'étiquette, le jeune courtisan fut étrangement choqué de l'irrespectueux costume du personnage qu'il venait d'introduire; il hésita entre la crainte d'indisposer une homme tel que M. Palcal, et l'envie de protester contre l'inconvenance de sa tenue, espèce d'injure faite à la dignité du prince, inexorable pour tout ce qui touchait aux égards dus à son rang : mais la première crainte l'emporta, et l'aide de camp, réfléchissant d'ailleurs qu'il était trop tard pour engager notre homme à aller se vêtir plus révérencieusement, lui dit en se retirant :

— Dès que M. le ministre des affaires étrangères sera sorti du cabinet de S. A. R., je la préviendrai, Monsieur, que vous êtes à ses ordres.

Ces derniers mots : *Que vous êtes à ses ordres,* parurent mal sonner aux oreilles de M. Pascal; un demi-sourire sardonique plissa ses lèvres; mais faisant bientôt, ainsi qu'on dit, *comme chez lui,* et trouvant sans doute la température du salon trop élevée, il ouvrit une des fenêtres, s'accouda sur la balustrade, et, gardant son chapeau sur sa tête, se mit à examiner le jardin.

I

Tout le monde connaît le jardin de l'Élysée, ce petit parc ravissant, planté des plus beaux arbres du monde, et dont les frais gazons sont arrosés par une rivière anglaise ; une allée en terrasse, qu'abritent des ormes séculaires, borne ce parc du côté de l'avenue de Marigny, une allée semblable, en parallèle, le limite du côté opposé ; un mur très-bas le sépare des jardins voisins.

Cette dernière allée dont nous parlons aboutissait à peu de distance de la fenêtre du salon où se tenait alors M. Pascal : bientôt son attention fut pour plusieurs motifs vivement éveillée.

Le jeune homme qui avait traversé le salon des secrétaires et des gentilshommes, et par sa timidité avait été l'objet de plusieurs remarques, se promenait alors lentement dans l'allée ombreuse. Il était d'une taille élégante et svelte ; de temps à autre il s'arrêtait, baissait la tête, restait un instant immobile, puis il recommençait sa promenade ; lorsqu'il eut atteint l'extrémité de l'allée, il s'approcha presque furtivement du mur limitrophe du jardin voisin, et comme à cet endroit ce mur n'avait guère plus de quatre pieds de haut, il s'y appuya, et parut absorbé, soit dans la réflexion, soit dans l'attente.

Jusqu'alors ce promeneur avait tourné le dos à M. Pascal, qui se demandait avec curiosité ce que pouvait regarder ou attendre ce personnage dont il n'avait pas encore pu distinguer les traits ; mais lorsque, n'ayant pas sans doute vu ce qu'il semblait chercher du regard, le jeune homme se retourna et revint sur ses pas, il fit ainsi face à M. Pascal.

Le comte *Frantz de Neuberg*, nous l'avons dit, passait pour être le filleul de l'archiduc, dont il était tendrement aimé. Selon les bruits de cour, S. A. R. n'ayant pas eu d'enfants depuis son mariage avec une princesse de Saxe-Teschen, ne manquait pas de raisons pour traiter *paternellement* Frantz de Neuberg, fruit secret d'un premier et mystérieux amour.

Frantz, âgé de vingt ans à peine à l'époque de ce récit, offrait le type accompli de la beauté mélancolique du Nord : ses longs cheveux blonds, séparés au milieu de son front candide et blanc comme celui d'une fille, encadraient un visage d'une régularité parfaite ; dans ses grands yeux, d'un bleu céleste, au regard doux et rêveur, semblait se réfléchir la pureté de son âme ; une barbe naissante, estompant de son duvet soyeux et doré son menton et sa lèvre supérieure, accentuait virilement cette charmante figure.

A mesure qu'il s'avançait dans l'allée, Frantz attirait de

plus en plus l'attention de M. Pascal, qui le contemplait avec une sorte de surprise admirative, car il était difficile de ne pas remarquer la rare perfection des traits de Frantz ; lorsqu'il fut à peu de distance de la fenêtre, il rencontra le regard fixe et obstiné de M. Pascal, parut non moins embarrassé que contrarié, rougit, baissa les yeux, et, se retournant brusquement, continua sa promenade, hâtant un peu le pas jusque vers le milieu de l'allée ; là, il recommença de marcher lentement, et sans doute gêné par la pensée qu'un étranger observait tous ses mouvements. A peine osa-t-il d'abord se rapprocher des limites du jardin voisin ; mais soudain, oubliant toute préoccupation, il courut vers le mur à la vue d'un petit chapeau de paille qui apparut de l'autre côté de la muraille, et qui encadrait dans sa passe doublée de soie rose le plus frais, le plus délicieux visage de quinze ans que l'on puisse rêver...

— Mademoiselle Antonine, dit Frantz vivement et à voix basse, on nous regarde...

— A ce soir !.. murmura une voix douce.

Et le petit chapeau de paille disparut comme par enchantement, la jeune fille ayant sans doute prestement sauté d'un banc sur lequel elle avait dû monter de l'autre côté du mur.

Mais, comme compensation sans doute à cette brusque retraite, une belle rose tomba aux pieds de Frantz, qui, la ramassant aussitôt, ne put s'empêcher de la porter ardemment à ses lèvres ; puis, cachant la fleur dans son gilet, le jeune homme disparut au milieu d'un massif, au lieu de continuer sa promenade dans la longue allée.

Malgré la rapidité de cette scène, malgré la disparition instantanée du petit chapeau de paille, M. Pascal avait parfaitement distingué les traits enchanteurs de la jeune fille et vu Frantz baiser passionnément la rose tombée à ses pieds.

Les traits durs et sardoniques de M. Pascal devinrent alors étrangement sombres. On y lisait un courroux violent mêlé de jalousie, de douleur et de haine ; pendant quelques instants, sa physionomie, devenue presque effrayante, trahit l'homme qui, habitué à voir tout plier devant soi, est capable de sentiments et d'actions d'une méchanceté diabolique, lorsqu'un obstacle imprévu vient contrarier sa volonté de fer.

— Elle ! elle ! dans ce jardin voisin de l'Élysée, se disait-il avec une rage concentrée, qu'y venait-elle faire ?.. Triple sot que je suis ! elle venait coqueter avec ce fluet et blond jouvenceau... Peut-être habite-t-elle l'hôtel mitoyen. Misère de Dieu ! apprendre... et apprendre de la sorte où elle demeure, après avoir en vain tout fait pour le découvrir... depuis que ce damné minois de quinze ans m'a pris par les yeux et m'a rendu fou... moi... moi, qui me croyais mort à ces caprices subits et frénétiques, auprès desquels ce qu'on appelle les plus violentes passions de cœur sont de la glace... car, pour avoir rencontré trois fois cette petite fille, je me sens, comme en mes plus beaux jours, capable de tout pour la posséder... à cette heure surtout que la jalousie m'irrite et me dévore... Misère de Dieu ! c'est niais, c'est stupide, mais je souffre...

Et, en disant ces mots, la figure de M. Pascal exprima en effet une douleur haineuse et farouche ; puis, tendant son poing du côté où avait paru le petit chapeau de paille, il murmura avec un accent de rage concentrée :

— Tu me le payeras, va... petite fille... et quoi qu'il puisse m'en coûter... tu m'appartiendras...

Et, accoudé à la balustrade, ne pouvant détacher ses regards irrités de l'endroit où il avait vu Frantz échanger un mot avec la jeune fille, M. Pascal était encore plongé dans cette sombre contemplation, lorsqu'une des portes du salon s'ouvrit doucement, et l'archiduc entra.

Le prince croyait si évidemment se trouver face à face avec le personnage dont il se savait attendu, que, d'avance, il avait donné à ses attraits, ordinairement d'une hauteur glaciale, l'expression la plus avenante possible ; aussi entra-t-il dans le salon le sourire aux lèvres.

Mais M. Pascal, à demi penché hors de la fenêtre, n'ayant pas entendu ouvrir la porte et ne se doutant pas de la présence du prince, continua de lui tourner le dos, en restant accoudé sur l'appui de la croisée.

Un physionomiste, témoin de cette scène muette, aurait pu curieusement étudier la réaction des sentiments du prince sur son visage.

A l'aspect de M. Pascal penché à la fenêtre, vêtu de son paletot d'été, et gardant incongrûment son chapeau sur sa tête, l'archiduc s'arrêta court ; son sourire emprunté s'effaça de ses lèvres, et, se cambrant sur ses hanches plus fièrement encore que de contume, il se roidit dans son grand uniforme, devint pourpre de colère, fronça les sourcils, et ses yeux lancèrent un éclair d'indignation courroucée. Mais bientôt la réflexion venant sans doute apaiser cet orage intérieur, les traits du prince prirent soudain une expression de résignation amère, douloureuse, et il baissa la tête comme s'il eût fléchi sous le poids d'une nécessité fatale.

Étouffant alors un soupir de fierté révoltée, tout en jetant un regard de vindicatif mépris sur M. Pascal, toujours penché à la fenêtre, le prince reprit, si cela se peut dire, son sourire affable là où il l'avait laissé, s'avança vers la croisée en toussant assez fort, afin d'annoncer sa présence et de s'épargner la dernière humiliation de toucher l'épaule de notre familier personnage pour attirer son attention.

Aux *hum! hum!* sonores de l'altesse royale, M. Pascal se retourna subitement; à la sombre expression de ses traits succéda une sorte de satisfaction cruelle et sardonique, comme si l'occasion lui eût amené une victime sur laquelle il pourrait se venger de ses tourments et de ses colères contenues.

M. Pascal s'avança donc vers le prince, le salua d'un air dégagé, en tenant son chapeau d'une main, et plongeant l'autre dans son gousset :

— Mille pardons, Monseigneur, dit-il, je ne savais vraiment pas que vous fussiez-là...

— J'en suis persuadé, monsieur Pascal, répondit le prince avec une hauteur difficilement déguisée.

Puis il ajouta :

— Veuillez me suivre dans mon cabinet, Monsieur, j'ai quelques pièces officielles à vous communiquer...

Et il se dirigeait vers son cabinet, lorsque M. Pascal lui dit avec un calme apparent, car cet homme avait, lorsqu'il le fallait, un rare empire sur lui-même.

— Monseigneur... me permettez-vous une question?

— Parlez, Monsieur, répondit le prince en s'arrêtant et se retournant assez surpris.

— Monseigneur... qu'est-ce donc qu'un jeune homme... d'une vingtaine d'années tout au plus, portant de longs cheveux blonds... que je viens de voir se promener dans cette allée... que l'on aperçoit de cette fenêtre?... Tenez, Monseigneur.

— Vous voulez sans doute parler, Monsieur, du comte Frantz de Neuberg, mon filleul?

— Ah! ce jeune homme est votre filleul, Monseigneur? Je vous en fais mon sincère compliment, on ne peut voir un plus joli garçon...

— N'est-ce pas? reprit le prince, sensible à cet éloge, même dans la bouche de M. Pascal, il a une charmante figure?

— C'est ce que tout à l'heure je remarquais à loisir, Monseigneur.

— Et le comte Frantz a mieux qu'une charmante figure, ajouta le prince ; il a de rares qualités de cœur et une grande bravoure.

— Je suis enchanté, Monseigneur, de vous savoir un filleul si accompli... Et il y a longtemps qu'il est à Paris?

— Il y est arrivé avec moi.

— Et il repartira sans doute avec vous, Monseigneur, car il doit vous être pénible de vous séparer d'un si aimable jeune homme?

— En effet, Monsieur, j'espère bien emmener le comte Frantz avec moi en Allemagne.

— Mille pardons, Monseigneur, de mon indiscrète curiosité... Mais votre filleul est de ces personnes auxquelles on s'intéresse malgré soi... Maintenant je suis tout à vous...

— Veuillez donc me suivre, Monsieur.

Pascal fit un signe de tête d'assentiment, et, marchant parallèlement à l'archiduc, il arriva avec lui jusqu'à la porte de son cabinet; là, s'arrêtant avec un geste de déférence qui n'était qu'une impertinence de plus, il s'inclina légèrement et dit au prince, comme si celui-ci avait hésité à passer le premier :

— Après vous, Monseigneur, après vous.

Le prince sentit l'insolence, la dévora, et entra dans son cabinet en faisant signe à M. Pascal de le suivre.

Celui-ci, quoique peu habitué au cérémonial des cours, avait trop d'esprit, trop de pénétration, pour ne pas sentir la portée de ses actes et de ses paroles ; non-seulement il avait conscience de son insolence qu'exaspéraient encore des ressentiments récents et contenus, mais cette insolence il la calculait, il l'étudiait, et, dans cette circonstance même, il avait, à part soi, agité la question de savoir s'il n'appellerait pas tout simplement l'altesse royale *monsieur;* mais, par un raffinement d'intelligente impertinence, il pensa que l'appellation cérémonieuse de *monseigneur* rendrait ses familiarités plus blessantes encore pour le prince, en contrastant avec une apparence d'étiquette...

Nous reviendrons d'ailleurs sur l'expression du caractère de M. Pascal, caractère moins excentrique qu'il ne le paraîtra peut-être tout d'abord. Disons seulement que, pendant dix années de sa vie, cet homme, né dans une position humble, précaire, et d'abord *homme de peine,* avait subi et dévoré les humiliations les plus dures, les dominations les plus insolentes, les dédains les plus outrageants; ainsi, des haineuses et implacables rancunes s'étaient amassées dans son âme; et le jour venu où il fut puissant à son tour, il s'adonna sans scrupule, sans remords, à la féroce volupté des représailles, peu soucieux de se venger sur des innocents.

L'archiduc, à défaut d'un esprit supérieur, possédait une longue pratique des hommes, acquise par l'exercice d'un emploi suprême dans la hiérarchie militaire de son pays; aussi, à sa seconde entrevue avec M. Pascal (entrevue à laquelle nous assistons), il avait compris la portée de l'insolence étudiée de ce personnage, et, lorsqu'en entrant avec lui dans son cabinet il le vit, presque sans attendre l'invitation, familièrement s'asseoir dans le fauteuil occupé un instant auparavant par un premier ministre qu'il avait trouvé rempli de déférence et de respect, le prince éprouva un nouveau et cruel serrement de cœur.

Le regard pénétrant de M. Pascal surprit cette impression sur le front de l'archiduc, et il se dit avec un triomphant dédain :

— Voilà un prince né sur les marches d'un trône... un cousin, pour le moins, de tous les rois d'Europe, un généralissime d'une armée de cent mille soldats; le voilà dans tout l'éclat de son uniforme de bataille, paré de tous ses insignes d'honneur et de guerre; cette altesse, cet homme, me méprise dans son orgueil de race souveraine. Il me hait parce qu'il a besoin de moi, et qu'il sait bien qu'il faut qu'il s'abaisse... et pourtant, cet homme, malgré son mépris, malgré sa haine, je le tiens en ma puissance, et je vais le lui faire rudement sentir, car aujourd'hui j'ai le cœur noyé de fiel.

III

M. Pascal s'étant établi dans un fauteuil doré, de l'autre côté de la table où se tenait le prince, s'empara tout d'abord d'un couteau à papier en nacre de perles qu'il trouva sous sa main et qu'il commença de faire incessamment évoluer en disant :

— Monseigneur... si vous le voulez bien... parlons d'affaires, car je dois être à une heure précise au faubourg Saint-Marceau... chez un manufacturier de mes amis...

— Je vous ferai remarquer, Monsieur, répondit le prince en se contraignant à peine, que j'ai bien voulu renvoyer à demain toutes les audiences que je devais donner aujourd'hui, afin de pouvoir vous consacrer tout mon temps...

— C'est trop aimable à vous... Monseigneur... mais venons au fait.

Le prince prit sur la table une longue feuille de papier-ministre, et, la remettant à M. Pascal, lui dit :

— Cette note vous prouvera, Monsieur, que toutes les parties intéressées à la cession que l'on me propose, non-seulement m'autorisent formellement à l'accepter, mais encore m'y engagent vivement, et sauvegardent même toutes les éventualités de mon acceptation.

M. Pascal, sans bouger de son fauteuil, tendit sa main d'un côté à l'autre de la table pour recevoir la note, et la prit en disant :

— Il n'y avait absolument rien à faire sans cette garantie.

Et il se mit à lire lentement, tout en mordillant le bout du couteau de nacre dont il ne se dessaisissait point.

Le prince attachait un regard inquiet, pénétrant, sur M. Pascal, tâchant de deviner à l'expression de ses traits s'il trouvait dans la note les garanties qu'il devait y chercher.

Au bout de quelques instants, M. Pascal s'interrompit de

lire, disant entre ses dents, d'un air fâcheux et comme se parlant à soi-même :

— Hon !... hon... voilà un article 7 qui ne me va point... du tout... mais du tout...

— Expliquez-vous... Monsieur, s'écria le prince avec angoisse.

— Pourtant, continua M. Pascal en reprenant sa lecture, sans répondre à l'archiduc et en affectant toujours de se parler à lui-même, cet article 7 se trouve corrigé par l'article 8... oui... et, au fait... c'est assez bon..., c'est très-bon même.

Le front du prince s'éclaircit, car, vivement préoccupé des puissants intérêts dont M. Pascal devenait forcément l'arbitre, il oubliait l'impertinence et la méchanceté calculée de ce personnage, qui trouvait, lui, une âpre jouissance à faire passer lentement sa victime par toutes les perplexités de la crainte et de l'espoir.

Au bout de quelques intants, nouvelles anxiétés du prince; M. Pascal s'écria :

— Impossible!.. cela... imposible! Pour moi, tout serait annulé par ce premier article supplémentaire. C'est une dérision.

— Mais enfin, Monsieur, s'écria le prince, parlez clairement !

— Pardon, Monseigneur... en ce moment je lis pour moi. Tout à l'heure, si vous le voulez... je lirai pour nous... deux.

L'archiduc baissa la tête, rougit d'indignation contenue, parut découragé, et appuya son front dans l'une de ses mains.

M. Pascal, tout en poursuivant sa lecture, jeta à la dérobée un regard sur le prince, et reprit, quelques moments après, d'un ton de plus en plus satisfait :

— Voilà du moins une garantie... certaine... incontestable.

Et comme le prince semblait renaître à l'espérance, M. Pascal ajouta bientôt :

— Malheureusement... cette garantie est isolée... de...

Il n'acheva pas, et continua silencieusement sa lecture.

Non, jamais solliciteur aux abois venant implorer un hautain et distrait protecteur, jamais emprunteur désespéré s'adressant humblement à un prêteur rogue et fantasque, jamais accusé cherchant à lire sa grâce ou sa condamnation dans le regard de son juge, n'éprouvèrent les tortures que ressentit le prince pendant que M. Pascal lisait la note dont il devait prendre connaissance, et qu'il remit bientôt sur la table.

— Eh bien ! Monsieur, lui dit le prince en dévorant son impatience, que décidez-vous ?

— Monseigneur... voudriez-vous, s'il vous plaît, me prêter une plume et du papier ?

Le prince poussa un encrier, une plume et du papier devant M. Pascal. Celui-ci commença une longue série de chiffres, tantôt levant les yeux au plafond, comme pour calculer de tête, tantôt murmurant à mi-voix des phrases incomplètes, telles que :

— Non... je me trompais, car... mais j'oubliais le... C'est évident... la balance serait égale si...

Après une longue attente de la part du prince, M. Pascal jeta la plume sur la table, replongea ses deux mains dans les goussets de son pantalon, renversa sa tête en arrière en fermant les yeux comme pour faire mentalement une dernière supputation... puis, se redressant bientôt, il dit d'une voix brève, tranchante :

— Impossible ! Monseigneur.

— Comment ! Monsieur, s'écria le prince consterné, vous m'aviez affirmé, lors de notre premier entretien, l'opération faisable...

— Faisable, Monseigneur... non point faite.

— Mais cette note, Monsieur... cette note, jointe aux garanties que je vous ai offertes ?

— Ce que propose cette note complète, je le sais, les sûretés indispensables à une opération pareille.

— Alors, Monsieur, d'où vient votre refus ?

— De raisons particulières, Monseigneur...

— Mais, encore une fois, est-ce que je ne vous offre pas toutes garanties désirables ?

— Si, Monseigneur... Je vous dirai même que je regarde l'opération non-seulement comme faisable, mais encore comme sûre et avantageuse pour celui qui voudrait la tenter. Ainsi je ne doute pas, Monseigneur, que vous ne trouviez...

— Eh ! Monsieur... s'écria le prince en interrompant Pascal, vous savez qu'en ce moment de crise financière, et pour d'autres raisons dont vous êtes aussi bien instruit que moi, vous êtes le seul qui puissiez vous charger de cette opération.

— La préférence de Votre Altesse Royale m'honore et me flatte infiniment, dit M. Pascal avec un accent de reconnaissance ironique, aussi je regrette doublement de ne pouvoir y correspondre.

Le prince sentit le sarcasme et reprit, en feignant de s'offenser de voir sa bienveillance méconnue :

— Vous êtes injuste, Monsieur. La preuve que je tenais à traiter cette affaire avec vous, c'est que j'ai refusé d'entendre les propositions de la maison Durand.

— Je suis presque certain que c'est un mensonge, pensa M. Pascal, mais il n'importe... j'éclaircirai la chose ; d'ailleurs cette maison m'inquiète et parfois me gêne. Heureusement, grâce à ce fripon de Marcelange, j'ai un excellent moyen de remédier à cet inconvénient pour l'avenir.

— Une autre preuve que je tenais à traiter cette affaire directement, personnellement, avec vous, monsieur Pascal, continua le prince avec un accent de déférence, c'est que je n'ai voulu aucun intermédiaire entre nous, certain que nous nous entendrions, que nous devions nous entendre... Oui, ajouta l'archiduc d'un ton de plus en plus insinuant, j'espérais que ce juste hommage rendu... à votre capacité financière, si universellement reconnue...

— Ah ! Monseigneur...

— A votre caractère aussi honorable qu'honoré...

— Monseigneur... en vérité vous me comblez.

— J'espérais, dis-je, mon cher monsieur Pascal, qu'en venant franchement à vous pour proposer quoi ? une opération dont vous reconnaissez vous-même les avantages et la solidité, vous seriez sensible à ma démarche... car elle s'adressait non moins au financier qu'à l'homme privé... J'espérais enfin pouvoir vous assurer, en outre des avantages pécuniaires, des témoignages plus particuliers de mon estime et de ma reconnaissance.

— Monseigneur...

— Je le répète, mon cher monsieur Pascal... *de ma reconnaissance*... puisque, tout en faisant une excellente opération, vous m'auriez rendu un immense service... car... vous ne sauriez croire quelles peuvent être pour mes intérêts de famille les plus chers... les conséquences de l'emprunt que je sollicite de vous.

— Monseigneur... j'ignorais...

— Et quand je vous parle d'intérêts de famille, s'écria le prince en interrompant M. Pascal, qu'il espérait de plus en plus ramener, quand je vous parle d'intérêts de famille, ce n'est pas assez : une haute question d'État se rattache à la cession du duché que l'on m'offre et que je ne puis acquérir sans votre puissant secours financier ; ainsi, en me rendant un service personnel, vous seriez encore grandement utile à ma nation... et vous savez, mon cher monsieur Pascal, comment les grands empires s'acquittent des services d'État...

— Excusez mon ignorance, Monseigneur, mais j'ignore complétement la chose.

Le prince sourit, garda un moment le silence et reprit avec un accent qu'il crut irrésistible :

— Mon cher monsieur Pascal, connaissez-vous le célèbre banquier *Torlonia?*

— Je le connais de nom, Monseigneur.

— Savez-vous... qu'il est prince du Saint-Empire?

— Prince du Saint-Empire, Monseigneur? reprit Pascal avec ébahissement.

— Je tiens mon homme, pensa le prince, et il reprit tout haut :

— Savez-vous que le banquier Torlonia est grand dignitaire des ordres les plus enviés?

— Il serait possible, Monseigneur?

— Cela n'est pas seulement possible, mais cela existe, mon cher monsieur Pascal. Or, je ne vois pas pourquoi l'on ne ferait pas pour vous ce que l'on a fait pour M. Torlonia.

— Plaît-il, Monseigneur?

— Je dis... répéta le prince en appuyant sur les mots, je dis que je ne vois pas pourquoi un titre éclatant, de hautes dignités ne vous récompenseraient pas aussi.

— Moi, Monseigneur?

— Vous.

— Moi, Monseigneur, je deviendrais... *le prince Pascal?*

— Pourquoi non?

— Allons... allons... Monseigneur veut rire de son pauvre serviteur.

— Personne n'a jamais douté de mes promesses... Monsieur... et, c'est presque m'offenser que de me croire capable de rire de vous.

— Alors, Monseigneur, c'est moi qui rirais de moi-même, et très-fort, et très-haut, et toujours, si j'étais assez bête pour avoir la velléité de me déguiser... en *prince,* en *duc* ou en *marquis,* dans le carnaval nobiliaire de l'Europe!... Voyez-vous, Monseigneur, je ne suis qu'un pauvre diable de plébéien (mon père était colporteur, et j'ai été homme de peine). J'ai mis quelques sous de côté en faisant mes petites affaires, je n'ai pour moi que mon gros bon sens; mais ce bon sens-là, Monseigneur, m'empêchera toujours de m'affubler en *marquis de la Janotière* (c'est un très-joli conte de Voltaire, il faut lire cela, Monseigneur!), et ce, à la plus grande risée de ces malignes gens, qui s'amusent comme ça à *enmarquiser* ou à *emprinciser* le pauvre monde.

L'archiduc était loin de s'attendre à ce refus et à cette amère boutade; cependant il fit bonne contenance, et reprit d'un ton pénétré :

— Monsieur Pascal, j'aime cette rude franchise, j'aime ce désintéressement. Grâce à Dieu! il est d'autres moyens de vous prouver ma reconnaissance, et un jour... mon amitié.

— Votre amitié... à moi, Monseigneur?

— C'est parce que je sais ce qu'elle vaut, ajouta le prince avec une imposante dignité, que je vous assurais de mon amitié... si...

— Votre amitié, à moi, Monseigneur, reprit M. Pascal en interrompant le prince, votre amitié... à moi, qui ai, disent les méchants, centuplé mon petit avoir par des moyens hasardeux, quoique je sois sorti blanc comme une jeune colombe de ces accusations colomnieuses ?

— C'est parce que vous êtes, ainsi que vous le dites, Monsieur, sorti pur de ces odieuses calomnies dont on poursuit tous ceux qui s'élèvent par leur travail et par leur mérite, que je vous assurerais de mon affectueuse reconnaissance, si vous me rendiez l'important service que j'attends de vous.

— Monseigneur, je suis on ne peut plus touché... on ne peut plus flatté de vos bontés... mais malheureusement les affaires... sont des affaires, dit M. Pascal en se levant, et cette affaire-ci, voyez-vous, ne me va point... C'est dire à Votre Altesse Royale combien il m'en coûte de renoncer à l'amitié dont elle a bien voulu m'offrir l'assurance.

A cette réponse d'une amère et humiliante ironie, le prince fut sur le point d'éclater; mais, songeant à la honte et à l'inutilité d'un pareil emportement, il se contint, voulut tenter un dernier effort, et reprit d'un ton pénétré :

— Ainsi... monsieur Pascal... il sera dit que je vous aurai prié... supplié... imploré en vain.

Ces mots, accentués avec une poignante sincérité : *prié... supplié... imploré,* parurent, aux yeux du prince, impressionner M. Pascal, et l'impressionnèrent en effet; jusqu'alors, pour lui, l'archiduc n'était pas encore descendu assez bas; mais en voyant ce royal personnage, après de si durs refus, s'abaisser jusqu'à la prière... jusqu'à une humble supplication... M. Pascal éprouva une de ces âpres jouissances qu'il savourait alors doublement.

Le prince, le voyant garder le silence, le crut ébranlé, et ajouta vivement :

— Allons... mon cher monsieur Pascal, ce n'est pas en vain... que j'aurai fait appel à la générosité de votre cœur.

— En vérité, Monseigneur, répondit le bourreau, qui, sachant l'opération bonne, était au fond disposé à la faire, mais qui voulait y trouver profit et plaisir... en vérité, vous avez une manière de dire les choses ! Les affaires, je le répète, ne devraient être que des affaires... et voilà que, malgré moi... je me laisse, comme un enfant, prendre au sentiment... Je suis d'une faiblesse...

— Vous consentez! s'écria le prince radieux, et, dans son premier moment de joie, il saisit avec effusion les deux mains du financier dans les siennes.

— Vous consentez... mon digne et bon monsieur Pascal !..

— Comment vous résister, Monseigneur?

— Enfin !... s'écria l'archiduc en respirant avec une joie profonde, et comme s'il eût été, dès lors, dégagé d'une cruelle obsession. Enfin !!!

— Seulement... Monseigneur, reprit M. Pascal, je mettrai une petite condition...

— Oh ! qu'à cela ne tienne; quelle qu'elle soit j'y souscris d'avance...

— Vous vous engagez peut-être plus que vous ne le pensez... Monseigneur.

— Que voulez-vous dire? s'écria le prince avec une légère inquiétude, de quelle condition... voulez-vous parler?

— Dans trois jours d'ici, Monseigneur, jour pour jour... je vous la ferai connaître...

— Comment! dit le prince stupéfait et atterré, encore des retards... Comment!.. vous ne me donnez pas votre parole définitive ?

— Dans trois jours, Monseigneur, je vous la donnerai... si vous acceptez ma condition...

— Mais cette condition... dites-la-moi maintenant ?

— Impossible... Monseigneur.

— Mon cher monsieur Pascal...

— Monseigneur, reprit l'autre d'une voix grave et sardonique, je n'ai point l'habitude... de m'attendrir deux fois de suite dans une séance. Voici l'heure de mon rendez-vous... au faubourg Saint-Marceau ; j'ai l'honneur de présenter mes respectueux devoirs à Votre Altesse Royale.

M. Pascal, laissant le prince plein de dépit et d'anxiété, allait atteindre la porte lorsqu'il se retourna et dit :

— C'est aujourd'hui lundi... ce sera donc jeudi à onze heures que j'aurai l'honneur de revoir Votre Altesse Royale, pour lui soumettre ma petite condition.

— Soit, Monsieur, à jeudi...

M. Pascal salua profondément et sortit.

Lorsqu'il passa dans le salon de service où se tenaient les aides de camp, tous se levèrent respectueusement, connaissant l'importance du personnage que le prince venait de recevoir. M. Pascal fit à ces officiers un salut de tête protecteur, et quitta le palais comme il y était entré, les deux mains dans ses goussets, se donnant le plaisir (cet homme ne perdait rien) de s'arrêter un instant devant la loge du suisse, et de lui dire :

— Eh bien! monsieur le drôle, me reconnaîtrez-vous... une autre fois ?

Le fonctionnaire de la loge, tout décontenancé, salua profondément et balbutia :

— Oh! je reconnaîtrai Monsieur, maintenant... Je supplie Monsieur de vouloir bien m'excuser...

— Il me supplie, dit à mi-voix M. Pascal avec un sourire amer et sardonique, ils ne savent tous... que supplier... depuis l'altesse royale jusqu'au portier.

M. Pascal, en sortant de l'Élysée, retomba dans ses cruelles préoccupations au sujet de la jeune fille dont il avait surpris le secret accord avec le comte Frantz de Neuberg. Voulant savoir si elle demeurait dans la maison contiguë au palais, il allait tenter de se renseigner, lorsque, réfléchissant que c'était peut-être compromettre ses projets, il résolut d'arriver, sans imprudence, au but qu'il se proposait, et d'attendre le soir.

Avisant alors une citadine qui passait à vide, il fit signe au cocher de s'arrêter, monta dans la voiture, et lui dit :

— Faubourg Saint-Marceau, 15, à une grande usine dont on voit la cheminée de la rue.

— L'usine de M. Dutertre ? Je sais, bourgeois, je sais ; tout le monde connaît ça...

Le fiacre s'éloigna.

IV

M. Pascal, nous l'avons dit, avait passé une partie de sa vie dans une position plus que subalterne et précaire, dévorant les plus outrageants dédains avec une patience pleine de rancune et de haine.

Né d'un père colporteur, qui s'était amassé quelque pécule à force de privations et de trafics illicites ou douteux, il avait commencé par être homme de peine chez une espèce d'usurier de province, auquel M. Pascal père confiait le soin de faire valoir son argent.

Les premières années de notre héros s'écoulèrent donc dans

une domesticité aussi dure qu'humiliante. Néanmoins, comme il était doué de beaucoup d'intelligence, d'une grande finesse, et que sa rare opiniâtreté de volonté savait, au besoin, se plier et disparaître sous des dehors d'insinuante bassesse, dissimulation forcément née de l'état de servilité où il vivait, Pascal, à l'insu de son maître, apprit presque tout seul à lire, à écrire, à compter; la faculté des chiffres et des calculs financiers se développa presque spontanément en lui d'une manière merveilleuse. Pressentant sa valeur, il se demanda s'il pouvait, en la cachant, s'en faire un avantage pour lui, et une arme dangereuse contre son maître qu'il abhorrait.

Après mûres réflexions, Pascal crut de son intérêt de révéler l'instruction qu'il avait secrètement acquise; l'usurier, frappé de la capacité de son homme de peine, le prit alors pour son teneur de livres au rabais, augmenta quelque peu son infime salaire, et continua de le traiter avec un mépris brutal, cherchant même à le ravaler davantage encore que par le passé, afin de ne pas lui laisser soupçonner le cas qu'il faisait de ses nouveaux services.

Pascal, ardent, infatigable au travail, impatient d'augmenter son instruction financière, continua de subir impassiblement les outrages dont on l'abreuvait, redoublant de servilité à mesure que son maître redoublait de dédains et de duretés.

Au bout de quelques années passées ainsi, il se sentit assez fort pour abandonner la province et venir chercher un théâtre plus digne de lui; il était entré au nom de son patron en correspondance d'affaires avec un banquier de Paris auquel il offrit ses services; celui-ci ayant depuis longtemps pu apprécier Pascal, accepta sa proposition, et il quitta sa petite ville au grand regret de son premier maître, qui tenta, mais trop tard, de le retenir en l'intéressant à ses affaires.

Le nouveau patron de notre homme était chef d'une de ces riches maisons, moralement tarées, mais (et cela n'est pas rare) regardées, commercialement parlant, comme irréprochables; car si ces maisons, se livrant à des opérations qui touchent parfois au vol, à la fraude, si elles se sont impunément engraissées par d'ingénieuses faillites, elles font, comme on dit, *honneur à leur signature...* signature pourtant déshonorée dans l'estime des gens de bien

Fervents adeptes de ce bel axiome qui résume toute notre époque * : ENRICHISSEZ-VOUS!! ils siégent fièrement à la *Chambre*, prennent héroïquement le sobriquet d'*honorables*, et visent au ministère... Pourquoi non ?

Le luxe tant vanté des anciens fermiers généraux n'était que misère auprès de la magnificence de M. Thomas Rousselet.

Pascal, transplanté dans cette maison d'une impudente et folle opulence, éprouva des humiliations bien autrement amères et poignantes que chez son bon vieux coquin d'usurier de province, qui le traitait comme un vil mercenaire, mais avec qui, du moins, il avait des rapports de travail fréquents et presque familiers.

Or, l'on chercherait en vain dans la fierté nobiliaire la plus altière, dans la vanité aristocratique la plus ridiculement féroce, quelque chose qui pût approcher de l'impérieux et écrasant dédain avec lequel M. et madame Rousselet traitaient leurs subalternes, qu'ils tenaient à une distance incommensurable.

Parqués dans leurs sombres bureaux, d'où ils voyaient resplendir les somptuosités de l'hôtel Rousselet, les employés de cette maison ne connaissaient que par manière de tradition féerique ou de légende fabuleuse les fantastiques merveilles de ces salons et de cette salle à manger d'où ils étaient souverainement exclus de par la dignité de madame Rousselet, au moins aussi hautaine, aussi grande dame que la première femme de chambre d'une princesse de *Lorraine* ou de *Rohan*.

Quoique d'un ordre nouveau, ces humiliations n'en furent pas moins terriblement sanglantes pour Pascal; il sentit là, plus que partout ailleurs, son néant, sa dépendance; et le joug de l'opulent banquier le blessa bien plus à vif, bien plus profondément que celui de l'usurier; mais notre homme, fidèle à son système, cacha ses plaies, sourit aux coups, lécha la botte vernie qui parfois daignait s'amuser à le crosser; redoubla de travail, d'étude, de pénétration, et apprit enfin dans la pratique de cette maison ce qu'il regardait comme la vraie science des affaires, en un mot :

* Nous rappelons que ceci fut écrit avant la révolution de 1848.

« Gagner, avec le moins d'argent possible, le plus d'argent possible, par tous les moyens possibles, en se sauvegardant rigoureusement de la police correctionnelle et des assises. »

La marge est grande ; on pouvait, on le voit, y évoluer fort à l'aise.

Cinq ou six ans se passèrent encore ainsi ; l'esprit recule effrayé, lorsqu'on songe à ce qui dut s'amasser de rancunes, de haines, de colères, de fiel, de venin, dans les abîmes de cette âme froidement vindicative... toujours calme au dehors, comme la noire et morne surface d'un marais fangeux.

Un jour, M. Pascal apprit la mort de son père.

Les économies du colporteur, considérablement grossies par de savantes manipulations usuraires, avaient atteint un chiffre fort élevé ; une fois maître de ce capital, et fort de son activité, de son audace, de son rare *savoir-faire*, ou plutôt de son *savoir-prendre*, Pascal se jura sur l'honneur d'arriver à une grande fortune, dût-il, pour parvenir plus vite (il faut bien risquer quelque chose) sortir un peu, si besoin était, de l'étroit et droit chemin de la légalité.

Notre homme se tint à soi-même son serment. Il quitta la maison Rousselet ; puis l'habileté, le hasard, la fraude, le bonheur, la ruse et la probité de l'époque aidant, il gagna des sommes importantes, paya comptant l'amitié d'un ministre, qui, le renseignant avec une tendre sollicitude, le mit à même de jouer, à coup sûr, au trente et quarante de la bourse, et d'encaisser ainsi près de deux millions ; peu de temps après, un courtier d'affaires anglais, très-aventureux, mais très-intelligent, lui fit entrevoir la possibilité de réaliser d'immenses bénéfices en se jetant avec audace dans les opérations de chemins de fer, alors toutes nouvelles en Angleterre ; Pascal se rendit à Londres, sut profiter d'un engouement qui prit bientôt des proportions inouïes, joua toute sa fortune sur ce coup de dé, et, réalisant à temps, il revint en France avec une quinzaine de millions. Alors, aussi prudent, aussi froid qu'il avait été aventureux, et doué d'ailleurs de grandes facultés financières, il ne songea plus qu'à continuellement augmenter cette fortune inespérée ; il y parvint, profitant de toute occasion avec une rare habileté, vivant d'ailleurs largement, confortablement, satisfaisant à tout prix ses nombreux caprices sensuels, mais n'affichant aucun luxe extérieur ou intérieur, et dînant au cabaret. De la sorte, il dépensait à peine la cinquième partie de ses revenus qui, se capitalisant chaque année, augmentaient incessamment sa fortune, que d'habiles opérations accroissaient encore.

Alors, nous l'avons dit, vint pour Pascal le grand et terrible jour des représailles.

Cette âme, endurcie par tant d'années d'abaissement et de haines, devint implacable et trouva mille voluptés cruelles à faire sentir aux autres la pesanteur de ce joug d'argent qu'il avait si longtemps porté.

Ce dont il avait surtout souffert, c'était de la dépendance, du servage, de l'annihilation complète du *moi*, où il avait été tenu si longtemps, obligé de subir sans murmurer les rudesses, les dédains de ses opulents patrons.

Ce fut cette dure dépendance qu'il prit plaisir à imposer aux autres : à ceux-ci en exploitant leur servilité naturelle, à ceux-là en les soumettant à une implacable nécessité, symbolisant ainsi en lui la toute-puissance de l'*argent*, dans ce siècle vénal; tenant ainsi en sa dépendance presque absolue, depuis le petit marchand qu'il commanditait, jusqu'au prince du sang royal qui s'humiliait pour obtenir un emprunt.

Ce despotisme effrayant, que l'homme qui *prête* peut exercer sur l'homme que les besoins du moment forcent à l'*emprunt*, M. Pascal l'exerçait et le savourait avec des raffinements et des délicatesses de barbarie incroyables.

On a parlé du pouvoir de *Satan* sur les âmes. Satan accepté, M. Pascal pouvait perdre ou torturer autant et plus d'âmes que Satan.

Une fois dans sa dépendance par un crédit, par un emprunt ou par une commandite, accordés d'ailleurs avec une parfaite bonhomie et souvent même offerts avec un perfide semblant de générosité (mais toujours sur de solides garanties morales ou matérielles), l'on ne s'appartenait plus; on avait, comme on dit, *vendu son âme à Satan-Pascal*.

Il procédait à ces marchés avec une infernale habileté

Un moment de crise commerciale arrivait-il, les capitaux devenaient ou introuvables, ou d'un intérêt si exorbitant, que des commerçants très-solvables, très-probes d'ailleurs, se voyaient dans un embarras extrême, souvent à la veille d'une faillite. M. Pascal, parfaitement renseigné, certain d'être couvert de ses avances par les marchandises ou le matériel de l'exploitation, accordait ou proposait ses services à un intérêt d'une modération incroyable pour la circonstance; mais déjà fort lucratif pour lui; seulement il mettait à ce prêt la condition expresse d'un remboursement *à sa volonté*, se hâtant d'ajouter qu'il n'userait pas de ce droit, son avantage étant de n'en pas user, puisque le placement lui offrait évidemment des bénéfices ; sa grande fortune garantissait, d'ailleurs, le peu de besoin qu'il avait d'une rentrée immédiate de cinquante ou de cent mille écus; mais par habitude, par bizarrerie si l'on voulait, ajoutait-il, il tenait expressément à ne prêter qu'à cette condition : *de rembourser à sa volonté.*

L'alternative était cruelle pour les malheureux que tentait Satan-Pascal : d'un côté, la ruine d'une industrie jusqu'alors prospère; de l'autre, un secours inespéré et si peu onéreux, qu'il pouvait passer pour un généreux service. La presque impossibilité de trouver ailleurs des capitaux, même à un taux ruineux, et puis la confiance que savait inspirer M. Pascal, rendaient la tentation bien puissante ; elle était achevée par la bonhomie insinuante de l'archi-millionnaire, si jaloux, disait-il, de venir, en manière de providence financière, à l'aide des gens laborieux et honnêtes.

Tout concourait, en un mot, à étourdir ces imprudents; ils acceptaient...

Pascal, dès lors, *les possédait...*

Une fois sous le coup d'un remboursement considérable, qui pouvait à chaque instant les rejeter dans la position désespérée dont ils étaient sortis, ils n'avaient plus qu'un but, complaire à M. Pascal, qu'une crainte, déplaire à M. Pascal, qui ainsi disposait en maître de leur sort.

Souvent, notre Satan n'usait pas tout d'abord de son pouvoir, et, par un raffinement de méchanceté sardonique, il commençait par jouer au *bonhomme*, au bienfaiteur, se complaisant, avec une satisfaction ironique, au milieu des bénédictions dont on le comblait, laissant ainsi longtemps ses victimes s'habituer à leur erreur; puis peu à peu, selon son humeur, son caprice du moment, il se révélait progressivement, n'employant jamais les menaces, la rudesse ou l'emportement, affectant au contraire une douçereuse perfidie, qui parfois, en raison même du contraste, devenait effrayante.

Les circonstances en apparence les plus insignifiantes, les plus puériles, lui offraient mille moyens de tourmenter les personnes qu'il tenait dans sa redoutable dépendance.

Ainsi, par exemple, il arrivait chez un de ses *vassaux*; celui-ci allait partir avec sa femme et ses enfants, pour se rendre gaiement à quelque fête de famille longtemps préparée à l'avance.

— Je viens dîner sans façon avec vous, mes bons amis, disait Satan.

— Mon Dieu, monsieur Pascal, quels regrets nous avons! C'est aujourd'hui la fête de ma mère, et, vous le voyez, nous partons pour aller dîner chez elle : c'est un anniversaire que jamais nous ne manquons de célébrer.

— Ah! c'est très-contrariant, moi qui espérais passer ma soirée avec vous.

— Et pour nous donc, monsieur Pascal, croyez-vous que la contrariété soit moins vive?

— Bah!.. vous me sacrifierez bien votre fête de famille! Après tout.... votre mère ne mourra point de n'être pas fêtée...

— Oh! mon bon monsieur Pascal, c'est impossible; ce serait la première fois, depuis notre mariage, que nous manquerions à cette petite solennité de famille.

— Allons, vous ferez bien cela pour moi?

— Mais, monsieur Pascal...

— Je vous dis, moi, que vous ferez cela pour votre bon monsieur Pascal, n'est-ce pas?

— Nous le voudrions de tout cœur... mais...

— Comment?.. vous me refusez cela... *à moi*... pour la première chose que je vous demande...

Et M. Pascal mettait une telle expression dans ce mot *à moi*, que toute cette famille tressaillait soudain; *elle sentait*, comme on dit vulgairement, *son maître*, et, tout en ne concevant rien à l'étrange caprice du capitaliste, elle s'y soumettait tristement, afin de ne pas indisposer l'homme redoutable dont elle dépendait. On se résignait donc, on improvisait un dîner. On tâchait de sourire, d'avoir l'air joyeux, et de ne pas regretter cette fête de famille à laquelle on renonçait; mais bientôt une crainte vague commençait de resserrer les cœurs;

le dîner devenait de plus en plus triste, contraint. M. Pascal s'étonnait doucereusement de cet embarras et s'en plaignait en soupirant :

— Allons, disait-il, je vous aurai contrariés; vous me gardez rancune, hélas ! je le vois.

— Ah ! monsieur Pascal ! s'écriaient les malheureux de plus en plus inquiets, pouvez-vous concevoir une pareille pensée ?

— Oh ! je ne me trompe pas, je le vois... je le *sens*... car mon cœur me le dit... Eh ! mon Dieu ! ce que c'est !.. C'est toujours un grand tort de mettre les amitiés à l'épreuve, même pour les plus petites choses... car elles servent quelquefois à mesurer les grandes... Moi... moi... qui comptais sur vous comme sur de vrais et bons amis !.. Encore une déception peut-être ?

Et Satan-Pascal passait sa main sur ses yeux, se levait de table, et sortait de la maison d'un air contrit, affligé, laissant ces malheureux dans de terribles angoisses ; car s'il ne croit plus à leur amitié, s'il les croit ingrats, il peut, d'un moment à l'autre, les replonger dans l'abîme, en leur redemandant un argent si généreusement offert.

La reconnaissance qu'il attendait d'eux pouvait seule leur assurer son appui continu.

Nous avons insisté sur ces circonstances, qui sembleront puériles peut-être, et dont le résultat est pourtant si cruel, parce que nous avons voulu montrer, pour ainsi dire, le premier échelon des tourments que M. Pascal faisait subir à ses victimes.

Que l'on juge, d'après cela, de tous les degrés de torture auxquels il était capable de les exposer, lorsqu'un fait si insignifiant en soi qu'une fête de famille manquée offrait tant de pâture à sa barbarie raffinée.

C'était un monstre, soit.

Il est malheureusement des Nérons de tout étage et de toute époque ; mais qui oserait dire que Pascal eût jamais atteint le degré de perversité sans des exemples pernicieux, sans les terribles ressentiments depuis si longtemps amassés dans son âme irritée par la dépendance la plus dégradante ?

Le mot *représailles* n'excuse pas la férocité de cet homme; elle l'explique. L'homme ne devient presque jamais méchant sans cause ; le mal a toujours son générateur dans *le mal*.

. . . .

M. Pascal ainsi posé, nous le précéderons d'une heure environ chez M. Charles Dutertre.

V

L'usine de M. Dutertre, destinée à la fabrication des machines pour les chemins de fer, occupait un immense emplacement dans le faubourg Saint-Marceau, et les hautes cheminées de briques, incessamment fumantes, la désignaient au loin.

M. Dutertre et sa famille habitaient un petit pavillon séparé des bâtiments d'exploitation par un vaste jardin.

Au moment où nous introduisons le lecteur dans cette modeste demeure, un air de fête y régnait; l'on semblait s'y occuper de préparatifs hospitaliers, une jeune et active servante achevait de dresser le couvert au milieu de la petite salle à manger dont la fenêtre ouvrait sur le jardin, et qui avoisinait une cuisine assez exiguë, séparée seulement du palier par un vitrage de carreaux dépolis ; une vieille cuisinière allait et venait d'un air affairé au milieu de ce laboratoire culinaire, d'où s'échappaient des bouffées de vapeurs appétissantes qui se répandaient parfois jusque dans la salle à manger.

Au salon, garni de meubles de noyer recouverts de velours d'Utrecht jaune et de rideaux de calicot blanc, l'on faisait d'autres préparatifs : deux vases de porcelaine blanche, ornant la cheminée, venaient d'être remplis de fleurs fraîches ; entre ces deux vases, et remplaçant la pendule, on apercevait sous un globe de verre une petite locomotive en miniature, véritable chef-d'œuvre de mécanique et de serrurerie ; sur le socle noir de ce bijou de fer, de cuivre et d'acier, on voyait ces mots gravés :

A MONSIEUR CHARLES DUTERTRE.
ses ouvriers reconnaissants.

Téniers ou Gérard Dow auraient fait un charmant tableau d'un groupe de figures alors réunies dans ce salon.

Un vieillard aveugle, à figure vénérable et mélancolique, encadrée par de longs cheveux blancs tombant sur ses épaules, était assis dans un fauteuil, et tenait deux enfants sur ses genoux : un petit garçon de trois ans et une petite fille de cinq ans, deux anges de gentillesse et de grâce.

Le petit garçon, brun et rose, avec de grands yeux noirs veloutés, n'était pas sans jeter de temps à autre un regard satisfait et méditatif sur sa jolie blouse de casimir bleu clair, sur son frais pantalon blanc ; mais il semblait surtout se délecter dans la contemplation de certains bas de soie blancs rayés de cramoisi, et encadrés par des souliers de maroquin noir à bouffettes.

La petite fille, nommée Madeleine, en souvenir d'une amie intime de sa mère, qui avait servi de marraine à l'enfant ; la petite fille, disons-nous, blonde et rose, avait de charmants yeux bleus, et portait une jolie robe blanche ; ses épaules, ses bras étaient nus, ses jambes seulement à demi-couvertes par de mignonnes chaussettes écossaises. Dire combien il y avait de fossettes sur ces épaules, sur ces bras, sur ces joues potelées, d'une carnation si fraîche et si satinée, une mère seule en saurait le compte, à force de les baiser souvent, de ces fossettes, et la mère de ces deux charmants enfants devait le savoir.

Debout et appuyée au dossier du fauteuil du vieillard aveugle, madame Dutertre écoutait, avec la gravité qu'une mère apporte toujours en pareil cas, le ramage des deux oiseaux gazouilleurs que le grand-père tenait sur ses genoux, et qui, sans doute, l'entretenaient de quelque chose de bien intéressant, car ils parlaient tous deux à la fois, dans ce jargon enfantin que les mères traduisent avec une rare sagacité.

Madame Sophie Dutertre avait au plus vingt-cinq ans; quoiqu'elle fût légèrement marquée de petite vérole, que l'on pût rencontrer des traits plus réguliers et beaucoup plus beaux que les siens, il était impossible d'imaginer une physionomie plus gracieusement ouverte et plus attrayante... un sourire plus avenant et plus fin : c'était l'idéal du charme et de la bienveillance. De superbes cheveux, des dents de perles, une peau éblouissante, une taille élégante, complétaient cet aimable ensemble; et lorsqu'elle levait ses grands yeux bruns, limpides et brillants vers son mari, alors debout de l'autre côté du fauteuil du vieillard aveugle, l'amour et la maternité donnaient à ce beau regard une expression à la fois touchante et passionnée, car le mariage de Sophie et de Charles Dutertre avait été un mariage d'amour.

Le seul reproche... est-ce un reproche que l'on aurait pu adresser à Sophie Dutertre, car elle n'avait de coquetterie que pour la mise de ses enfants? c'était la complète inintelligence de sa toilette. Une robe d'étoffe mal choisie et mal faite déparait sa taille élégante; son petit pied n'était pas irréprochablement chaussé, et ses superbes cheveux bruns auraient pu être disposés avec plus de goût et de soin.

Franchise et résolution, intelligence et bonté, tel était le caractère des traits de M. Dutertre, alors âgé de vingt-huit ans environ; son œil vif et plein de feu, sa stature robuste et svelte, annonçait une nature active, énergique. Ancien ingénieur civil, homme de haute science et d'application, aussi capable de résoudre avec la plume les problèmes les plus ardus, que de manier dextrement la lime, le tour et le marteau de fer, sachant commander, parce qu'il savait exécuter, honorant, rehaussant le travail manuel, en le pratiquant parfois, soit comme exemple, soit comme encouragement, probe jusqu'au scrupule, loyal et confiant jusqu'à la témérité, paternel, ferme et juste avec ses nombreux ouvriers; de mœurs d'une simplicité antique, ardent au labeur, amoureux de ses *créatures* de fer, de cuivre et d'acier, sa vie s'était jusqu'alors partagée entre les trois plus grands bonheurs de l'homme, *l'amour, la famille, le travail.*

Charles Dutertre n'avait qu'un chagrin; la cécité de son père, et encore cette infirmité était le prétexte de dévouements si tendres, de soins si délicats et si variés, que Dutertre et sa femme tâchaient de se consoler en disant : qu'au moins il leur était donné de prouver doublement leur tendresse au vieillard.

Malgré les apprêts de fête, Charles Dutertre avait remis au lendemain le soin de se raser, et avait gardé son habit de travail, blouse de toile grise, çà et là noircie, brûlée ou maculée par les accidents de la forge. Son front noble et élevé, ses mains à la fois blanches et nerveuses, étaient quelque peu noircis par la fumée des ateliers. Il oubliait enfin, dans sa laborieuse et incessante activité, ou dans les moments de repos réparateur qui succédaient, ce soin, sinon cette recherche de de soi auxquels certains hommes, et avec raison, ne renoncent jamais.

Tels étaient les personnages rassemblés dans le modeste salon de la fabrique.

Les deux enfants gazouillaient toujours, tous deux à la fois, tâchant de se faire comprendre du grand-père; il y mettait d'ailleurs la meilleure volonté du monde, et leur demandait, en souriant doucement :

— Voyons, que dis-tu, mon petit Auguste... et toi, ma petite Madeleine?

— Madame l'interprète veut-elle nous faire la grâce de nous traduire ce gentil ramage en langue vulgaire? dit gaiement Charles Dutertre à sa femme.

— Comment, Charles, tu ne comprends pas?

— Pas du tout.

— Ni vous, mon bon père? demanda la jeune femme au vieillard.

— J'avais bien cru d'abord entendre quelque chose comme *dimanche* et *habit*, répondit le vieillard en souriant, mais cela s'est ensuite tellement compliqué, que j'ai renoncé... à comprendre, ou plutôt... à deviner...

— C'était pourtant à peu près cela; allons, il n'y a que les mères et les grands-pères pour comprendre les petits enfants, dit Sophie d'un air triomphant.

Puis s'adressant aux deux enfants :

— N'est-ce pas, chers petits, que vous dites à votre grand-père : « C'est aujourd'hui dimanche, puisque nous avons nos beaux habits neufs? »

Madeleine, la blondinette, ouvrit ses grands yeux bleus tout grands, et baissa sa tête frisée, d'un air affirmatif.

— Tu es le Champollion des mères! s'écria Charles Dutertre, tandis que le vieillard disait aux deux enfants :

— Non, ce n'est pas aujourd'hui dimanche, mes enfants... mais c'est un jour de fête...

Ici Sophie fut obligée d'intervenir de nouveau, et de traduire encore :

— Ils demandent pourquoi cette fête, mon bon père?

— Parce que nous allons voir un ami... reprit le vieillard avec un sourire un peu contraint... et, quand un ami vient, c'est toujours fête... mes enfants.

— A propos, et la bourse? dit Dutertre à sa femme.

— Tenez, Monsieur, répondit gaiement Sophie à son mari, en lui indiquant du geste sur la table une petite boîte de carton entourée d'une faveur rose, croyez-vous que j'oublie plus que vous notre bon M. Pascal, notre digne bienfaiteur?

Le grand-père, s'adressant alors à la petite Madeleine, lui dit en la baisant au front :

— On attend M. Pascal... tu sais... M. Pascal?

Madeleine ouvrit de nouveau ses grands yeux; sa figure prit une expression presque craintive, et, secouant tristement sa petite tête bouclée, elle dit :

— Il est méchant...

— Monsieur Pascal?.. dit Sophie.

— Oh!.. oui... bien méchant! répondit l'enfant.

— Mais, reprit la jeune mère, pourquoi... penses-tu, ma petite Madeleine, que M. Pascal est méchant?

— Allons, Sophie, dit Charles Dutertre en souriant, ne vas-tu pas t'arrêter à ces enfantillages au sujet de notre digne ami?..

Chose assez singulière, la physionomie du vieillard prit une expression d'inquiétude, et, soit qu'il crût à la sûreté de l'instinct ou de la pénétration des enfants, soit qu'il obéît à une autre pensée, loin de plaisanter, comme son fils, des paroles de Madeleine, il lui dit, en se penchant vers elle :

— Dis-nous, mon enfant, pourquoi M. Pascal est méchant?

La blondinette secoua la tête, et répondit naïvement :

— Sais pas... Mais, bien sûr, il est méchant.

Sophie, qui pensait un peu comme le grand-père au sujet

de la singulière sagacité des enfants, ne put s'empêcher de tressaillir légèrement; car il est des rapports secrets, mystérieux, entre la mère et les créatures de son sang; un indéfinissable pressentiment contre lequel Sophie lutta pourtant de toutes ses forces, car elle le trouvait injustifiable, insensé, lui disait que l'instinct de sa petite fille ne la trompait peut-être pas à l'endroit de M. Pascal, quoique jusqu'alors la jeune mère, loin d'avoir le moindre soupçon sur cet homme, le regardât, au contraire, en le jugeant d'après ces actes, comme un homme d'un caractère rempli de noblesse et de générosité.

Charles Dutertre, ne se doutant pas des impressions de sa femme et de son père, reprit en riant :

— C'est moi qui vais faire à mon tour la leçon à ce grand-père et à cette mère qui se prétendent si entendus au jargon et aux sentiments des enfants... Notre excellent ami a l'écorce rude, les sourcils épais, la barbe noire, la figure brune, la parole brusque... c'est, en un mot, une sorte de *bourru bienfaisant.* Il n'en faut pas davantage pour mériter le titre de *méchant* dé par l'autorité du jugement de cette blondinette.

A ce moment la jeune servante entra et dit à sa maîtresse :

— Madame... mademoiselle Hubert est là avec sa domestique, et...

— Antonine?.. quel bonheur !.. dit Sophie en se levant vivement pour aller au-devant de la jeune fille.

— Madame... ajouta mystérieusement la servante, Agathe demande si M. Pascal aime les pois au sucre ou au lard ?

— Charles ! dit gaiement Sophie à son mari, c'est grave... qu'en penses-tu?

— Il faut faire un plat de pois au sucre et un plat de pois au lard, répondit Charles, d'un air méditatif.

— Il n'y a que les mathématiciens pour résoudre les problèmes, reprit Sophie; puis, emmenant ses deux enfants par la main, elle ajouta :

— Je veux faire voir à Antonine comme ils sont embellis et grandis.

— Mais j'espère bien, dit M. Dutertre, que tu prieras mademoiselle Hubert de monter ici... sinon j'irais la chercher !

— Je vais conduire les enfants à leur bonne et je remonte avec Antonine.

— Charles, dit le vieillard en se levant lorsque la jeune femme eut disparu, donne-moi ton bras, je te prie.

— Volontiers, mon père; mais M. Pascal ne peut tarder à arriver.

— Et tu tiens... à ce que je sois là, mon ami?

— Vous savez, mon père, tout le respect que notre ami a pour vous, et combien il est heureux de vous le témoigner.

Après un moment de silence, le vieillard reprit :

— Sais-tu que, depuis que tu l'as chassé, ton ancien caissier Marcelange est souvent allé voir M. Pascal.

— Voilà, mon père, la première nouvelle que j'en apprends...

— Cela ne te paraît pas singulier?

— En effet...

— Écoute-moi... Charles... je...

— Pardon, mon père, reprit Dutertre en interrompant le vieillard, maintenant, j'y songe : rien de plus naturel; je n'ai pas vu notre ami depuis que j'ai renvoyé Marcelange; celui-ci n'ignore pas mon amitié pour M. Pascal, et il sera peut-être allé le voir pour le prier d'intercéder auprès de moi.

— Cela peut s'expliquer ainsi, dit le vieillard en réfléchissant. Cependant...

— Eh bien ! mon père...

— L'impression de ta petite fille... m'a tout à l'heure frappé.

— Allons, mon père, reprit Dutertre en souriant, vous dites cela pour faire votre cour à ma femme... Malheureusement elle ne peut pas vous entendre. Mais je lui rapporterai votre coquetterie pour elle...

— Je dis cela, Charles, reprit le vieillard d'un ton triste, parce que, si puérile qu'elle te paraisse, l'impression de ta petite fille... me semble d'une certaine gravité, et quand je la rapproche de quelques circonstances qui me viennent à cette heure à l'esprit, quand je songe enfin aux fréquentes entrevues de Marcelange et de M. Pascal, malgré moi, je te l'avoue, je ressens à son égard une vague défiance.

— Mon père... mon père... reprit Charles Dutertre avec émotion, sans le vouloir... et par tendresse pour moi... vous m'affligez beaucoup... Douter de M. Pascal... douter de notre généreux bienfaiteur... Ah! tenez, mon père... vrai... voilà le premier chagrin que j'aie ressenti depuis longtemps... Se défier sans preuves..... subir l'influence de la fugitive impression d'un enfant, ajouta Dutertre avec la chaleur de son généreux naturel, cela est injuste... aussi...

— Charles !.. dit le vieillard, blessé de la vivacité de son fils.

— Pardon... pardon, mon bon et excellent père, s'écria Dutertre, en prenant les mains du vieillard entre les siennes. J'ai été vif... excusez-moi... mais un moment l'amitié a parlé plus haut que mon respect pour vous...

— Mon pauvre Charles, répondit affectueusement le vieillard, fasse le ciel que tu aies raison contre moi... et, loin de me plaindre de ta vivacité, j'en suis heureux. Mais j'entends quelqu'un... viens, reconduis-moi.

Au moment où M. Dutertre refermait la porte de la chambre où il avait ramené l'aveugle, mademoiselle Antonine Hubert entrait dans le salon, accompagnée de madame Dutertre.

VI

Que l'on nous pardonne la *mythologie* de cette comparaison surannée, mais jamais l'Hébé qui servait d'échanson à l'Olympe païen n'a pu réunir plus de fraîcheur, d'éclat dans sa beauté surhumaine, que n'en réunissait, dans sa modeste beauté terrestre, mademoiselle Antonine Hubert, dont M. Pascal avait surpris le secret et amoureux accord avec Frantz.

Ce qui charmait le plus dans cette jeune fille, c'était surtout cette beauté de quinze ans et demi, à peine épanouie, qui tient de l'enfant par la candeur, par la grâce ingénue, et de la jeune fille par les charmes voluptueusement naissants; âge enchanteur encore plein de mystères et de chastes ignorances, aube encore pure, transparente et blanche, que les premières palpitations d'un cœur innocent vont nuancer d'un coloris vermeil.

Tel était l'âge d'Antonine : et elle avait le charme et tous les charmes de cet âge.

Afin d'*humaniser* notre Hébé, nous la ferons descendre de son piédestal antique, et, voilant modestement son joli corps de marbre rosé, aux formes si délicates, si virginales, nous la vêtirons d'une élégante robe d'été; un mantelet de soie noire cachera son buste d'une finesse de contours toute juvénile, tandis qu'un chapeau de paille, doublé de taffetas rose comme ses joues, laissant apercevoir ses bandeaux de cheveux d'un châtain très-clair, encadrera l'ovale de cette ravissante petite tête, d'une carnation aussi fraîche, aussi blanche, aussi satinée, que celle des enfants que la jeune fille venait d'embrasser.

En entrant dans le salon avec Sophie, mademoiselle Hubert rougit légèrement, car elle avait la timidité de ses quinze ans; puis, mise à l'aise par le cordial accueil de Dutertre et de sa femme, elle dit à celle-ci avec une sorte de déférence puisée dans leurs anciennes relations de *petite* et de *mère*, ainsi qu'on disait au pensionnat où elles avaient été élevées ensemble malgré leur différence d'âge :

— Vous ne savez pas la bonne fortune qui m'amène, ma chère Sophie?

— Une bonne fortune!... tant mieux, ma petite Antonine.

— Une lettre de *Sainte-Madeleine*... reprit la jeune fille en tirant une enveloppe de sa poche.

— Vraiment ! s'écria Sophie, rougissant de surprise et de joie en tendant impatiemment la main vers la lettre.

— Comment, mademoiselle Antonine, reprit gaiement Charles Dutertre, vous êtes en correspondance avec le paradis?.. Cela, il est vrai, ne doit pas m'étonner... cependant...

— Taisez-vous, monsieur le railleur, reprit Sophie, et ne plaisantez pas de notre meilleure amie... à Antonine et à moi...

— Je m'en garderai bien... Pourtant, ce nom de *Sainte-Madeleine?*

— Comment ! Charles, est-ce que je ne t'ai pas mille fois parlé de mon amie de pension... mademoiselle Madeleine Silveyra, qui, vu son absence, a été, par procuration, marraine de notre chère petite? A quoi songes-tu donc?

— J'ai très-bonne mémoire, au contraire, ma chère Sophie, reprit Dutertre; car je n'ai pas oublié que cette jeune Mexicaine était d'une beauté si singulière, si étrange, disais-tu, qu'elle inspirait au moins autant de surprise et d'attrait que d'admiration.

— C'est d'elle-même qu'il s'agit, mon ami; après moi, Madeleine a servi de *petite mère* à Antonine, ainsi que nous disions à la pension, où l'on confiait aux soins de chaque *grande* un enfant de dix ou onze ans... Aussi, en quittant notre maison d'éducation, j'ai légué cette chère Antonine à l'affection de *Sainte-Madeleine*.

— C'est justement le surnom qui a causé mon erreur, reprit Dutertre, surnom qui, je l'avoue, me semble très-ambitieux ou très-humble pour une si jolie personne, car elle doit être à peu près de ton âge.

— On a donné à Madeleine le surnom de *sainte* à la pension, parce qu'elle le méritait, monsieur Dutertre, reprit Antonine avec son grand sérieux de quinze ans; et pendant les deux années qu'elle a été ma *petite mère*, on a continué de l'appeler *Sainte-Madeleine* comme du temps de Sophie.

— C'était donc une bien austère dévote que mademoiselle *Sainte-Madeleine?* demanda Dutertre.

— Madeleine, comme presque toutes les personnes de son pays (nous avions francisé son nom de *Magdalena*), s'adonnait à une dévotion particulière. Elle avait choisi le Christ; et son adoration pour le Sauveur allait parfois jusqu'à l'extase, reprit Sophie. Du reste, elle alliait à cette dévotion ardente le caractère le plus affectueux, le cœur le plus chaleureux et l'esprit le plus piquant, le plus enjoué du monde... Mais, je t'en prie, Charles, laisse-moi lire sa lettre... je suis d'une impatience!.. Tu juges? La première lettre après deux ans de séparation! Nous voulions, Antonine et moi, lui garder rancune de son silence; mais, au premier souvenir de cette méchante *Sainte-Madeleine*, nous voici, tu le vois, désarmées...

Et prenant la lettre que mademoiselle Hubert venait de lui remettre, Sophie reprit avec émotion, à mesure qu'elle lisait:

« — Chère Madeleine... toujours affectueuse et tendre... toujours spirituelle et gaie, toujours sensible aux chers souvenirs du passé... Après quelques jours de repos à Marseille, à son arrivée de Venise... d'où elle vient, elle part pour Paris, presque en même temps que sa lettre... et elle ne pense qu'au bonheur de revoir Sophie, son amie... et Antonine, notre *petite fille*... à qui elle écrit en hâte pour nous deux ; et elle signe comme à la pension : *Sainte-Madeleine*.

— Elle n'est donc pas encore mariée? demanda Charles Dutertre.

— Je n'en sais rien, mon ami, reprit sa femme, puisqu'elle signe seulement son nom de baptême.

— Au fait, reprit Charles en souriant, pouvais-je faire une pareille question? Une *sainte*... se marier !

A cet instant, la jeune servante entra, et, restant au seuil de la porte, fit un signe d'intelligence à sa maîtresse ; mais celle-ci répondit :

— Vous pouvez parler, Julie : mademoiselle Antonine n'est-elle pas de la famille?

— Madame, dit la servante, Agathe demande si elle peut toujours mettre le poulet à la broche, quoique M. Pascal n'arrive pas.

— Certainement, dit madame Dutertre ; M. Pascal est un peu en retard, mais, je n'en doute pas, il sera ici d'un instant à l'autre.

— Vous attendez donc quelqu'un, Sophie? dit Antonine lorsque la servante se retira ; alors, au revoir... ajouta la jeune fille avec un léger soupir ; je ne venais pas seulement pour vous apporter la lettre de *Sainte-Madeleine*... je désirais longuement causer avec vous... je reviendrai demain, ma chère Sophie.

— Mais pas du tout, ma petite Antonine ; j'use de mon autorité d'ancienne *mère* pour retenir ma chère fille à déjeuner avec nous... C'est une espèce de fête de famille... Est-ce que ta place n'y est pas marquée, mon enfant?

— Allons, mademoiselle Antonine, dit Charles, faites-nous ce sacrifice.

— Vous êtes mille fois bon, monsieur Dutertre ; mais, en vérité, je ne puis accepter.

— Alors, reprit-il, je vais employer les grands moyens de séduction ; en un mot, mademoiselle Antonine, si vous nous faites le plaisir de rester, vous verrez l'homme généreux qui, de lui-même, est venu à notre secours il y a aujourd'hui un an ; car c'est l'anniversaire de cette noble action que nous fêtons.

Sophie, ayant oublié l'espèce de pressentiment éveillé en elle par les paroles de sa petite fille, ajouta :

— Oui, ma petite Antonine, lors de ce moment de crise désastreuse et de si pénible gêne dans les affaires, M. Pascal a dit à Charles : « Monsieur, je ne vous connais pas personnellement, mais je sais que vous êtes aussi probe qu'intelligent et laborieux. Vous avez besoin de cinquante mille écus pour faire face à vos affaires; je vous les offre en ami... acceptez-les... en ami; quant aux conditions d'intérêts, nous les réglerons plus tard, et encore .. en ami. »

— En effet, dit Antonine, c'était noblement agir.

— Oui, reprit M. Dutertre avec une émotion profonde, car ce n'est pas seulement mon industrie qu'il sauvait, qu'il assurait, c'était le travail des nombreux ouvriers que j'emploie... c'était le repos de la vieillesse de mon père, le bonheur de ma femme, l'avenir de mes enfants... Oh! restez, restez, mademoiselle Antonine... C'est si rare, c'est si doux, la contemplation d'un homme de bien... mais tenez, le voilà, ajouta M. Dutertre en voyant passer M. Pascal devant la fenêtre du salon.

— Je suis bien touchée de ce que Sophie et vous venez de m'apprendre, monsieur Dutertre, et je regrette de ne pouvoir me trouver avec l'homme généreux à qui vous devez autant... mais le déjeuner me mènerait trop loin... il faut que je rentre de bonne heure... Mon oncle m'attend ; il a été cette nuit encore très-souffrant; dans ses moments de crise douloureuse, il désire toujours que je sois près de lui... et cette crise peut revenir d'un moment à l'autre.

Puis, tendant la main à Sophie, la jeune fille ajouta :

— Je pourrai bientôt vous revoir, n'est-ce pas?

— Demain ou après-demain, ma chère petite Antonine, j'irai chez toi, et nous causerons aussi longuement que tu le désireras.

La porte s'ouvrit; M. Pascal entra.

Antonine embrassa son amie, et celle-ci dit au financier avec une affectueuse cordialité :

— Vous me permettez, n'est-ce pas, monsieur Pascal, de reconduire Mademoiselle?.. Je n'ai pas besoin de vous dire combien j'ai hâte de revenir...

— Pas de façons, je vous prie, ma chère madame Dutertre, balbutia M. Pascal, malgré son assurance, stupéfait qu'il était de rencontrer encore Antonine, qu'il suivit d'un sombre et ardent regard jusqu'à ce qu'elle eût quitté la chambre.

VII

M. Pascal, à l'aspect d'Antonine, qu'il voyait pour la seconde fois dans la matinée, était, nous l'avons dit, resté un instant stupéfait de surprise et d'admiration devant cette beauté si candide, si pure.

— Enfin, vous voilà donc! dit Charles Dutertre avec expansion, en tendant ses deux mains à M. Pascal lorsqu'il se trouva seul avec lui. Savez-vous que nous commencions à douter de votre exactitude?.. Toute la semaine, ma femme et moi, nous nous faisions une joie de cette matinée... car, après l'anniversaire de la naissance de nos enfants... le jour que nous fêtons avec le plus de bonheur, c'est celui d'où a daté, grâce à vous, la sécurité de leur avenir. C'est si bon, si doux de se sentir, par la reconnaissance et par le cœur, à la hauteur d'un de ces actes généreux qui honorent autant celui qui offre que celui qui accepte!

M. Pascal ne parut pas avoir entendu ces paroles de M. Dutertre, et lui dit :

— Quelle est donc cette toute jeune fille qui sort d'ici?

— Mademoiselle Antonine Hubert.

— Est-ce qu'elle serait parente du président Hubert, qui a été dernièrement si malade?

— C'est sa nièce...

— Ah! fit M. Pascal en réfléchissant.

— Vous savez que si mon père n'était pas des nôtres, reprit M. Dutertre en souriant, notre petite fête ne serait pas complète. Je vais l'avertir de votre arrivée, mon bon monsieur Pascal...

Et comme il faisait un pas vers la porte de la chambre du vieillard, M. Pascal l'arrêta d'un geste, et lui dit :

— Le président Hubert ne demeure-t-il pas ?..

Et comme il hésitait, Dutertre ajouta :

— Rue du Faubourg-Saint-Honoré ; le jardin touche à celui de l'Élysée-Bourbon.

— Et il y a longtemps que cette jeune fille habite chez son oncle ?

Dutertre, assez surpris de l'insistance de M. Pascal au sujet d'Antonine, reprit :

— Il y a trois mois environ que M. Hubert est allé chercher mademoiselle Antonine à Nice, où elle était restée après la mort d'une de ses parentes.

— Et madame Dutertre est fort liée avec cette jeune personne ?

— A la pension, où elles étaient ensemble, Sophie lui servait de mère, et elles sont restées dans les termes de la plus tendre affection.

— Ah !.. fit encore Pascal.

Et, de nouveau, il parut réfléchir profondément pendant quelques instants.

Cet homme possédait une grande et rare faculté, qui avait contribué à sa prodigieuse fortune : ainsi que l'on ouvre et que l'on ferme à volonté certains casiers, M. Pascal pouvait momentanément se détacher à son gré des plus profondes préoccupations pour entrer froidement dans un ordre d'idées complétement opposé à celles qu'il venait de quitter. Ainsi, après l'entrevue de Frantz et d'Antonine, qu'il avait surpris, et dont il s'était trouvé si terriblement ému, il retrouvait toute sa liberté d'esprit pour causer d'affaires avec l'archiduc et le torturer.

De même, après cette dernière rencontre avec Antonine chez Dutertre, il ajourna, pour ainsi dire, ses violents ressentiments, ses projets, au sujet de la jeune fille, et, s'occupant de tout autre chose, il dit au mari de Sophie avec bonhomie :

— En attendant le retour de votre chère femme, mon ami, j'ai à vous demander un petit service.

— Enfin, s'écria Dutertre radieux en se frottant joyeusement les mains ; enfin... vaut mieux tard que jamais !

— Vous avez eu pour caissier... un nommé Marcelange ?

— Malheureusement pour moi...

— Malheureusement ?

— Il a commis ici, non pas un acte d'improbité... à aucun prix je ne lui aurais épargné la punition de sa faute ; mais il a commis un acte d'indélicatesse dans des circonstances telles, qu'il m'a été démontré que cet homme était un misérable... et je l'ai chassé...

— Marcelange m'a dit qu'en effet vous l'aviez renvoyé.

— Vous le connaissez ? reprit Dutertre très-surpris et se rappelant les paroles de son père.

— Il y a quelques jours... il est venu chez moi... Il désirait entrer dans la maison Durand...

— Lui ? chez des gens si honorables ?

— Pourquoi pas ? il a bien été employé chez vous !

— Mais, ainsi que je vous l'ai dit, mon bon monsieur Pascal, je l'ai chassé dès que sa conduite m'a été connue...

— Bien entendu ! Seulement, comme il se trouve sans place, il faudrait, pour entrer dans la maison Durand, qui est prête à accepter ses services, il faudrait, dis-je, à ce pauvre garçon, une lettre de recommandation de votre part ; avec cette garantie, il est accepté d'emblée : or, cette lettre, mon cher Dutertre, je venais tout bonnement vous la demander.

Après un moment de brusque étonnement, Dutertre ajouta en souriant :

— Après tout, cela ne doit pas m'étonner... vous êtes si bon !.. Cet homme est rempli de finesse et de fausseté... il aura surpris votre bonne foi...

— Je crois, en effet, Marcelange très-fin, très-madré ; mais cela ne peut vous empêcher de me donner la lettre dont je vous parle.

Dutertre crut avoir mal entendu ou s'être fait mal comprendre de M. Pascal ; il reprit :

— Pardon... je vous ai dit que...

— Vous avez à vous plaindre d'un acte d'indélicatesse de la part de ce garçon-là ; mais, bah ! qu'est-ce que cela fait ?

— Comment ! monsieur Pascal... qu'est-ce que cela fait ? Sachez donc qu'à mes yeux l'action de cet homme était plus condamnable encore peut-être qu'un détournement de fonds !

— Je vous crois, mon brave Dutertre, je vous crois ; il n'est pas de meilleur juge que vous en matière d'honneur ; le Marcelange me semble, il est vrai, un rusé compère... et, s'il faut tout vous dire, c'est à cause de cela que je tiens, je tiens beaucoup à ce qu'il soit recommandé par vous.

— Franchement... monsieur Pascal, je croirais agir en malhonnête homme en favorisant l'entrée de Marcelange dans une maison respectable à tous égards.

— Allons ! faites cela pour moi... voyons !

— Ce n'est pas sérieusement que vous me parlez ainsi, monsieur Pascal ?

— C'est très-sérieusement !

— Après ce que je viens de vous confier tout à l'heure ?

— Eh ! mon Dieu, oui !

— Vous ! vous ! l'honneur et la loyauté même !

— Moi ! l'honneur et la loyauté en personne, je vous demande cette lettre.

Dutertre regarda d'abord M. Pascal avec stupeur ; puis, ensuite dans un moment de réflexion, il reprit d'un ton d'affectueux reproche :

— Ah ! Monsieur, après une année écoulée... cette épreuve était-elle nécessaire ?

— Quelle épreuve ?

— Me proposer une action indigne, afin de vous assurer si je méritais toujours votre confiance.

— Mon cher Dutertre, je vous répète qu'il me faut cette lettre... Il s'agit pour moi d'une affaire fort délicate et fort importante.

M. Pascal parlait sérieusement, Dutertre ne pouvait plus en douter ; il se souvint alors des paroles de son père, des pressentiments de sa petite fille, et, saisi d'un vague effroi, il reprit d'une voix contrainte :

— Ainsi, Monsieur, vous oubliez la grave responsabilité qui pèserait sur moi si je faisais ce que vous désirez.

— Eh ! mon Dieu, mon brave Dutertre, si l'on ne demandait à ses amis que des choses faciles !

— C'est une chose impossible que vous me demandez, Monsieur...

— Allons donc... vous me refusez cela... à moi ?

— Monsieur Pascal, dit Dutertre d'un accent à la fois ferme et pénétré, je vous dois tout... Il n'est pas de jour où mon père, ma femme et moi, nous ne nous rappelions qu'il y a un an, sans votre secours inespéré, notre ruine et celle de tant de gens que nous faisons vivre étaient immanquables. Tout ce que la reconnaissance peut inspirer d'affection, de respect, nous le ressentons pour vous... Toutes les preuves de dévouement possibles, nous sommes prêts à vous les donner avec joie... avec bonheur... mais...

— Un mot encore... et vous me comprendrez, reprit M. Pascal en interrompant Dutertre. Puisqu'il faut vous le dire... j'ai un intérêt puissant... à avoir quelqu'un à moi... *tout à moi*, vous entendez bien ?... tout à moi, dans la maison Durand... Or, vous concevez, en tenant ce Marcelange par la lettre que vous me donnerez pour lui, et par ce que je sais de ses antécédents, je me fais de lui une créature, un instrument aveugle. Ceci est tout à fait entre nous, mon cher Dutertre... et, comptant sur votre discrétion absolue... j'irai même plus loin, je vous dirai que...

— Pas un mot de plus à ce sujet, Monsieur, je vous en conjure, s'écria Dutertre, avec une surprise et une douleur croissantes, car il avait cru jusqu'alors M. Pascal un homme d'une extrême droiture. Pas un mot de plus... Il est des secrets dont on n'accepte pas la confidence.

— Pourquoi ?

— Parce qu'ils peuvent devenir très-embarrassants... Monsieur.

— Vraiment ! les confidences d'un vieil ami peuvent devenir gênantes ! Soit, je les garderai... Alors, donnez-moi cette lettre, sans plus d'explications.

— Je vous répète que cela m'est impossible, Monsieur.

M. Pascal brida ses lèvres et plissa imperceptiblement ses sourcils ; aussi surpris que courroucé du refus de Dutertre, il avait peine à croire, dans l'ingénuité de son cynisme, qu'un homme qu'il tenait en sa dépendance eût l'audace de contrarier sa volonté ou le courage de sacrifier le présent et l'avenir à un scrupule honorable.

Cependant, comme M. Pascal avait un intérêt véritablement puissant à obtenir la lettre qu'il demandait, il reprit avec un accent d'affectueux reproche :

— Comment... vous me refusez cela... mon cher Dutertre... à moi, votre ami?

— Je vous le refuse surtout à vous, Monsieur, qui avez eu assez de foi dans ma sévère probité... pour m'avancer, presque sans me connaître... une somme considérable.

— Allons, mon cher Dutertre, ne me faites pas plus aventureux que je ne le suis. Est-ce que votre probité, votre intelligence, votre intérêt même (et en tout cas le matériel de votre usine), ne me garantissaient pas mes capitaux? Est-ce que je ne me trouve pas toujours dans une excellente position, par la faculté que je me suis réservée d'exiger le remboursement à ma volonté?... faculté dont je n'userai pas d'ici à bien longtemps, que je sache... je m'intéresse trop à vous pour cela, se hâta d'ajouter M. Pascal, en voyant la stupeur et l'angoisse se peindre soudain sur les traits de Dutertre, car enfin, supposons... et ce n'est là, Dieu merci! qu'une supposition ; supposons que, dans l'état de gêne et de crise excessive où se trouve à cette heure encore une fois l'industrie, je vous dise aujourd'hui : « Monsieur Dutertre, j'ai besoin de mon argent avant un mois, et je vous ferme mon crédit ! »

— Grand Dieu ! s'écria Dutertre, consterné, épouvanté à la seule supposition d'un pareil désastre ; mais je tomberais en faillite ! mais ce serait ma ruine, la perte de mon industrie ; faudrait travailler de mes mains peut-être, si je trouvais un emploi, afin de faire vivre mon père infirme, ma femme et mes enfants !...

— Voulez-vous bien vous taire, méchant homme, et ne pas me mettre de si affligeantes idées sous les yeux ! Vous allez me gâter toute ma journée ! s'écria M. Pascal avec une bonhomie irrésistible et en prenant les deux mains de Dutertre avec les siennes. Parler ainsi... aujourd'hui... et moi qui, comme vous, me faisais une fête de cette matinée !... Eh bien ! qu'avez-vous? vous voici tout pâle... maintenant...

— Pardon, Monsieur, dit Dutertre en essuyant les gouttes de sueur froide qui coulaient de son front, mais à la seule pensée d'un coup si inattendu... qui frapperait ce que j'ai de plus cher au monde, mon honneur... ma famille... mon travail... Ah !... tenez, Monsieur, vous avez raison, éloignons cette idée... elle est trop horrible...

— Eh ! mon Dieu ! c'est ce que je vous disais, n'attristons pas cette charmante journée... Aussi, pour en finir, reprit allègrement M. Pascal, bâclons de suite les affaires... vidons notre sac, comme on dit... Donnez-moi cette lettre... et n'en parlons plus..

Dutertre tressaillit, une affreuse angoisse lui serra le cœur, il répondit :

— Une pareille insistance m'étonne et m'afflige, Monsieur... Je vous le répète, il m'est absolument impossible de faire ce que vous désirez.

— Mais, grand enfant que vous êtes ! mon insistance même vous prouve l'importance que j'attache à cette affaire.

— Il se peut, Monsieur !

— Et pourquoi y attaché-je autant d'importance, mon brave Dutertre ? c'est parce que cette affaire vous intéresse autant que moi.

— Que dites-vous, Monsieur ?

— Eh ! sans doute... Ma combinaison de la maison Durand manquant, puisque votre refus m'empêcherait d'employer ce coquin de Marcelange selon mes vues (vous ne voulez pas de mes secrets, je suis bien forcé de les garder), peut-être serais-je obligé, pour certaines raisons, ajouta M. Pascal en prononçant lentement les mots suivants et en attachant sur sa victime son regard clair et froid, peut-être serais-je obligé... et cela me saignerait le cœur... de vous redemander mes capitaux et de vous fermer mon crédit.

— Oh ! mon Dieu ! s'écria Dutertre en joignant les mains et devenant pâle comme un spectre.

— Voyez un peu, vilain homme, dans quelle atroce position vous vous mettriez !... Me forcer à une action qui, je vous le répète, me déchirerait l'âme.

— Mais, Monsieur... tout à l'heure encore... vous m'assuriez que...

— Eh ! parbleu ! mon intention serait de vous les laisser le plus longtemps possible, ces malheureux capitaux. Vous m'en payiez les intérêts avec une ponctualité rare... le placement était parfait, et, grâce à l'amortissement convenu, vous étiez libéré dans dix ans, et j'avais fait une excellente affaire en vous rendant service.

— En effet, Monsieur, murmura Dutertre anéanti, telles avaient été vos promesses, sinon écrites... du moins verbales... et la générosité de votre offre, la loyauté de votre caractère, tout m'avait donné la confiance la plus entière... Dieu veuille que je n'aie pas à dire la plus téméraire, la plus insensée, dans votre parole!...

— Quant à cela, mon cher Dutertre, mettez-vous en paix avec vous-même; à cette époque de crise commerciale, au moins aussi terrible que celle d'aujourd'hui, vous n'eussiez trouvé nulle part les capitaux que je vous ai offerts à un taux si modéré.

— Je le sais, Monsieur!

— Vous avez donc pu, vous avez même dû, forcé par la nécessité, accepter la condition que je mettais à cet emprunt.

— Mais, Monsieur, s'écria Dutertre dans un effroi inexprimable, j'en appelle à votre honneur! vous m'aviez formellement promis de...

— Eh! mon Dieu, oui... je vous avais promis! sauf la force majeure des événements; et malheureusement votre refus, à propos de cette pauvre petite lettre, crée un événement de force majeure qui me met dans la pénible... dans la douloureuse nécessité... de vous redemander mon argent.

— Mais, Monsieur, c'est une action indigne... que vous me proposez là... songez-y donc!

A ce moment on entendit au dehors le rire doux et frais de Sophie Dutertre qui s'approchait.

— Ah! Monsieur! s'écria son mari, pas un mot de cela devant ma femme... car, ce ne peut être là votre dernière résolution, et j'espère que...

Charles Dutertre ne put achever, car Sophie entra dans le salon.

Le malheureux homme ne put faire qu'un geste suppliant à M. Pascal, qui y répondit par un signe d'affectueuse intelligence.

VIII

Lorsque Sophie Dutertre entra dans le salon où se trouvaient son mari et M. Pascal, le gracieux visage de la jeune femme, plus vivement coloré que de coutume, le léger battement de son sein, ses yeux humides, témoignaient de son récent accès d'hilarité.

— Ah! ah! madame Dutertre, dit gaiement M. Pascal; je vous ai bien entendue, vous étiez là, à rire comme une folle...

Puis, se tournant vers Dutertre, qui tâchait de dissimuler ses horribles angoisses et de se rattacher à une dernière espérance, il ajouta :

— Comme le bonheur les rend gaies, ces jeunes femmes ! Rien qu'à les voir... ça met la joie au cœur, n'est-ce pas, mon brave Dutertre ?

— Je viens de rire, et bien malgré moi, je vous assure, mon bon monsieur Pascal, reprit Sophie.

— Malgré vous?... dit notre homme, comment! est-ce que quelque chagrin?...

— Un chagrin? oh ! non, Dieu merci !... Mais j'étais plus disposée à l'attendrissement qu'à la gaieté... Cette chère Antonine... si tu savais... Charles, ajouta la jeune femme avec une douce émotion en s'adressant à son mari, je ne puis te dire combien elle m'a émue... quel aveu à la fois touchant et candide elle m'a fait... car le cœur de la pauvre petite était trop plein... et elle n'a pas eu la force de s'en aller sans tout me dire...

Et une larme d'attendrissement vint mouiller les beaux yeux de Sophie.

Au nom d'Antonine, M. Pascal, malgré son rare empire sur lui-même, avait tressailli; ses préoccupations au sujet de la jeune fille, un instant ajournées, revinrent plus vives, plus ardentes que jamais, et, pendant que Sophie essuyait ses yeux, il jeta sur elle un regard pénétrant, tâchant de deviner ce qu'il pouvait espérer d'elle, pour une combinaison qu'il formait.

Madame Dutertre reprit bientôt, en s'adressant à son mari :

— Mais, Charles, je te conterai cela... plus tard : toujours est-il que j'étais encore sous l'impression de mon entretien avec cette chère Antonine, lorsque ma petite Madeleine est venue à moi... et m'a dit, dans son gentil jargon, de si drôles de raisons, que je n'ai pu m'empêcher de rire aux éclats. Mais pardon, monsieur Pascal... votre cœur comprendra et excusera, n'est-ce pas, toutes les faiblesses maternelles?

— C'est à moi que vous demandez cela, reprit cordialement M. Pascal, à moi... un bon homme?

— C'est vrai, ajouta Sophie avec une affectueuse expansion, si l'on vous aime tant ici... c'est que vous êtes, voyez-vous, comme vous le dites si bien, *un bon homme*... Tenez... demandez à Charles... s'il me démentira?

Dutertre répondit par un sourire contraint, et il eut la force et le courage de se contenir assez devant sa femme, pour que celle-ci, tout occupée de M. Pascal, n'eût pas d'abord le moindre soupçon des anxiétés de son mari. Aussi, se dirigeant vers la table et prenant la bourse qu'elle avait brodée, elle la présenta à M. Pascal, en lui disant d'une voix touchante :

— Mon bon monsieur Pascal, cette bourse est le fruit du travail de mes meilleures soirées... celles que je passais ici... avec mon mari... son excellent père et mes enfants. Si chacune de ces petites perles d'acier pouvait parler, ajouta Sophie en souriant, elle vous dirait combien de fois votre nom a été prononcé parmi nous, avec tout l'attachement et la reconnaissance qu'il mérite...

— Ah! merci, merci, ma chère madame Dutertre, répondit M. Pascal, je ne peux pas vous dire combien je suis sensible à ce joli cadeau... à cet aimable souvenir; seulement, voyez-vous, il m'embarrasse un peu...

— Comment cela?...

— Vous venez de me donner, et moi, je vais vous demander encore.

— Quel bonheur !... Demandez... demandez, mon bon monsieur Pascal.

Puis s'adressant à son mari, avec surprise :

— Charles, que fais-tu donc là..... assis.... devant ce bureau ?

— Monsieur Pascal voudra bien m'excuser; je viens de me rappeler que j'ai négligé de revoir quelques notes relatives à un travail très-pressé, répondit Dutertre en feuilletant au hasard quelques papiers afin de se donner une contenance et de cacher à sa femme, à qui il tournait ainsi le dos, l'altération de ses traits.

— Mon ami, dit Sophie d'un ton de tendre reproche, ne pouvais-tu donc pas remettre ce travail et attendre que...

— Madame Dutertre, je m'insurge si vous dérangez votre mari à cause de moi, s'écria M. Pascal, est-ce que je ne connais pas les affaires? Allez, allez, heureuse femme que vous êtes ! c'est grâce à cette ardeur du travail que ce brave Dutertre est aujourd'hui à la tête de son industrie.

— Et cette ardeur pour le travail, qui l'a encouragée, qui l'a récompensée, n'est-ce pas vous, monsieur Pascal? Si Charles est, à cette heure, comme vous dites, à la tête de son industrie, si notre avenir et celui de nos enfants est maintenant à jamais assuré... n'est-ce pas grâce à vous?

— Ma chère madame Dutertre, vous allez me confusionner, et alors je ne saurai plus comment vous demander le petit service que j'attends de vous.

— Et moi... qui l'oubliais... reprit Sophie en souriant; heureusement, c'était pour vous parler de services bien autrement importants, sans doute, que vous nous aviez rendus; aussi vous m'excuserez, n'est-ce pas? Mais, voyons vite, vite, de quoi s'agit-il? ajouta la jeune femme avec un empressement plein de charme.

— Ce que je vais vous dire va bien vous surprendre peut-être...

— Tant mieux... j'adore les surprises.

— Eh bien !... l'isolement de la vie de garçon me pèse, et...

— Et?...

— J'ai envie de me marier...

— Vraiment !

— Cela vous étonne?... J'en étais sûr.

— Vous vous trompez tout à fait, car, selon moi, vous deviez en arriver là.

— Comment donc?

— Mon Dieu, souvent je me disais : « Tôt ou tard ce bon M. Pascal, qui vit tant par le cœur, voudra goûter les chères et douces joies de la famille... » et s'il faut vous avouer mon orgueilleuse présomption, ajouta Sophie en souriant, je me disais même, à part moi : « Il est impossible que la vue du bonheur dont nous jouissons, Charles et moi, ne donne pas quelque jour à M. Pascal l'idée de se marier. » Maintenant, jugez un peu si je suis heureuse d'avoir pressenti votre projet!

— Triomphez donc, ma chère madame Dutertre, car, en effet, séduit par votre exemple et par celui de votre mari, je désire faire, comme vous deux... un mariage d'amour....

— Est-ce qu'il y a d'autres mariages possibles? dit Sophie en haussant les épaules par un mouvement plein de grâce, et sans réfléchir tout d'abord aux trente-huit ans de M. Pascal; puis elle ajouta :

— Et vous êtes aimé?

— Mon Dieu! cela peut dépendre de vous.

— De moi?

— Absolument...

— De moi?... reprit Sophie avec une surprise croissante, tu entends, Charles, ce que dit monsieur Pascal?

— J'entends... répondit Dutertre, qui, non moins étonné que sa femme, écoutait avec une anxiété involontaire.

— Comment, monsieur Pascal, reprit Sophie, je puis faire, moi... que vous soyez aimé?

— Vous pouvez cela... ma chère madame Dutertre.

— Quoique ceci me semble incompréhensible, que Dieu soit béni! si j'ai la puissance magique que vous m'attribuez, mon bon monsieur Pascal, reprit Sophie avec un doux sourire; alors vous serez aimé comme vous méritez de l'être...

— Comptant sur votre promesse, je n'irai donc pas par quatre chemins, et je vous avouerai tout bêtement, ma chère madame Dutertre, que je suis fou de mademoiselle Antonine Hubert.

— Antonine! s'écria Sophie avec stupeur, pendant que Dutertre, toujours assis devant son bureau, se tournait brusquement vers sa femme dont il partageait l'étonnement extrême.

— Antonine! reprit Sophie, comme si elle n'avait pu croire à ce qu'elle venait d'entendre, c'est Antonine que vous aimez!

— C'est d'elle que je suis fou... C'est chez vous, tout à l'heure, que je l'ai rencontrée pour la quatrième fois; seulement, je ne lui ai jamais parlé... et pourtant ma résolution est prise, car je suis de ces gens qui se décident vite et par instinct... Ainsi, quand il s'est agi de venir en aide à ce brave Dutertre, en deux heures la chose a été faite... Eh bien! la ravissante beauté de mademoiselle Antonine... la candeur de son visage... un je ne sais quoi qui me dit que cette jeune personne doit avoir les meilleures qualités du monde... tout a contribué à me rendre amoureux fou et à vouloir chercher, dans un mariage d'amour comme le vôtre, ma chère madame Dutertre, ce bonheur intérieur, ces joies du cœur... que vous me croyez à juste titre digne de connaître et de goûter...

— Monsieur... dit Sophie avec un pénible embarras, permettez-moi de...

— Un mot encore, c'est un amour de *première vue*, direz-vous... soit... mais il y a vingt exemples d'amours aussi soudains que profonds!.. D'ailleurs, ainsi que je vous l'ai dit, je suis tout bonnement un homme d'instinct, de pressentiments; d'un seul coup d'œil, j'ai toujours jugé une affaire bonne ou mauvaise : pourquoi ne suivrais-je pas pour me marier une méthode qui jusqu'ici m'a parfaitement réussi? Je vous ai dit qu'il dépendait de vous que mademoiselle Antonine m'aimât... Je m'explique : à quinze ans, et elle ne me paraît avoir guère plus que cet âge... les jeunes filles n'ont pas de volontés à elles... vous avez servi de mère à mademoiselle Antonine, à ce que m'a dit Dutertre; vous possédez sur elle un grand empire, puisqu'elle vous choisit pour confidente... rien ne vous sera plus facile, en lui parlant de moi... d'une certaine façon, lorsque vous m'aurez présenté à elle (et ce, pas plus tard que demain, n'est-ce pas?); il vous sera, dis-je, très-facile de l'amener à partager mon amour et à m'épouser. Si je vous devais ce bonheur... ma chère madame Dutertre, tenez... ajouta M. Pascal d'un ton sincère et pénétré, vous parlez de reconnaissance? eh bien!.. celle que vous dites avoir pour moi... serait de l'ingratitude auprès de ce que je ressentirais pour vous.

Sophie avait écouté M. Pascal avec autant de trouble et de

chagrin que de surprise, car elle croyait, et elle avait raison de croire à la réalité de l'amour... ou plutôt de l'irrésistible ardeur de possession qu'éprouvait cet homme; aussi, reprit-elle d'un ton pénétré, car il lui coûtait de renverser des espérances qui lui semblaient honorables :

— Mon pauvre monsieur Pascal, vous me voyez désolée de ne pouvoir vous rendre le premier service que vous me demandez; je n'ai pas besoin de vous dire combien je le regrette.

— Qu'y a-t-il donc d'impossible?

— Croyez-moi... ne songez pas à ce mariage.

— Mademoiselle Antonine ne mérite-t-elle pas?..

— Antonine est un ange, je la connais depuis son enfance... Il n'est pas au monde de cœur, de caractère meilleur.

— Ce que vous me dites là, ma chère madame Dutertre, suffirait pour augmenter mon désir... s'il pouvait l'être...

— Encore une fois... ce mariage est impossible.

— Mais enfin... pourquoi?

— D'abord, songez-y... Antonine a quinze ans et demi à peine, et vous...

— Et moi, j'en ai trente-huit; est-ce cela?

— La différence d'âge est bien grande, avouez-le... et comme je ne conseillerais ni à ma fille... ni à ma sœur... un mariage aussi disproportionné, je ne puis le conseiller à Antonine... car je ne voudrais à aucun prix son malheur et le vôtre.

— Oh! soyez tranquille... je vous réponds de mon bonheur... à moi.

— Et de celui d'Antonine?

— Bah! bah! pour quelques années de plus ou de moins...

— Je me suis mariée par amour, mon bon monsieur Pascal... je ne comprends pas d'autres mariages. Peut-être est-ce un tort; mais enfin, je pense ainsi... et je dois vous le dire... puisque vous me consultez.

— Selon vous, je ne suis donc pas capable de plaire à mademoiselle Antonine?

— Je crois qu'elle apprécierait, comme Charles et moi... comme tous les cœurs généreux, la noblesse de votre caractère... mais...

— Encore une fois, ma chère madame Dutertre, permettez... une enfant de quinze ans n'a pas d'idées arrêtées au sujet du mariage; mademoiselle Antonine a en vous une confiance aveugle... présentez-moi à elle... dites-lui toute sorte de bien du *bonhomme* Pascal... L'affaire est sûre : si vous le voulez... vous le pouvez.

— Tenez, mon cher monsieur Pascal, cet entretien m'attriste plus que je ne saurais vous le dire... Pour y mettre un terme... je confierai un secret à votre discrétion et à votre loyauté...

— Eh bien!.. ce secret?

— Antonine... aime et elle est aimée... Ah! monsieur Pascal, rien n'est à la fois plus pur, plus touchant que cet amour... et, pour bien des raisons... je suis certaine qu'il assurerait le bonheur d'Antonine; la santé de son oncle est chancelante : que la pauvre enfant le perde, elle est obligée d'aller vivre chez des parents qui, non sans raison, lui inspirent de l'éloignement... Une fois mariée, au contraire, selon son cœur, elle peut espérer le plus heureux avenir... car sa vive affection est noblement placée... Vous le voyez donc bien, mon bon monsieur Pascal, vous n'auriez, même avec mon appui, aucune chance de réussir... et cet appui, en mon âme et conscience... puis-je vous l'accorder lorsque, en dehors même d'une disproportion d'âge selon moi inadmissible, je suis certaine... et je n'affirme jamais rien légèrement, je suis certaine que l'amour que ressent et qu'inspire Antonine... doit la rendre à jamais heureuse?

A cette affirmation de l'amour d'Antonine pour Frantz, secret déjà à demi pénétré par M. Pascal, celui-ci éprouva un cruel sentiment de rage et de douleur, encore exaspéré par le refus de madame Dutertre, qui ne voulait en rien servir des projets qui lui semblaient irréalisables; mais il se contint, afin de tenter un dernier effort, et, s'il échouait, de rendre sa vengeance plus terrible encore.

Il reprit donc avec un calme apparent :

— Ah!.. mademoiselle Antonine est amoureuse... soit; mais nous connaissons ces *grandes* passions de petites filles, ma chère madame Dutertre... un vrai feu de paille... Or, vous soufflerez dessus, il s'éteindra; ce bel amour ne résistera pas à votre influence.

— D'abord, je n'essayerai pas d'influencer Antonine à ce sujet, monsieur Pascal, puis ce serait inutile.

— Vous croyez?

— J'en suis certaine.

— Bah!... essayez toujours.

— Mais je vous dis, Monsieur, qu'Antonine...

— Est amoureuse! c'est entendu; de plus, le bonhomme Pascal a trente-huit ans, et n'est pas beau, c'est évident; mais aussi, en revanche, il a de beaux petits millions; et lorsque ce soir (car vous irez ce soir, n'est-ce pas? j'y compte), vous aurez fait comprendre à cette ingénue que si l'amour est une bonne chose, l'argent vaut encore mieux, car l'amour passe et l'argent reste, elle suivra vos conseils, congédiera dès demain son amoureux, et je n'aurai plus qu'à dire : gloire et merci à vous, ma chère madame Dutertre!

Sophie regarda M. Pascal avec autant d'étonnement que d'inquiétude; sa délicate susceptibilité de femme était cruellement froissée, son instinct lui disait qu'un homme parlant comme M. Pascal n'était pas l'homme de cœur et de droiture qu'elle avait cru jusqu'alors trouver en lui.

A ce moment aussi Dutertre se leva, dans une douloureuse perplexité; pour la première fois sa femme remarqua l'altération de ses traits, et s'écria en faisant un pas vers lui :

— Mon Dieu! Charles... comme tu es pâle!... tu souffres donc?..

— Non... Sophie... je n'ai rien... une légère migraine...

— Moi, je te dis que tu as autre chose... Cette pâleur n'est pas naturelle... Monsieur Pascal, regardez donc Charles...

— En effet... mon brave Dutertre... vous ne paraissez pas à votre aise?..

— Je n'ai rien, Monsieur, répondit Dutertre d'un ton glacial qui augmenta la vague appréhension de Sophie...

Elle regardait tour à tour et en silence son mari et M. Pascal, tâchant de pénétrer la cause du changement qu'elle remarquait et dont elle se sentait effrayée.

— Voyons, mon cher Dutertre, reprit M. Pascal, vous avez entendu notre entretien... joignez-vous donc à moi, pour faire comprendre à votre chère et excellente femme que mademoiselle Antonine, malgré son fol amour de petite fille, ne peut trouver un meilleur parti que moi!

— Je partage en tout, Monsieur, la manière de voir de ma femme à se sujet.

— Comment!.. méchant homme!.. vous aussi?
— Oui, Monsieur.
— Réfléchissez donc que...
— Ma femme vous l'a dit, Monsieur; nous avons fait un mariage d'amour, et, comme elle, je crois que les seuls mariages d'amour sont heureux.
— Marchander Antonine, dit Sophie avec amertume, moi... lui conseiller un acte de révoltante bassesse, un mariage d'intérêt, de se vendre, en un mot, lorsque tout à l'heure encore elle m'a avoué son pur et noble amour... Ah! Monsieur, je me croyais plus dignement connue de vous.
— Allons, voyons, mon cher Dutertre, vous, homme de bon sens, avouez que ce sont là des raisons de roman... aidez-moi donc à convaincre votre femme.
— Je vous le répète, Monsieur, je pense comme elle...
— Ah! s'écria M. Pascal, je ne m'attendais pas à trouver ici des amis si froids... si indifférents à ce qui me touche.
— Monsieur! s'écria Sophie, ce reproche est injuste.
— Injuste!... Hélas! je le voudrais; mais enfin... je n'ai que trop raison... Tout à l'heure, votre mari accueillait par un refus une de mes demandes; maintenant... c'est vous... Ah! c'est triste, triste!.. Sur quoi compter désormais!
— Quel refus? dit Sophie à son mari, de plus en plus inquiète, de quel refus s'agit-il, Charles?
— Il est inutile de te parler de cela, ma chère Sophie.
— Je crois, moi, au contraire, reprit M. Pascal, qu'il serait bon de tout dire à votre femme, mon cher Dutertre, afin d'avoir son avis.
— Monsieur!.. s'écria Dutertre en joignant les mains avec effroi.
— Allons! Est-ce que, dans un mariage d'amour, reprit M. Pascal, l'on a des secrets l'un pour l'autre?
— Charles... je t'en supplie, explique-moi ce que cela signifie?.. Ah! j'avais bien vu, moi, que tu souffrais... Mais, Monsieur, il s'est donc passé quelque chose entre vous et Charles? dit-elle à M. Pascal d'une voix suppliante, répondez-moi, de grâce!
— Mon Dieu! il s'est passé quelque chose de fort simple... Vous allez en juger, ma chère Madame...
— Monsieur! s'écria Dutertre, au nom de la reconnaissance

que nous vous devons, au nom de la pitié, pas un mot de plus, je vous en supplie : car je ne croirai jamais que vous persistiez dans votre résolution. Et alors, à quoi bon donner à ma femme des inquiétudes inutiles ?..

Puis, s'adressant à madame Dutertre, il ajouta :

— Rassure-toi, Sophie, je t'en conjure.

Le père Dutertre, qui, de sa chambre, avait entendu les voix s'élever de plus en plus, ouvrit soudain sa porte, fit vivement deux pas dans le salon en étendant ses mains devant lui, s'écria, la figure bouleversée :

— Charles ! Sophie ! mon Dieu ! qu'y a-t-il ?

— Mon père !.. murmura Dutertre avec accablement.

— Le vieux ! dit M. Pascal, bon ! ça me va !

IX

Un moment de silence suivit l'entrée du vieillard aveugle dans le salon.

Dutertre s'avança vivement au-devant de son père, prit une de ses mains tremblantes, et, la serrant avec émotion, lui dit :

— Rassurez-vous, mon père, ce n'est rien... une simple discussion d'affaires... un peu vive... permettez-moi de vous reconduire chez vous.

— Charles, dit l'aveugle en secouant tristement la tête, ta main est froide... tu frissonnes... ta voix est altérée... il se passe ici quelque chose que tu veux me cacher ?..

— Vous ne vous trompez pas, Monsieur, dit M. Pascal au vieillard, votre fils vous cache quelque chose, et, dans son intérêt, dans le vôtre, dans celui de votre belle-fille et de ses enfants... vous ne devez rien ignorer.

— Mais, Monsieur, rien ne peut donc vous toucher! s'écria Charles Dutertre, vous êtes donc sans pitié, sans entrailles?

— C'est parce que j'ai pitié de votre folle opiniâtreté et de celle de votre femme, mon cher Dutertre, que j'en veux appeler au bon sens de votre respectable père...

— Charles! s'écria Sophie, quelque cruelle que soit la vérité, dis-la... Ce doute, cette angoisse est au-dessus de mes forces.

— Mon fils, ajouta le vieillard, sois franc comme toujours, et nous aurons tous du courage.

— Vous le voyez, mon cher Dutertre, reprit M. Pascal, votre digne père lui-même désire connaître la vérité.

— Monsieur, reprit Dutertre d'une voix navrante, en attachant sur M. Pascal un regard humide de larmes à peine contenues, soyez bon, soyez généreux comme vous l'avez été jusqu'ici. Votre pouvoir est immense, je le sais; d'un mot, vous pouvez nous plonger tous dans le deuil, dans le désastre ; mais d'un mot aussi vous pouvez nous rendre au repos et au bonheur que nous vous avons dû. Je vous en supplie, ne soyez pas impitoyable.

A la vue des larmes qui, malgré ses efforts, coulèrent des yeux de Dutertre, cet homme si énergique, si résolu, Sophie pressentit la grandeur du péril, et s'adressant à M. Pascal, d'une voix déchirante :

— Mon Dieu!... je ne sais pas le danger dont vous nous menacez, mais... j'ai peur... oh! j'ai peur... et je vous implore aussi, monsieur Pascal.

— Après avoir été notre sauveur! s'écria Dutertre, en essuyant les pleurs qui s'échappaient malgré lui, vous ne pouvez pourtant pas être notre bourreau?

— Votre bourreau? reprit M. Pascal. A Dieu ne plaise, mes pauvres amis... ce n'est pas moi... c'est vous qui voulez être les bourreaux de vous-mêmes!.. Ce mot que vous attendez de moi, ce mot qui peut assurer votre bonheur, dites-le, mon cher Dutertre, et notre petite fête sera aussi joyeuse qu'elle devait l'être... sinon... ne vous plaignez pas du mauvais sort qui vous attend... Hélas! vous l'aurez voulu...

— Mais enfin, Charles... si cela dépend de toi, s'écria Sophie, dans une angoisse inexprimable, ce mot que demande M. Pascal... dis-le donc, mon Dieu ! puisqu'il s'agit du salut de ton père... et de celui de tes enfants...

— Vous entendez votre femme, mon cher Dutertre, reprit Pascal, serez-vous aussi insensible à sa voix?

— Eh bien, donc! s'écria Dutertre, pâle, désespéré, puisque cet homme est impitoyable... sache donc tout, mon père, et toi aussi, Sophie... J'ai chassé d'ici Marcelange. M. Pascal a un intérêt, que j'ignore, à ce que cet homme entre dans la maison Durand... et il me demande de garantir à cette maison la probité d'un misérable... que j'ai jeté hors d'ici comme un fourbe insigne.

— Ah ! Monsieur, dit le vieillard révolté, en se tournant du côté où il supposait M. Pascal, cela est impossible : vous ne pouvez attendre de mon fils une indignité pareille !

— Et si je me refuse à cette indignité, reprit Dutertre, M. Pascal me retire les capitaux que j'ai si témérairement acceptés, il me ferme son crédit, et, dans la crise où nous sommes, c'est notre perte... notre ruine.

— Grand Dieu !.. murmura Sophie avec épouvante.

— Ce n'est pas tout, mon père, ajouta Dutertre, il faut aussi que ma femme paye son tribut de honte... M. Pascal est, dit-il, amoureux de mademoiselle Antonine, et Sophie doit servir cet amour, qu'elle sait impossible ; cet amour que, pour d'honorables raisons, elle désapprouve ; ou sinon... encore une menace suspendue sur nos têtes... Voici la vérité, mon père... Subir une ruine aussi terrible qu'imprévue, ou commettre une action indigne... telle est l'alternative où me réduit l'homme que nous avons si longtemps cru généreux et loyal.

— C'est bien cela, toujours cela ! Ainsi va le monde... reprit M. Pascal en soupirant et en haussant les épaules. Tant qu'il s'agit de recevoir des services sans en rendre... oh ! alors, on vous flatte, on vous exalte ; c'est toujours mon *noble bienfaiteur!* mon *généreux sauveur!* on vous appelle *bonhomme,* on vous comble de prévenances, on vous brode des bourses, on vous fête... Les petits enfants vous récitent des compliments ; puis, vient le jour où ce pauvre *bonhomme* de bienfaiteur se hasarde, à son tour, à demander un ou deux malheureux petits services... alors... on crie au gueux, à l'indigne, à l'infâme !

— Tous les sacrifices compatibles avec l'honneur, vous me les eussiez demandés, Monsieur, s'écria Dutertre d'une voix navrée, je vous les aurais faits avec joie...

— Alors, que voulez-vous? reprit M. Pascal sans répondre à Dutertre, si *bonhomme*, si bonasse qu'on le suppose, le bienfaiteur, à la fin, pourtant, se lasse... l'ingratitude surtout lui fend le cœur, car il est né sensible, trop sensible.

— L'ingratitude, s'écria Sophie en fondant en larmes, nous, nous, ingrats!.. Oh! mon Dieu!..

— Et comme le bonhomme voit un peu tard qu'il s'est trompé, continua M. Pascal sans répondre à Sophie, comme il reconnaît avec douleur... qu'il a eu affaire à des gens incapables de mettre leur renaissante amitié au-dessus de quelques susceptibilités puériles... il se dit qu'il serait aussi par trop *bonhomme* en continuant d'ouvrir sa bourse à de si tièdes amis... Aussi leur retire-t-il argent et crédit, comme je le fais, étant amené d'ailleurs à cette résolution par certaines circonstances dérivant du refus de ce cher Dutertre, que j'aimais tant... et que j'aimerais encore tant à appeler ainsi... Un dernier mot, Monsieur, ajouta M. Pascal en s'adressant au vieillard, je viens de vous exposer franchement ma conduite envers votre fils, et la sienne envers moi; mais comme il coûterait trop à mon cœur de renoncer à la foi que j'avais dans l'affection de ce cher Dutertre, comme je sais les maux terribles qui peuvent l'accabler par sa faute, lui et sa famille... je lui accorde encore un quart d'heure pour réfléchir et s'amender... Qu'il me donne la lettre en question, que madame Dutertre me fasse la promesse que j'attends d'elle, et tout redevient comme par le passé... et je demande à grands cris le déjeuner et je porte un toast à l'*amitié*... Vous êtes le père de Dutertre, Monsieur, vous avez sur lui une grande influence... jugez et décidez.

— Charles, dit le vieillard à son fils d'une voix émue, tu as agi en honnête homme... C'est bien... mais il te reste une chose à faire... refuser de garantir la moralité d'un misérable... ce n'est pas assez...

— Ah! ah! fit M. Pascal, et qu'y a-t-il donc à faire de plus?

— Si M. Pascal, continua le vieillard, donne suite à son pernicieux dessein, tu dois, mon fils, écrire à la maison Durand que, pour des raisons que tu ignores, mais dangereuses peut-être, M. Pascal a intérêt à faire entrer ce Marcelange chez ces honnêtes gens, et qu'ils aient à se tenir sur leurs gardes, car se taire sur un projet indigne, c'est s'en rendre complice.

— Je suivrai votre conseil, mon père, répondit Dutertre d'une voix ferme.

— De mieux en mieux, reprit M. Pascal en soupirant. A l'ingratitude... on ajoute un odieux abus de confiance... Allons, je boirai le calice jusqu'à la lie... Seulement, mes pauvres *ci-devant amis,* ajouta-t-il en jetant sur les acteurs de cette scène un regard étrange et sinistre, seulement je crains, voyez-vous, qu'après boire, il ne me reste au cœur beaucoup d'amertume, beaucoup de fiel... et alors, vous savez, quand à la plus tendre amitié succède une haine légitime, malheureusement elle devient terrible, cette haine...

— Oh ! Charles, il me fait peur... murmura la jeune femme en se rapprochant de son mari.

— Quant à vous, ma chère Sophie, ajouta le vieillard avec un calme imperturbable et sans répondre à la menace de M. Pascal, vous devez non-seulement ne favoriser en rien, ainsi que vous l'avez fait, des vues de mariage que vous désapprouvez; mais si M. Pascal persiste dans ses intentions, vous devez encore éclairer mademoiselle Antonine et ses parents sur le caractère de l'homme qui la recherche... Pour cela, vous n'avez qu'à faire connaître à quel prix infâme il met la continuation des services qu'il a rendus à votre mari...

— C'est mon devoir... répondit Suzanne d'une voix altérée, je l'accomplirai, mon père...

— Vous aussi, ma chère madame Dutertre ! Abuser d'une confidence... loyale, répondit M. Pascal d'un air doucereusement féroce, me frapper dans ma plus chère espérance... ah ! c'est peu généreux. Dieu veuille que je ne me laisse pas aller à de cruelles représailles !.. Après deux années d'amitié... se quitter avec de pareils sentiments. Il le faut donc ? hein ! ajouta M. Pascal en regardant alternativement Dutertre et sa femme, tout est donc fini entre nous ?

Sophie et son mari gardèrent un silence rempli de résignation et de dignité.

— Allons, dit M. Pascal en prenant son chapeau, encore une preuve de l'ingratitude des hommes... hélas !

LA LUXURE.

— Monsieur, s'écria Dutertre, exaspéré par l'affectation d'ironique sensibilité de M. Pascal, en présence du coup affreux dont vous nous écrasez... cette raillerie continue est atroce... Laissez-nous... laissez-nous...

— Me voici donc chassé de cette maison... par des gens qui ont la conscience de m'avoir dû si longtemps leur bonheur, leur salut, reprit Pascal en se dirigeant lentement vers la porte, chassé d'ici... moi! Ah! cet humiliant chagrin me manquait...

Puis, s'arrêtant, il fouilla dans sa poche et en retira la petite bourse que Sophie Dutertre lui avait donnée peu d'instants auparavant, et, la tendant à la jeune femme, il reprit avec son impitoyable accent de contrition sardonique :

— Heureusement, elles sont muettes, ces petites perles d'acier qui devaient me dire, à chaque instant, combien mon nom était béni dans cette maison d'où l'on me chasse.

Mais, ayant l'air de se raviser, il remit la bourse dans sa poche, après l'avoir contemplée avec un sourire mélancolique en disant :

— Non... non... je te garderai, pauvre petite bourse innocente... Tu me rappelleras le peu de bien que j'ai fait et la cruelle déception qui m'a récompensé.

Ce disant, M. Pascal mit la main sur le bouton de la porte, l'ouvrit et sortit au milieu du morne silence de Sophie, de son mari et de son père.

Ce silence accablant durait encore lorsque M. Pascal, revenant et ouvrant à demi la porte, dit à travers un des ventaux entre-bâillés :

— Au fait... j'ai réfléchi... Écoutez, mon cher Dutertre...

Une lueur de folle espérance illumina la figure de Dutertre; un moment il crut que, malgré la sardonique et froide cruauté que venait d'affecter M. Pascal, il ressentait enfin quelque pitié.

Sophie partagea le même espoir; ainsi que son mari, elle attendit avec une indicible angoisse les paroles de l'homme qui disposait souverainement de leur sort, et qui reprit :

— C'est samedi prochain votre jour d'échéance et de paye... n'est-ce pas, mon cher Dutertre? laissez-moi vous appeler ainsi, malgré ce qui s'est passé entre nous...

— Dieu soit béni !.. il a pitié, pensa Dutertre.

Et il reprit tout haut :

— Oui... Monsieur...

— Je ne voudrais point, vous concevez, mon cher Dutertre, reprit M. Pascal, vous mettre dans un embarras mortel. Je connais la *place* de Paris, et, dans l'état de crise des affaires, vous ne trouveriez pas un liard de crédit, surtout si l'on savait que je vous ai fermé le mien... et comme, après tout, vous aviez compté sur ma caisse pour faire face à vos engagements... n'est-ce pas?

— Charles, nous sommes sauvés, murmura Sophie d'une voix palpitante, c'était une épreuve...

Dutertre, frappé de cette idée, qui lui parut d'autant plus vraisemblable qu'il l'avait d'abord partagée, ne douta plus de son salut; son cœur battit violemment; ses traits contractés se détendirent, et il répondit en balbutiant, tant son émotion était grande :

— En effet... Monsieur... aveuglément confiant dans vos promesses... j'ai compté comme à l'ordinaire sur votre crédit...

— Eh bien !.. mon cher Dutertre... afin que vous ne vous trouviez pas dans l'embarras, ainsi que je viens de vous le dire, et comme il vous reste d'ailleurs une huitaine de jours, vous ferez bien de vous précautionner ailleurs et de ne compter ni sur la place de Paris ni sur moi.

Et M. Pascal ferma la porte et se retira.

La réaction de cet espoir si horriblement déçu fut tellement violente chez Dutertre, qu'il tomba sur une chaise, pâle, inanimé, sans forces, et il s'écria, en cachant sa figure dans ses mains et en dévorant ses sanglots :

— Perdu!.. perdu!..

— Oh! nos enfants..... s'écria Sophie d'une voix déchirante, en se jetant aux genoux de son mari, nos pauvres enfants!...

— Charles!.. dit à son tour le vieillard en étendant les mains et se dirigeant à tâtons vers son fils, mon Charles... mon fils bien-aimé... du courage!..

— Mon père... c'est la ruine... c'est la faillite... disait le malheureux au milieu de sanglots convulsifs. La misère, oh! mon Dieu!.. la misère pour vous tous...

Un contraste cruel vint porter cette douleur à son comble:

les deux petits enfants, bruyants, joyeux, se précipitèrent dans le salon en criant :

— C'est Madeleine ! c'est Madeleine !

X

A la vue de Madeleine (qui n'était autre que la marquise de Miranda), le bonheur de madame Dutertre fut si grand, que, pendant un moment, tous ses chagrins, toutes ses terreurs pour l'avenir furent oubliés ; son gracieux et doux visage rayonnait de joie ; elle ne pouvait que prononcer ces mots d'une voix entrecoupée :

— Madeleine... chère Madeleine... après une si longue absence... enfin... te voilà !..

Ces premiers embrassements échangés entre les deux femmes, Sophie dit à son amie, en lui indiquant tour à tour du regard Dutertre et le vieillard :

— Madeleine... mon mari... son père... notre père... car is m'appelle sa fille...

La marquise, entrant soudainement, s'était élancée au cou de Sophie avec tant d'impétueuse affection, que Charles Dutertre n'avait pu distinguer les traits de l'étrangère ; mais lorsque celle-ci, aux dernières paroles de madame Dutertre, se tourna vers lui, il éprouva une impression subite, étrange ; impression si vive que, pendant quelques minutes, il oublia ainsi que sa femme les paroles vindicatives de M. Pascal.

Ce que ressentit Charles Dutertre à la vue de Madeleine, fut un singulier mélange de surprise, d'admiration et presque d'inquiétude, car il avait comme un remords confus d'être accessible, dans un moment si critique, à d'autres pensées que celle de la ruine dont lui et les siens étaient menacés.

La marquise de Miranda ne semblait cependant pas, au premier abord, devoir causer une impression si brusque et si vive. D'une stature assez élevée, sa taille et son corsage disparaissaient complétement sous un large mantelet d'une étoffe printanière, pareille à celle de sa robe, dont les longs plis traînants laissaient à peine apercevoir le bout de son brodequin; il en était de même de ses mains, presque entièrement cachées sous l'extrémité des manches de sa robe, qu'elle portait, contre son habitude, longues et presque flottantes; une petite capote de crêpe, d'un blanc de neige, encadrait son visage d'un ovale allongé, et faisait ressortir la nuance de son teint, car Madeleine avait la carnation pâle et mate d'une femme extrêmement brune, et de très-grands yeux du bleu le plus vif, frangés de cils noirs comme ses sourcils de jais, tandis que, par un contraste piquant, sa chevelure, disposée en une foule de petites boucles à la Sévigné, était de ce blond charmant, vaporeux et cendré, dont Rubens fait ruisseler les ondes sur les épaules de ses blanches Naïades...

Ce teint pâle, ces yeux bleus, ces sourcils noirs et ces cheveux blonds donnaient à Madeleine une physionomie saisissante; ses cils d'ébène se pressaient si drus, si fournis, qu'on eût dit qu'à l'instar des femmes d'Orient, qui donnent ainsi à leur regard une expression de volupté à la fois brûlante et énervée, elle teintait de noir le dessous de ses paupières, presque toujours demi-closes sur leur large prunelle d'azur; ses narines roses, mobiles, nerveuses, se dilataient de chaque côté d'un nez grec du plus fin contour; tandis que ses lèvres, d'un rouge si chaud, que l'on croyait voir circuler un sang vermeil sous leur derme délicat, étaient charnues, nettement découpées, un peu proéminentes, comme celles de l'Érigone antique, et parfois laissaient voir entre leurs rebords pourprés une ligne de l'émail des dents.

Mais pourquoi continuer ce portrait? N'y aura-t-il pas toujours entre notre description, si fidèle, si colorée qu'elle soit, et la réalité... l'incommensurable distance qui existe entre une peinture et un être animé? Ce serait tenter l'impossible que de vouloir rendre perceptible l'atmosphère d'attraction irrésistible, magnétique peut-être, qui semblait émaner de cette singulière créature. Ainsi ce qui, chez toute autre, eût produit un effet négatif, semblait centupler chez elle les moyens de séduction : nous voulons parler de l'ampleur et de la longueur de ses vêtements, qui, ne trahissant pas le moindre contour, laissaient à peine entrevoir le bout de ses doigts et de son brodequin; en un mot, si la chaste draperie qui tombe aux pieds d'une Muse antique, à la figure sévère et pensive, ajoute au caractère imposant de son aspect, un voile jeté sur le corps charmant de la Vénus Aphrodite ne fait qu'irriter et enflammer encore l'imagination.

Telle était donc l'impression que Madeleine avait causée sur Charles Dutertre, que, muet et troublé, il resta quelques instants à la contempler.

Sophie, ne pouvant soupçonner la cause du silence et de l'émotion de son mari, le crut absorbé par l'imminence de sa ruine; et cette pensée, la ramenant elle-même à sa position, un moment oubliée, elle dit à la marquise en tâchant de sourire :

— Il faut excuser la préoccupation de Charles, ma chère Madeleine... Au moment où tu es entrée, nous causions d'affaires... et d'affaires... fort graves...

— En effet, Madame, veuillez m'excuser, reprit Dutertre en tressaillant et se reprochant doublement l'impression étrange que lui causait l'amie de sa femme, heureusement tout ce que Sophie m'a dit de votre bienveillance habituelle me fait compter, Madame, sur votre indulgence.

— Mon indulgence?.. Mais c'est moi qui ai grand besoin de la vôtre, Monsieur, reprit la marquise en souriant; car, dans mon impérieux désir de revoir ma chère Sophie, accourant ici à l'improviste, je lui ai sauté au cou, sans songer à votre présence... ni à celle de monsieur votre père... Mais il voudra bien aussi me pardonner d'avoir traité Sophie en sœur... lui qui la traite comme sa fille.

Et Madeleine, en disant ces mots, se tourna vers le vieillard.

— Hélas! Madame, reprit-il involontairement, jamais mes pauvres enfants... n'ont eu plus besoin de l'attachement de leurs amis... C'est peut-être le ciel qui vous envoie...

— Mon père... prenez garde... dit à demi voix Dutertre au vieillard, comme pour lui reprocher affectueusement de mettre une étrangère au courant de leurs peines domestiques, car Madeleine avait soudain jeté sur Sophie un regard surpris et interrogatif.

Le vieillard comprit la pensée de son fils, et répondit tout bas :

— Tu as raison... j'aurais dû me taire; mais la douleur est si indiscrète !.. Allons... viens, Charles... reconduis-moi dans ma chambre... je me sens accablé...

Et il reprit le bras de son fils. Au moment où Dutertre allait quitter le salon, la marquise fit un pas vers lui, en disant :

— A bientôt, monsieur Dutertre, car je vous en préviens... je suis résolue, pendant mon séjour à Paris, de venir souvent... oh! bien souvent, voir ma chère Sophie... J'aurai d'ailleurs un service à réclamer de vous, et, pour être certaine de votre consentement... je chargerai Sophie de vous le demander. Vous le voyez, j'agis sans façon, en amie... en ancienne amie... car mon amitié pour vous, monsieur Dutertre, date du bonheur que Sophie vous doit... A bientôt donc et au revoir ! ajouta la marquise en tendant sa main à Dutertre avec un mouvement de gracieuse cordialité.

Le mari de Sophie eut, pour la première fois, honte de ses mains noircies par le travail; c'est à peine s'il osa presser le bout des petits doigts roses de Madeleine; à ce contact, il frissonna légèrement; une rougeur brûlante lui monta au front, et, pour dissimuler son trouble et son embarras, il s'inclina profondément devant la marquise et sortit avec son père.

Depuis le commencement de cette scène, les deux petits enfants de Sophie, se tenant par la main et à demi cachés par leur mère, auprès de laquelle ils restaient, ouvraient des yeux énormes, contemplant silencieusement *la dame* avec une grande curiosité.

La marquise, s'apercevant alors de leur présence, s'écria en regardant son amie :

— Tes enfants? Mon Dieu qu'ils sont jolis !.. Dois-tu être fière !

Et elle se mit à genoux devant eux, afin de se placer pour ainsi dire à leur *niveau;* puis écartant d'une main les boucles blondes qui cachaient le front et les yeux de sa filleule, dont la tête était à demi baissée, la marquise, lui relevant doucement le menton de son autre main, contempla un instant cette délicieuse petite figure, si rose, si fraîche, et baisa les joues, les yeux, le front, les cheveux, le cou de l'enfant, avec une tendresse toute maternelle.

— Et toi, gentil chérubin, ne sois pas jaloux, ajouta-t-elle; et, rapprochant la tête brune du petit garçon de la tête blonde de la petite fille, elle partagea entre eux deux ses caresses.

Sophie Dutertre, attendrie jusqu'aux larmes, souriait mélancoliquement à ce tableau, lorsque la marquise, toujours à genoux, leva les yeux vers elle, et ajouta, en tenant toujours les deux enfants enlacés :

— Tu ne croirais pas, Sophie, qu'en embrassant ces petits anges, je comprends... je ressens presque le bonheur que tu éprouves lorsque tu les manges de caresses, et il me semble que je t'en aime davantage encore, de te savoir si heureuse, si complétement heureuse.

En entendant ainsi vanter son bonheur, Sophie, ramenée de nouveau à sa situation présente, un moment oubliée, baissa la tête, pâlit, et ses traits exprimèrent soudain une si pénible angoisse, que Madeleine se releva vivement et s'écria :

— Mon Dieu !... Sophie... tu pâlis... qu'as-tu donc ?

Madame Dutertre étouffa un soupir, secoua tristement la tête et répondit :

— Je n'ai rien... Madeleine... l'émotion... la joie de te revoir... après une si longue absence...

— L'émotion, la joie ? reprit la marquise d'un air de doute pénible, non... non ! tout à l'heure c'était de l'émotion, de la joie; mais à cette heure, tu as l'air navré... ma pauvre Sophie...

Madame Dutertre ne répondit rien, cacha ses larmes, embrassa ses enfants, et leur dit tout bas :

— Allez retrouver votre bonne, mes chers petits.

Madeleine et Auguste obéirent, et quittèrent le salon non sans s'être retournés plusieurs fois pour regarder encore *la dame* qu'ils trouvaient des plus avenantes.

XI

A peine les deux enfants furent-ils sortis du salon, que Madeleine dit vivement à son amie :
— Nous voici seules... Sophie... Je t'en conjure, réponds-moi ; qu'as-tu ? D'où vient cet accablement soudain ? L'absence... l'éloignement m'ont-ils donc fait perdre ta confiance ?

Sophie eut assez de courage pour surmonter son accablement et cacher, sans mentir cependant, un pénible secret qui n'était pas le sien. N'osant avouer, même à sa meilleure amie, la ruine prochaine et probable de Dutertre, elle répondit à Madeleine, avec un calme apparent :
— S'il faut te dire ma faiblesse, mon amie, je partage parfois, en me les exagérant, quelques-unes des préoccupations de mon mari au sujet de la crise, passagère sans doute, où se trouve l'industrie ; car, ajouta Sophie en tâchant de sourire, madame la marquise ignore sans doute que nous autres, modestes industriels, nous éprouvons un moment de crise !

— Mais cette crise, ma chère Sophie, n'est que passagère, n'est-ce pas ? Elle n'a rien de grave, ou, si elle le devient, qu'y a-t-il à faire pour la rendre moins pénible pour toi et ton mari ? Sans être très-riche... je vis dans l'aisance ; est-ce que je ne pourrais pas ?..

— Bonne... excellente amie ! dit Sophie en interrompant Madeleine avec émotion ; toujours le même cœur ! Rassure-toi : ce moment de crise ne sera, je l'espère, que passager ; ne parlons plus de cela, laisse-moi être toute à la joie de te revoir.

— Mais enfin... si tes inquiétudes...

— Madeleine, reprit Sophie en souriant avec douceur et en interrompant de nouveau son amie, d'abord... parlons de toi...

— Égoïste !..

— C'est vrai... à ta façon ; mais, dis-moi, tu es heureuse, n'est-ce pas... car, toute marquise que tu sois, tu as sans doute fait comme moi un mariage d'amour... et ton mari ?..
— Je suis veuve...
— Oh ! mon Dieu, déjà !
— Je l'étais la veille de mes noces, ma chère Sophie
— Que veux-tu dire ?..
— Si extraordinaire que cela te semble, c'est pourtant bien simple... Écoute-moi : en sortant de pension, et de retour au Mexique, où j'avais été mandée, tu le sais, par mon père... je n'ai plus trouvé qu'un parent de ma mère... le marquis de Miranda... mortellement atteint des suites de l'épidémie qui venait de ravager Lima... Il m'avait vue toute petite, il n'avait pas d'enfants... il savait la fortune de mon père presque entièrement perdue par de ruineux procès, il fut pour moi d'une bonté paternelle... Presque à son lit de mort, il me proposa sa main... « Accepte, ma chère Magdalena, ma pauvre orpheline, me dit-il. Mon nom te donnera une position sociale, ma fortune assurera ton indépendance, et je mourrai content de te savoir heureuse. »
— Noble cœur ! dit Sophie.
— Oui... reprit Madeleine avec émotion, c'était le meilleur des hommes... L'isolement où je me voyais... les instances, me firent accepter son offre généreuse... Le prêtre vint auprès de son lit consacrer notre union... et la cérémonie se terminait à peine, que la main de M. de Miranda se glaçait dans la mienne...
— Madeleine... pardon... dit madame Dutertre involontairement, je t'ai attristée.. en te rappelant de pénibles souvenirs.
— Pénibles ? non ; c'est avec une douce mélancolie que je songe à M. de Miranda. L'ingratitude seule est amère au cœur.
— Et si jeune encore... ta liberté ne te gêne pas ? Seule... sans famille... tu t'es habituée à cette vie d'isolement ?
— Je me crois la plus heureuse des femmes... après toi, bien entendu... reprit Madeleine en souriant.
— Et il ne t'est pas venu à la pensée de te remarier... ou plutôt, ajouta Sophie en souriant à son tour, ou plutôt de te marier ?.. Car, enfin, malgré ton veuvage, tu es toujours demoiselle...
— A toi, bonne Sophie... je ne cache rien. Eh bien !.. si...

Une fois j'ai eu envie de... me marier... comme tu dis : ç'a été une grande passion ; tout un roman, reprit gaiement Madeleine.

— Libre comme tu es, qui a empêché ce mariage?

— Hélas! je n'ai vu mon héros que pendant cinq minutes... et de mon balcon encore...

— Cinq minutes seulement?

— Pas davantage.

— Et tu l'as aimé tout de suite?

— Passionnément...

— Et tu ne l'as jamais rencontré depuis?

— Jamais... Il est sans doute remonté au ciel parmi ses frères les archanges... dont il avait l'idéale beauté.

— Madeleine... parles-tu sérieusement?

— Écoute... Il y a six mois, j'étais à Vienne ; j'habitais une campagne située près des faubourgs de la ville... Un matin, je me trouvais dans un kiosque dont la fenêtre s'ouvrait sur la campagne... Soudain mon attention est attirée par le bruit d'un piétinement sourd et d'un choc d'épées... Je cours à ma fenêtre... c'était un duel!

— Oh! mon Dieu!

— Un jeune homme de dix-neuf à vingt ans au plus, gracieux et beau comme on peint les anges, se battait avec une sorte de géant d'une figure féroce. Mon premier vœu fut que le blond archange (car ma passion est blonde), triomphât de l'horrible démon... et, quoique le combat n'ait duré devant moi que deux minutes à peine, j'eus le temps d'admirer l'intrépidité, le calme et l'adresse de mon héros; sa blanche poitrine demi-nue, ses longs cheveux blonds flottant au vent, le front serein, les yeux brillants, le sourire aux lèvres, il semblait braver le péril avec une grâce charmante, et, à ce moment, je te l'avoue, sa beauté me parut surhumaine; soudain, au milieu de l'espèce d'éblouissement que me causait le scintillement des épées, je vis le colosse chanceler et s'affaisser sur lui-même. Aussitôt mon beau héros, jetant son épée au loin, joignit les mains... et, tombant à genoux devant son adversaire, leva vers le ciel sa figure enchanteresse, où se peignit tout à coup une expression si touchante, si ingénue, qu'à le voir douloureusement penché vers son ennemi vaincu, on eût dit une jeune fille désolée de voir sa colombe blessée...

si toutefois il est permis de comparer à une colombe ce gros vilain colosse qui, du reste, ne semblait pas blessé mortellement; car il se leva sur son séant et, de sa voix rauque, qui arriva jusqu'à moi à travers les persiennes, il dit à son jeune adversaire :

« — C'est à genoux, Monsieur, que je devrais vous demander pardon de ma conduite déloyale et de ma provocation grossière; si vous m'aviez tué, c'eût été justice. »

Presque aussitôt une voiture s'approcha; l'on y transporta le blessé; quelques minutes ensuite, témoins ou acteurs du duel, tous avaient disparu. Cela s'était passé si rapidement, que j'aurais cru avoir rêvé, sans le souvenir de mon *héros*, qui depuis m'est toujours resté présent à la pensée, comme l'idéal de ce qu'il y a de plus beau, de plus brave et de plus généreux au monde.

— Maintenant, Madeleine, je conçois que, dans de pareilles circonstances, on puisse, en cinq minutes, ressentir une impression profonde... ineffaçable peut-être... Ainsi... ton héros... tu ne l'as jamais revu ?

— Jamais, te dis-je. J'ignore jusqu'à son nom ; et si je dois me marier... ce ne sera qu'avec lui.

— Madeleine, tu sais que notre ancienne amitié m'autorise à être franche avec toi !

— Peut-il en être autrement ?

— Il me semble que tu portes cette grande passion bien allègrement.

— Pourquoi serais-je triste ?

— Mais quand on aime... passionnément... rien de plus cruel que l'absence, que la séparation... et surtout que la crainte de ne plus jamais revoir l'objet aimé.

— Il est vrai, et pourtant les effets de cette passion profonde, je te le jure... se manifestent tout autrement chez moi...

— Que te dirai-je ? Lorsque j'ai commencé à aimer Charles, je serais morte de chagrin si l'on m'avait séparée de lui.

— C'est singulier !.. ma passion à moi, je te le répète, se traduit d'une façon toute contraire... Il n'est pas de jour où je ne songe à mon héros... à mon idéal... pas de jour où je ne me rappelle avec amour, et dans les plus petits détails, l'unique circonstance où je l'ai vu... pas de jour où je n'élève vers lui toutes mes pensées, pas de jour où je ne triomphe d'orgueil en le comparant à tous ; car il est plus beau que les plus beaux, plus généreux que les plus généreux ; pas de jour enfin où, grâce à lui, je ne me berce des plus beaux rêves. Oui, il me semble que mon âme est à jamais attachée à la sienne par des liens aussi mystérieux qu'indissolubles... J'ignore enfin si je le reverrai jamais, et je ne sens au cœur que charme et allégresse.

— A mon tour, je dis comme toi, ma chère Madeleine, c'est singulier...

— Voyons, Sophie, parlons sincèrement... nous sommes seules, et, entre femmes...(quoique je sois encore demoiselle à marier) on se dit tout... Tu trouves, n'est-ce pas? mon amour un peu... platonique... Tu t'étonnes de me voir insouciante ou ignorante de ce trouble enivrant que tu as dû ressentir lorsque, pour la première fois, la main de ton Charles a pressé amoureusement la tienne?...

— Allons... Madeleine... tu es folle...

— Sois franche, je t'ai devinée?

— Un peu... mais moins que tu ne le penses...

— Ce peu m'a suffi pour pénétrer ta secrète pensée... madame la matérialiste...

— Encore une fois, Madeleine, tu es folle...

— Oh!.. oh!.. pas si folle...

Puis, après un moment de silence, la marquise reprit en souriant :

— Si tu savais, Sophie... ce qu'il y a d'étrange, d'extraordinaire, je dirais presque d'incompréhensible pour moi-même, dans certaines circonstances de ma vie! Que d'aventures bizarres me sont arrivées, depuis que nous nous sommes quittées... Mon médecin et mon ami, le célèbre docteur *Gasterini*, grand philosophe d'ailleurs, m'a dit cent fois qu'il n'y avait pas au monde une créature aussi singulièrement douée que moi.

— Explique-toi.

— Plus tard... peut-être.

— Pourquoi pas maintenant?

— S'il s'agissait d'un chagrin à épancher, est-ce que j'hésiterais ? Mais, malgré ce qu'il y a de très-extraordinaire dans ma vie .. ou peut-être à cause de cela, je me trouve, te dis-je, la plus heureuse des femmes... Attends-moi à mon premier chagrin... Eh! mon Dieu! tiens... à cette heure... j'ai presque du chagrin, car c'en est un que d'avoir conscience d'un manque de cœur... ou de souvenir.

— Un manque de souvenir?

— Et Antonine... ne l'ai-je pas oubliée depuis que je suis ici, pour ne parler que de moi? Est-ce mal? Est-ce assez d'ingratitude?

— Je serais au moins aussi coupable que toi, mais nous n'avons pas de reproches à nous faire : ce matin, elle est venue m'apporter ta lettre et m'annoncer ton arrivée... Songe à sa joie, car elle a conservé pour toi, et tu peux m'en croire, le plus tendre attachement.

— Pauvre petite! quel tendre et charmant naturel! Mais, dis-moi, si elle a tenu ce qu'elle promettait, elle doit être jolie comme un ange, avec ses quinze ans à peine fleuris!

— Tu as raison, c'est un bouton de rose pour la fraîcheur, ajoute à cela les traits les plus fins, les plus délicats que l'on puisse rencontrer. Après la mort de sa plus proche parente, elle est, tu le sais sans doute, venue habiter avec son oncle, le président Hubert, qui a toujours été parfait pour elle. Malheureusement, il est fort gravement malade, et si elle le perdait, elle serait sans doute obligée d'aller demeurer chez des parents éloignés, et cette pensée l'attriste. D'ailleurs, tu la verras, elle te fera toutes ses confidences... Il en est une qu'elle m'a faite presque tout entière, afin de me demander mes conseils, car les circonstances étaient assez graves...

— Et cette confidence?

— « Si vous voyez Madeleine avant moi, m'a dit Antonine, ne lui apprenez rien, ma chère Sophie. Je désire lui tout confier moi-même; c'est un droit que me donne son affection pour moi; j'ai d'autres raisons encore pour vous faire cette recommandation. » Tu vois, ma chère amie, que, forcément, je dois être discrète.

— Je n'insiste pas pour en savoir davantage... Aujourd'hui ou demain, j'irai voir cette chère enfant, répondit la marquise en se levant pour prendre congé de madame Dutertre.

— Tu me quittes déjà, Madeleine?

— Malheureusement, il le faut... J'ai rendez-vous de trois à quatre heures chez l'envoyé du Mexique, mon compatriote;

il doit me conduire demain chez une altesse royale étrangère... Tu le vois, je suis sans les grandeurs.

— Une altesse?

— Tellement altesse... que, comme tous les princes appartenant aux familles souveraines étrangères, il habite l'Élysée-Bourbon durant son séjour à Paris.

Madame Dutertre ne put retenir un mouvement de surprise, et dit, après une minute de réflexion :

— C'est singulier!

— Quoi donc, Sophie?

— Antonine habite dans une maison qui touche à l'Élysée... Cela n'a rien de bien surprenant, sans doute... mais...

— Mais?

— Je ne puis t'en dire plus, Madeleine ; lorsque tu auras entendu la confidence d'Antonine, tu comprendras pourquoi j'ai été frappée d'un certain rapprochement.

— Qu'y a-t-il de commun entre Antonine et l'Élysée?

— Encore une fois, ma chère amie, attends les confidences d'Antonine.

— Soit, chère mystérieuse... Du reste, je ne savais pas qu'elle habitât une maison voisine du palais; je lui avais adressé une lettre à son ancienne demeure. Cela se rencontre d'ailleurs à merveille; j'irai la voir avant ou après mon audience avec le prince.

— Allons, te voilà tout à fait grande dame...

— Plains-moi plutôt, ma chère Sophie, car il est question d'une supplique... non pas pour moi, j'ai peu l'habitude de supplier... mais il s'agit de rendre un grand service à une famille proscrite et digne du plus vif intérêt. La mission est fort délicate, fort difficile ; j'ai cependant consenti à m'en charger, lors de mon départ de Venise... et je veux du moins tout tenter pour réussir.

— Et certainement tu réussiras... Est-ce que l'on peut te refuser quelque chose? Souviens-toi donc, qu'à la pension... dès qu'il y avait une demande à adresser à notre maîtresse, c'était toujours toi que l'on choisissait pour ambassadrice, et l'on avait raison... car, en vérité, on dirait que tu as un talisman pour tout obtenir.

— Je t'assure, ma bonne Sophie, répondit Madeleine en souriant malgré elle, je t'assure, que je suis magicienne souvent malgré moi... Mon Dieu! ajouta la marquise en riant, que j'aurais donc à ce sujet de bonnes folies à te raconter!... Enfin... plus tard nous verrons... Allons, chère Sophie, adieu, et à bientôt...

— Oh! oui, à bientôt!... Je t'en conjure...

— Mon Dieu! tu peux compter sur moi presque tous les jours... car je suis un oiseau de passage, et je suis décidée à bien employer mon temps à Paris; c'est te dire si je te verrai souvent!

— Comment! déjà tu penses à t'éloigner?

— Je ne sais; cela dépendra de l'inspiration que me donnera mon héros... ma passion... mon idéal... car jamais je ne me décide à rien sans le consulter par la pensée... Mais, comme il m'inspire toujours à merveille, je ne doute pas qu'il ne m'engage à rester auprès de toi le plus longtemps possible...

— Ah! mon Dieu! Madeleine... mais j'y songe... tu as dit à mon mari que tu avais un service à lui demander?...

— C'est vrai... je l'oubliais; la chose est toute simple : je n'entends rien aux affaires d'argent. En Allemagne, je m'en suis dernièrement aperçue à mes dépens... J'avais une lettre de crédit sur un certain Aloysius Schmidt, de Vienne, il m'a indignement friponnée; aussi me suis-je promis d'être sur mes gardes à l'avenir; j'ai donc pris une autre lettre de crédit sur Paris... Je voudrais que ton mari eût la bonté d'aller demander pour moi l'argent dont j'aurais besoin; il en prendrait note, veillerait ainsi à mes intérêts, et, grâce à lui, je ne serais plus exposée à tomber entre les griffes d'un nouvel Aloysius Schmidt.

— Rien de plus facile, ma chère Madeleine; Charles se substituera à toi pour la lettre de crédit, et il vérifiera de près tous tes comptes.

— Ce sera d'autant plus nécessaire, qu'entre nous l'on m'a dit que la personne sur qui l'on me donnait cette lettre de crédit était puissamment riche, solvable autant que qui que ce fût, mais retors et arabe au dernier point.

— Tu fais bien de me prévenir; Charles redoublera de surveillance.

— Du reste, ton mari, qui est dans les affaires, doit connaître l'homme dont je parle; il est, dit-on, l'un des plus grands capitalistes de France.

— Comment le nommes-tu?
— M. Pascal.
— M. Pascal! répéta madame Dutertre.
Et elle ne put s'empêcher de pâlir et de frissonner.
La marquise, s'apercevant de l'émotion de son amie, lui dit vivement :
— Sophie... qu'as-tu donc?
— Rien... rien... je t'assure...
— Je vois bien que tu as quelque chose... Je t'en prie... réponds-moi.
— Eh bien!... s'il faut te le dire... mon mari a été en rapport d'affaires avec M. Pascal... Malheureusement une assez grande mésintelligence s'en est suivie... et...
— Comment... Sophie... tu es assez peu raisonnable pour t'impressionner aussi vivement de ce que, par suite de sa mésintelligence avec M. Pascal, ton mari ne peut sans doute me rendre le bon office que j'attends de lui!
Madame Dutertre, voulant laisser son amie dans son erreur, tâcha de redevenir calme et lui dit :
— En effet... cela me contrarie beaucoup de penser que Charles ne pourrait te rendre le premier service que tu nous demandes...
— Tiens, Sophie, tu me ferais presque regretter de m'être adressée si cordialement à toi...
— Madeleine...
— En vérité, ne voilà-t-il pas un beau malheur! Et d'ailleurs, afin de n'être pas trompée, je m'adresserai directement à ce M. Pascal; mais je lui demanderai mes comptes chaque semaine; ton mari les examinera, et, s'ils ne sont pas nets, je saurai parfaitement bien m'en plaindre à M. mon banquier et en prendre un autre.
— Tu as raison, Madeleine, dit Sophie en reprenant peu à peu son sang-froid, et le contrôle de mon mari... te sera en effet plus nécessaire que tu ne le penses.
— Ainsi... ce M. Pascal est... un arabe?
— Madeleine... dit madame Dutertre sans pouvoir en ce moment vaincre son émotion, je t'en conjure... et laisse-moi te parler en amie, en sœur... Sous quelque raison, sous quelque prétexte que ce soit, ne te mets pas dans la dépendance de M. Pascal.

— Que veux-tu dire... Sophie?

— En un mot, s'il t'offre ses services... refuse-les...

— Ses services? mais je n'ai aucun service à lui demander. J'ai une lettre de crédit sur lui, j'irai ou j'enverrai prendre de l'argent à sa caisse lorsque j'en aurai besoin... voilà tout.

— Soit... mais enfin... tu pourrais, par étourderie... par ignorance des affaires, outrepasser ton crédit... et alors...

— Et alors?

— Je sais cela par... par une personne qui nous l'a dit à Charles et à moi; une fois que M. Pascal vous tient en sa dépendance... vois-tu, il abuse cruellement... oh! bien cruellement de son pouvoir.

— Allons, ma bonne Sophie, je vois que tu me prends pour une prodigue... pour une écervelée. Rassure-toi et admire-moi; j'ai tant d'ordre, que chaque année je fais quelques économies sur mon revenu, et, quoique minimes, ce sont ces économies que je mettais à ta disposition.

— Chère et tendre amie... merci, mille fois merci, je te le répète; la crise dont moi et mon mari nous nous préoccupons... aura bientôt un terme; mais, encore une fois... défie-toi de M. Pascal... Lorsque tu auras vu Antonine... je t'en dirai davantage...

— Encore Antonine!... Tu m'en parlais aussi tout à l'heure à propos de l'Elysée...

— Oui, tout cela se tient... Tu le verras toi-même après-demain... je m'expliquerai complètement... Ce sera très-important pour Antonine.

— Après-demain donc, ma chère Sophie... Tu irrites, je te l'avoue, beaucoup ma curiosité... et je cherche en vain à trouver ce qu'il peut y avoir de commun entre Antonine et l'Élysée, entre Antonine et cet assez vilain homme (il y paraît, du moins) qui s'appelle M. Pascal.

Trois heures et demie sonnèrent à l'horloge de la fabrique.

— Mon Dieu! que je suis en retard, dit Madeleine à son amie. Je me sauve bien vite... non pas cependant sans avoir embrassé tes anges d'enfants.

Les deux femmes quittèrent le salon.

Nous reviendrons avec le lecteur à l'Élysée-Bourbon, où nous avons laissé l'archiduc seul après le départ de M. Pascal.

XII

L'archiduc, soucieux, préoccupé, se promenait de long en large dans son cabinet, pendant que le secrétaire de ses commandements lui analysait, à mesure qu'il les décachetait, les lettres reçues dans la journée.

— Cette dépêche, Monseigneur, poursuivit le secrétaire, est relative au colonel Pernetti, exilé en Angleterre avec sa famille... L'on croit devoir prévenir Votre Altesse de se tenir en garde contre les démarches et les prières des amis du colonel Pernetti.

— Je n'avais pas besoin de cette recommandation. Les principes républicains de cet homme sont trop dangereux pour qu'à aucun prix j'écoute qui que ce soit en sa faveur... Poursuivez.

— Son Éminence l'envoyé plénipotentiaire de la république mexicaine demande la grâce de présenter une de ses compatriotes à Votre Altesse. Il s'agit d'un intérêt très-urgent, et l'on solliciterait des bontés de Votre Altesse une audience pour demain...

— La liste d'audience est-elle bien chargée pour demain?

— Non, Monseigneur.

— Écrivez que je recevrai demain, à deux heures, M. l'envoyé du Mexique et sa compatriote.

Le secrétaire écrivit.

Au bout d'un instant, l'archiduc lui dit :

— Est-ce que dans cette lettre il n'est pas fait mention du nom de la personne qui désire m'être présentée?

— Non, Monseigneur...

— Cela est contraire à tous les usages; je n'accorde pas l'audience.

Le secrétaire mit de côté la lettre qu'il venait de commencer d'écrire, et prit une autre feuille de papier.

Cependant le prince, se ravisant après réflexion, ajouta :

— J'accorde l'audience.

Le secrétaire inclina la tête, et, prenant une autre lettre, il se leva et la présenta au prince, sans la décacheter, en lui disant :

— Il y a sur l'enveloppe : *confidentielle et particulière*, Monseigneur.

L'archiduc prit la lettre, la lut; elle était de M. Pascal, et conçue en ces termes familiers :

« Après mûres réflexions, Monseigneur, au lieu d'attendre à jeudi, je vous verrai demain, sur les trois heures : il *dépendra de vous absolument* que notre affaire soit conclue et signée séance tenante.

« Votre tout dévoué,

« Pascal. »

Un moment de vive espérance, bientôt tempérée par le ressouvenir des étrangetés du caractère de M. Pascal, avait fait tressaillir le prince, qui reprit froidement :

— Vous inscrirez M. Pascal sur le livre d'audiences pour demain, trois heures.

Un aide de camp s'étant présenté, demanda si le prince pouvait recevoir M. le comte Frantz de Neuberg.

— Certainement, dit l'archiduc.

Et après avoir travaillé encore quelques moments avec son secrétaire des commandements, il donna l'ordre d'introduire Frantz.

Frantz se présenta en rougissant devant le prince, son parrain, car Frantz était d'une timidité excessive et d'une candeur dont riraient fort nos roués de vingt ans : élevé par un pasteur protestant, au fond d'un village d'Allemagne dépendant d'un des nombreux apanages de l'archiduc, le filleul de l'altesse royale n'avait quitté cette solitude austère que pour entrer, à seize ans, dans une école militaire destinée aux gardes-nobles, et tenue avec une rigueur puritaine.

De là Frantz, par ordre du prince, était allé servir dans l'armée russe comme volontaire, lors des guerres du Caucase;

la rude discipline des camps, la sévérité de mœurs du vieux général auprès duquel il avait été envoyé et particulièrement recommandé par son royal parrain; l'ordre d'idées sérieuses ou tristes qu'éveille dans certaines âmes vaillantes, mais tendres et mélancoliques, la vue des champs de bataille, durant une guerre acharnée, sans merci ni pitié; l'habituelle gravité de pensées que donne à ces mêmes âmes, sinon l'attente, du moins la possibilité d'une mort froidement bravée chaque jour au milieu des plus grands périls; le mystère de sa naissance, auquel se joignait la pénible certitude de devoir à jamais ignorer la douceur des caresses d'une mère ou d'un père : tout, enfin, avait jusqu'alors concouru à tenir Frantz dans un milieu de circonstances et de réflexions peu faites pour modifier la réserve craintive de son caractère et l'ingénuité de son cœur sincère et bon comme celui d'un enfant; chez Frantz, ainsi que chez tant d'autres, le courage héroïque se conciliait d'ailleurs parfaitement avec une extrême et invincible timidité dans les relations ordinaires de la vie.

Du reste, soit prudence, soit calcul, pendant les six mois que Frantz passa en Allemagne à son retour de la guerre, le prince tint son filleul éloigné de la cour. Cette détermination s'accordait à merveille avec les goûts simples et studieux du jeune homme, car il n'avait jamais rêvé le bonheur que dans les loisirs occupés d'une vie obscure et tranquille; quant aux sentiments qu'il éprouvait pour le prince, son parrain, ils étaient pleins de reconnaissance, de soumission et du plus respectueux attachement, mais contenus dans leur expression timide par l'imposant prestige du rang presque souverain de ce royal protecteur.

L'embarras de Frantz était tel lorsque, après le départ du secrétaire, il se présenta chez son parrain, que d'abord il resta muet, immobile et les yeux baissés.

Heureusement, à la vue du jeune homme, le prince parut oublier ses pénibles préoccupations; sa froide et hautaine physionomie s'attendrit, son front s'éclaircit, un sourire tendre dérida ses lèvres, et, s'adressant affectueusement à Frantz :

— Bonjour, mon enfant, lui dit-il.

Et, prenant la tête blonde du jeune homme entre ses deux mains, il le baisa tendrement au front; puis il ajouta, comme s'il eût senti un pressant besoin d'épancher à demi son cœur:

— Je suis content de te voir, Frantz... J'ai été ce matin... accablé d'affaires... de tristes affaires... Tiens... donne-moi le bras, allons faire ensemble un tour de jardin...

Frantz ouvrit une des portes vitrées qui donnaient sur un perron, en face de la pelouse, et le parrain, ainsi que son filleul, se dirigèrent bras dessus bras dessous vers l'allée ombreuse dans laquelle le jeune homme s'était longtemps promené le matin.

— Mais qu'as-tu, mon enfant? dit bientôt le prince, remarquant l'embarras du jeune homme.

— Monseigneur, répondit Frantz dont le trouble augmentait, j'ai une confidence à faire à Votre Altesse Royale.

— Une confidence?.. reprit le prince en souriant. Voyons la confidence de monsieur Frantz.

— Une confidence... grave, Monseigneur.

— Voyons... cette grave confidence !

— Monseigneur... je n'ai pas de parents... Votre Altesse Royale a daigné jusqu'ici me tenir lieu de famille...

— Et tu as dignement répondu à mes soins... à toutes mes espérances, mon cher Frantz... tu les as même dépassées: modeste, studieux... plein de courage. Il y a trois ans, quoique bien jeune encore, tu as combattu avec autant d'intelligence que d'intrépidité dans cette terrible guerre où je t'avais envoyé faire tes premières armes... Tu as reçu là le baptême de feu... ta première blessure, mon pauvre enfant... Je ne veux pas parler d'un duel, que je dois ignorer, mais dans lequel tu as encore, je le sais, fait preuve d'autant de bravoure que de générosité.

— Monseigneur...

— Je t'en prie, laisse-moi en ce moment me rappeler tous tes titres à ma tendresse... Cela me fait du bien... Cela me fait oublier d'amers ennuis dont tu es la cause innocente et involontaire.

— Moi, Monseigneur?

— Toi,.. car si tu continues à me combler de satisfaction, tu ne peux prévoir l'avenir que ma tendre ambition te prépare... la position inespérée qui peut-être t'attend.

— Vous savez, Monseigneur, la simplicité de mes goûts... et...

— Mon cher Frantz, cette modestie, cette simplicité, sont

des vertus dans de certaines conditions, tandis que, dans d'autres circonstances, ces vertus deviennent faiblesse et inertie. Mais nous voilà loin de ta confidence... Voyons, qu'as-tu à me dire?

— Monseigneur...

— Allons, parle... est-ce que je te fais peur? Est-ce qu'il y a dans ton cœur une seule pensée que tu ne puisses avouer le front haut, le regard assuré?

— Non, Monseigneur... aussi je dirai sans détour à Votre Altesse Royale.... que je désire... me marier.

La foudre fût tombée aux pieds du prince, qu'il n'aurait pas été plus étourdi qu'il ne le fut à ces paroles de Frantz; il dégagea brusquement son bras de celui du jeune homme, se recula de deux pas, et s'écria :

— Vous marier, Frantz ?

— Oui, Monseigneur.

— Mais vous êtes fou !

— Monseigneur...

— Vous marier... à vingt ans à peine... Vous marier... quand je songe pour vous à...

Puis le prince, s'interrompant et redevenant calme et froid par réflexion, ajouta:

— Et... avec qui voulez-vous vous marier... Frantz?..

— Avec mademoiselle Antonine Hubert, Monseigneur.

— Qu'est-ce que c'est que mademoiselle Hubert?.. Son nom, comment le dites-vous?

— Hubert... Monseigneur.

— Qu'est-ce que c'est que mademoiselle Hubert?

— La nièce d'un magistrat français, Monseigneur, M. le président Hubert...

— Et où avez-vous connu cette demoiselle?..

— Ici... Monseigneur.

— Ici?.. Je n'ai jamais reçu personne de ce nom...

— Quand je dis ici... Monseigneur, je veux dire... dans cette allée où nous sommes.

— Parlez plus clairement.

— Votre Altesse Royale voit ce mur d'appui qui sépare ce jardin voisin?

— Ensuite?

— Je me promenais dans cette allée, Monseigneur... lorsque, pour la première fois, j'ai aperçu mademoiselle Antonine.

— Dans ce jardin? reprit le prince en s'avançant jusqu'au mur et après y avoir jeté un coup d'œil; puis il ajouta : Cette demoiselle... demeure donc dans la maison voisine?

— Oui, Monseigneur... son oncle occupe une partie du rez-de-chaussée...

— Fort bien.

Après quelques moments de réflexion, le prince ajouta sévèrement :

— Vous m'avez offert vos confidences, j'accepte... mais faites-les-moi avec franchise... avec la plus entière sincérité... ou sinon...

— Monseigneur ! dit Frantz avec un accent de surprise pénible.

— Soit! j'ai eu tort, Frantz, de suspecter votre loyauté... De notre vie vous ne m'avez menti... parlez !.. je vous écoute.

— Votre Altesse Royale sait que, depuis notre arrivée à Paris, je suis très-rarement sorti le soir.

— Il est vrai... je connaissais votre peu de goût pour le monde, votre excessive timidité, qu'augmentait encore l'appréhension de paraître dans ces salons français si redoutés, et où vous deviez être doublement étranger ; je n'ai pas voulu insister auprès de vous... Frantz, et je vous ai laissé, seul ici... disposer de presque toutes vos soirées...

— C'est pendant une de ces soirées, Monseigneur, qu'il y a six semaines... j'ai vu pour la première fois mademoiselle Antonine dans le jardin voisin... Elle arrosait des fleurs... J'étais accoudé... là... sur ce mur d'appui... Elle m'a vu... Je l'ai saluée... Elle m'a rendu mon salut en rougissant... et à continué d'arroser ses fleurs; deux autres fois encore... elle a levé les yeux de mon côté. Nous nous sommes de nouveau salués... puis, la nuit venant tout à fait, mademoiselle Antonine a quitté le jardin...

Il est impossible de rendre la grâce ingénue avec laquelle le pauvre Frantz fit ce naïf récit de sa première entrevue avec la jeune fille... L'émotion de sa voix, la rougeur de son front, montraient toute la candeur de cette âme innocente et pure.

— Une question... Frantz, dit le prince, cette demoiselle a-t-elle sa mère?

— Non, Monseigneur... Mademoiselle Antonine a perdu sa

mère au berceau, et son père est mort il y a bien des années.
— Son oncle, M. le président Hubert, est-il marié?
— Non, Monseigneur...
— Et quel âge a-t-elle?..
— Quinze ans et demi, Monseigneur...
— Et elle... est... jolie?..
— Antonine!!! Monseigneur?..

Dans cette exclamation de Frantz, il y avait presque un reproche, comme s'il était permis d'ignorer la beauté de mademoiselle Antonine.

— Je vous demande, Frantz, répéta l'archiduc, si cette jeune fille est jolie?

— Monseigneur se rappelle l'Hébé endormie qu'il a dans la galerie de son palais d'Offenbach?

— Un de mes plus beaux Corrége...

— Monseigneur... mademoiselle Antonine ressemble à ce tableau du Corrége... quoiqu'elle soit bien plus belle encore...

— C'est difficile.

— Monseigneur sait que je dis toujours la vérité, répondit Frantz ingénument.

— Continuez votre récit...

— Je ne saurais vous dire, Monseigneur, ce que j'ai ressenti lorsque, revenu chez moi... j'ai songé à mademoiselle Antonine... j'étais à la fois agité, inquiet et heureux... Je n'ai pas dormi de la nuit... la lune s'est levée, j'ai ouvert ma fenêtre... et je suis resté à mon balcon jusqu'au jour à regarder le faîte des arbres du jardin de mademoiselle Antonine... Oh! Monseigneur, combien la journée du lendemain m'a paru longue!.. Bien avant le coucher du soleil, j'étais là... près du mur... Enfin, mademoiselle Antonine est revenue arroser ses fleurs... A chaque instant, croyant qu'elle m'avait déjà aperçu... je m'apprêtais à la saluer... mais je ne sais comment cela se fit, elle ne me vit pas. Pourtant, elle venait arroser tout près du mur où je me trouvais... J'avais bien envie de tousser légèrement pour lui faire remarquer ma présence... mais... je n'ai pas osé... La nuit venait, j'avais le cœur navré, Monseigneur... mademoiselle Antonine continuait de ne pas me voir; enfin, elle regagna sa maison après avoir déposé son petit arrosoir près de la fontaine; heureusement, le trouvant mal placé là sans doute, elle revint, et l'apporta sur un banc près de son mur. Tournant alors par hasard les yeux vers moi, elle m'a enfin aperçu... Nous nous sommes salués tous les deux en même temps, Monseigneur, et elle est rentrée vite chez elle. Je cueillis alors quelques belles roses, et tâchant d'être adroit, quoique le cœur me battît fort, j'eus le bonheur de laisser tomber le bouquet juste dans l'ouverture de l'arrosoir que mademoiselle Antonine avait laissé là. De retour chez moi, je tremblai en songeant à ce que cette demoiselle penserait en trouvant ces fleurs; j'étais si inquiet que j'eus envie de redescendre, et de sauter par-dessus le petit mur pour aller retirer le bouquet... Je ne sais quoi me retint... J'espérai que mademoiselle Antonine ne se formaliserait peut-être pas. Quelle nuit je passai, Monseigneur!.. Le lendemain, je cours au mur... L'arrosoir et le bouquet étaient toujours sur le banc; mais j'attendis en vain mademoiselle Antonine : elle ne vint pas ce soir-là, ni le lendemain, soigner ses fleurs; ma tristesse et mes angoisses pendant ces trois jours et ces trois nuits, Monseigneur, je ne saurais vous les peindre, et vous auriez deviné mon chagrin, si, à cette époque, vous n'étiez parti.

— Pour le voyage de la cour à Fontainebleau, sans doute?

— Oui, Monseigneur... Mais, pardonnez-moi, j'abuse peut-être de la patience de Votre Altesse Royale?...

— Non... non... Frantz, continuez... je tiens, au contraire, à tout savoir... Continuez, je vous prie, votre récit avec la même sincérité.

XIII

Frantz de Neuberg, sur l'invitation de l'archiduc, continua donc son récit avec une candeur charmante :

— Depuis trois jours, mademoiselle Antonine n'avait pas paru, Monseigneur; accablé de tristesse, n'espérant plus rien, j'allai pourtant au jardin à l'heure accoutumée; quelle fut ma surprise, ma joie, Monseigneur, lorsque, arrivant près du mur, je vis au-dessous de moi mademoiselle Antonine assise sur le banc! Elle tenait à sa main, posée sur ses genoux, mon bouquet de roses, fanées depuis longtemps; elle avait la tête penchée ; je ne voyais que son cou et la naissance de ses cheveux; elle ne se doutait pas que je fusse là; je restai immobile, retenant presque ma respiration, tant je craignais de causer son départ en révélant ma présence... Enfin, je m'enhardis et je dis en tremblant, car pour la première fois je lui parlais : « Bonjour, Mademoiselle. » Elle tressaillit; ce mouvement fit tomber le bouquet fané; elle ne s'en aperçut pas, et, sans changer d'attitude, sans retourner ou relever la tête, elle me répondit d'une voix aussi basse, aussi émue que la mienne... « Bonsoir, Monsieur... » Me voyant si bien accueilli par elle, Monseigneur, j'ajoutai : « Voilà trois jours que vous n'êtes venue arroser vos fleurs, Mademoiselle. — Il est vrai, Monsieur, reprit-elle d'une voix toute tremblante, j'ai été... un peu souffrante... — Oh! mon Dieu! » m'écriai-je avec tant d'inquiétude, que mademoiselle Antonine releva un moment la tête vers moi. Je la trouvai, hélas! en effet, bien pâle, Monseigneur; mais elle reprit bientôt sa première attitude, et je ne vis que son cou qui me parut légèrement rougir... « Et maintenant, Mademoiselle, vous êtes moins souffrante ? — Oui, Monsieur, » me dit-elle. Alors, j'ajoutai, après un moment de silence : « Vous pourrez au moins revenir arroser vos fleurs... tous les soirs, comme par le passé? — Monsieur... je ne sais pas..... je l'espère. — Et ne craignez-vous pas, Mademoiselle, qu'après avoir été malade, la fraîcheur de cette soirée ne vous soit nuisible? — Vous avez raison, Monsieur, je n'y songeais pas, me répondit-elle, je vous remercie... je vais rentrer... » En effet, Monseigneur, il avait plu toute la matinée, et il faisait très-froid. Au moment où elle allait quitter le banc, je lui dis : « Mademoiselle, voulez-vous me donner ce bouquet fané qui est tombé là à vos pieds? » Elle le ramassa, me le tendit en silence, sans relever la tête et sans me regarder; je le pris comme un trésor, Monseigneur, et bientôt mademoiselle Antonine disparut au détour d'une allée.

Le prince écoutait son filleul avec une profonde attention. La candeur de ce récit en prouvait la sincérité. Jusqu'alors, rien ne donnait à penser que Frantz eût été le jouet d'une de ces coquettes parisiennes, si redoutées des étrangers, ou dupe d'une fille aventureuse et manégée ainsi que l'avait d'abord appréhendé l'archiduc.

Un pareil amour, sans doute conservé chaste et pur, devait, en raison même de sa pureté, qui éloignait tout remords de l'âme de ces deux enfants (l'une avait quinze ans et demi, l'autre vingt), devait être déjà bien profondément enraciné dans leur cœur.

Frantz, voyant la physionomie du prince s'assombrir de plus en plus, et ayant rencontré son regard redevenu hautain et glacial, s'arrêta tout interdit.

— Ainsi, reprit ironiquement l'archiduc pendant le silence de son filleul, vous voulez épouser une jeune fille à qui vous n'avez pas adressé quatre paroles, et dont la rare beauté... dites-vous, vous a tourné la tête?..

— J'espère obtenir le consentement de Votre Altesse Royale pour épouser mademoiselle Antonine, parce que je l'aime, Monseigneur, et qu'il est impossible que notre mariage soit différé.

A ces mots, résolûment accentués malgré la timidité de Frantz, le prince tressaillit et se reprocha d'avoir cru à l'un de ces chastes amours germaniques d'une candeur proverbiale :

— Et pourquoi, Monsieur, s'écria-t-il d'une voix menaçante, pourquoi ce mariage ne saurait-il être différé?

— Parce que je suis homme d'honneur, Monseigneur...

— Un homme d'honneur! Vous êtes, Monsieur, un malhonnête homme... ou une dupe...

— Monseigneur!..

— Vous avez indignement abusé de l'innocence d'une enfant de quinze ans... ou vous êtes sa dupe... vous dis-je... Les Parisiennes sont précoces dans l'art de piper les maris.

Frantz regarda un moment le prince en silence, mais sans confusion, sans colère, et comme s'il eût en vain cherché le sens de ces paroles qui ne l'atteignirent ni dans son amour ni dans son honneur.

— Excusez-moi, Monseigneur, reprit-il, je ne vous comprends pas...

Frantz prononça ces mots avec une telle expression de sincérité, avec une assurance si ingénue, que le prince, de plus en plus étonné, ajouta, après un moment de silence, en attachant sur le jeune homme un coup d'œil pénétrant :

— Ne m'avez-vous pas dit que votre mariage avec cette demoiselle ne pouvait être différé?..

— Non, Monseigneur... Avec la permission de Votre Altesse Royale... il ne peut pas l'être... il ne le sera pas!

— Parce que sans cela vous manqueriez à l'honneur?

— Oui, Monseigneur.

— Et en quoi... et pourquoi... manqueriez-vous à l'honneur en n'épousant pas mademoiselle Antonine?

— Parce que nous nous sommes fait serment à la face du ciel d'être l'un à l'autre, Monseigneur, répondit Frantz avec une énergie contenue.

Le prince, à demi rassuré, ajouta cependant :

— Et... ensuite... dans quelles circonstances avez-vous pu échanger ce serment?

— Craignant de vous mécontenter, Monseigneur, ou de fatiguer votre attention, j'avais interrompu mon récit...

— Soit... continuez-le...

— Monseigneur... je crains...

— Continuez... mais n'omettez rien... je tiens à tout savoir...

— Souvent l'oncle de mademoiselle Antonine sortait le soir.

Monseigneur, et elle restait seule chez elle... La saison était si belle... que mademoiselle Antonine passait toutes ses soirées au jardin... Nous nous étions enhardis l'un et l'autre ; nous avions plusieurs fois longuement causé : elle, sur le petit banc ; moi, accoudé au mur ; elle m'avait ainsi raconté toute sa vie... moi, je lui avais dit la mienne, et surtout ma respectueuse affection pour vous, Monseigneur, à qui je dois tout... Aussi, mademoiselle Antonine partage à cette heure ma profonde reconnaissance pour Votre Altesse Royale.

A cet endroit du récit de Frantz, un bruit de pas, de plus en plus rapproché, attira l'attention du prince ; il se retourna, et vit un de ses aides de camp qui s'avançait, mais qui s'arrêta respectueusement à distance ; à un signe de l'archiduc, l'officier fit quelques pas.

— Qu'y a-t-il, Monsieur ? demanda le prince.

— Son Excellence M. le ministre de la guerre vient d'arriver ; il est aux ordres de Votre Altesse Royale pour la visite qu'elle doit faire à l'hôtel des Invalides.

— Dites à Son Excellence que je suis à elle dans l'instant.

Pendant que l'aide de camp s'éloignait, le prince, s'adressant à Frantz d'un air glacial, lui dit :

— Rentrez chez vous, Monsieur, vous garderez les arrêts jusqu'au moment de votre départ.

— De mon départ, Monseigneur ?..

— Oui.

— Mon départ ? répéta Frantz anéanti. Oh! mon Dieu! Et où m'envoyez-vous, Monseigneur ?

— Vous le verrez ; je vous confierai au major Butler... il me répondra de vous ; avant vingt-quatre heures vous aurez quitté Paris.

— Grâce !.. Monseigneur, s'écria Frantz d'une voix suppliante, ne pouvant croire à ce qu'il entendait ; ayez pitié de moi... ne m'obligez pas à partir...

— Rentrez chez vous, lui dit le prince avec la rudesse du commandement militaire, en lui faisant signe de la main de passer devant lui ; je ne reviens jamais sur un ordre que j'ai donné... Obéissez.

Frantz, accablé, regagna tristement sa chambre, située au premier étage du palais, non loin de l'appartement de l'archiduc, et donnant sur le jardin. Vers les sept heures, on servit au jeune prisonnier un dîner auquel il ne toucha pas. La nuit venue, Frantz, à son grand étonnement, et à sa profonde et douloureuse humiliation, entendit que l'on fermait au dehors sa porte à double tour; vers les minuit, lorsque tout dormit dans le palais, il ouvrit doucement sa fenêtre, sortit sur son balcon, puis, penché en dehors, il parvint, à l'aide d'une canne, à éloigner un peu du mur où il était plaqué l'un des montants d'une persienne des fenêtres du rez-de-chaussée; ce fut sur ce point d'appui vacillant, qu'avec autant d'adresse que de témérité, Frantz, ayant enjambé la grille du balcon, posa le bout du pied, puis, s'aidant des lames de la persienne comme d'une échelle, atteignit le sol, gagna l'allée ombreuse, escalada le petit mur d'appui, et se trouva bientôt dans le jardin de la maison habitée par Antonine.

Quoique la lune fût voilée par des nuages épais, il régnait une demi-clarté sous les grands arbres, qui jusqu'alors avaient servi de lieu de rendez-vous à Antonine et à Frantz; au bout de quelques instants, il aperçut de loin une forme blanche qui s'approchait rapidement; en peu d'instants, la jeune fille fut auprès du jeune homme, et lui dit d'une voix précipitée :

— Je viens seulement pendant une minute, afin que vous ne soyez pas inquiet, Frantz. J'ai profité d'un moment d'assoupissement de mon oncle; il est très-souffrant... je ne puis m'éloigner plus longtemps de lui. Adieu, Frantz, ajouta Antonine avec un gros soupir; c'est bien triste de se séparer si vite; mais il le faut. Encore adieu... peut-être à demain.

Le jeune homme était si atterré de ce qu'il devait apprendre à la jeune fille, qu'il n'eut pas la force de l'interrompre; puis, d'une voix entrecoupée par les sanglots, il s'écria :

— Antonine, nous sommes perdus!

— Perdus!

— Je pars...

— Vous!

— Le prince m'y force.

— Oh! mon Dieu! murmura Antonine en pâlissant et s'appuyant au dossier du banc rustique, oh! mon Dieu!

Et, ne pouvant prononcer un mot de plus, elle fondit en larmes. Après un moment de silence déchirant, elle reprit:

— Et vous espériez le consentement du prince, Frantz?

— Hélas! je croyais l'obtenir en lui disant simplement combien je vous aimais... combien vous méritiez cet amour... Le prince a été inflexible...

— Partir!.. nous séparer... Frantz, murmura Antonine d'une voix brisée, mais c'est impossible; nous séparer, c'est vouloir nous faire tous deux mourir de chagrin... Et le prince ne voudra pas cela...

— Sa volonté est inflexible... Mais quoi qu'il arrive, s'écria Frantz en tombant aux genoux de la jeune fille, oui, quoique je sois ici étranger, sans famille... sans savoir que devenir... je resterai malgré le prince... Rassurez-vous, Antonine...

Frantz ne put continuer; il vit au loin une lumière briller, et une voix s'écria avec angoisse :

— Mademoiselle Antonine!..

— Mon Dieu! la gouvernante de mon oncle!.. elle me cherche, s'écria la jeune fille.

Et s'adressant à Frantz :

— Frantz... si vous partez, je meurs.

Et Antonine disparut du côté où avait paru la lumière.

Le jeune homme, brisé par la douleur, tomba sur le banc en cachant son visage entre ses mains. Au bout de quelques minutes il entendit une voix, venant de l'allée du jardin de l'Élysée, l'appeler par son nom :

— Frantz !

Il tressaillit, croyant reconnaître la voix du prince; il ne se trompait pas; pour la seconde fois, son nom fut prononcé.

La crainte, l'habitude de l'obéissance passive, son respect et sa reconnaissance envers l'archiduc, qui lui avait jusqu'alors tenu lieu de famille, ramenèrent Frantz vers le petit mur d'appui qui séparait les deux jardins; derrière ce mur, il vit le prince à la clarté de la lune; celui-ci lui tendit la main avec une ironie glaciale, afin de l'aider à remonter dans l'allée.

— Tout à l'heure, à mon retour, je suis entré chez vous, lui dit sévèrement l'archiduc; je ne vous ai pas trouvé... Votre fenêtre ouverte m'a tout appris... maintenant, suivez-moi...

— Monseigneur, s'écria Frantz en se jetant aux pieds du prince, et tendant vers lui ses mains jointes, Monseigneur, écoutez-moi...

— Major Butler! dit le prince à voix haute en s'adressant à

un personnage jusqu'alors caché dans l'ombre, accompagnez le comte Frantz chez lui... vous ne le quitterez pas d'un instant, vous me répondez de lui.

XIV

Le lendemain du jour où les événements précédents s'étaient accomplis, l'archiduc, toujours vêtu de son grand uniforme, car il poussait la manie militaire jusqu'à ses dernières limites, se trouvait dans son cabinet, vers les deux heures de l'après-midi; l'un de ses aides de camp, homme de quarante ans environ, d'une physionomie calme, résolue, se tenait debout devant la table, de l'autre côté de laquelle le prince était assis, occupé à écrire, l'air plus soucieux, plus sévère et plus hautain encore que d'habitude; tout en écrivant et sans lever les yeux sur l'officier, il lui dit :

— Le capitaine Blum est resté auprès du comte Frantz?
— Oui, Monseigneur.
— Vous venez de voir le médecin?
— Oui, Monseigneur.
— Que pense-t-il de l'état du comte?
— Il le trouve plus satisfaisant, Monseigneur.
— Croit-il que le comte Frantz puisse supporter sans aucun danger les fatigues du voyage?
— Oui, Monseigneur.
— Major Butler, vous allez donner ordre à l'instant de faire préparer une de mes voitures de voyage...
— Oui, Monseigneur.

— Ce soir, à six heures, vous partirez avec le comte Frantz... Voici l'itinéraire de votre route, ajouta le prince en remettant à son aide de camp la note qu'il venait d'écrire.

Puis il reprit :

— Major Butler, vous n'attendrez pas longtemps les marques de ma satisfaction, si vous accomplissez, avec votre dévouement et votre fermeté ordinaires, la mission... dont je vous charge...

— Votre Altesse peut compter sur moi.

— Je le sais... mais je sais aussi qu'une fois revenu de son premier abattement, et n'étant plus contenu par son respect et son obéissance pour moi, le comte Frantz tâchera certainement d'échapper à votre surveillance pendant la route, afin de regagner Paris à tout prix. Si ce malheur arrivait, Monsieur, prenez garde... tous mes ressentiments tomberaient sur vous...

— Je suis certain que je n'aurai pas à démériter des bontés de Votre Altesse.

— Je l'espère, Monsieur... N'oubliez pas, d'ailleurs, de m'écrire deux fois par jour, jusqu'à votre arrivée à la frontière.

— Je n'y manquerai pas, Monseigneur.

— A votre arrivée sur le territoire des provinces rhénanes, vous remettrez cette dépêche à l'autorité militaire.

— Oui, Monseigneur.

— Le terme de votre voyage atteint, vous me le ferez savoir... et vous recevrez de moi de nouveaux ordres...

A ce moment, le prince, ayant entendu frapper légèrement à la porte, dit au major :

— Voyez ce que c'est.

Un autre aide de camp remit à l'officier une lettre, en lui disant tout bas :

— M. l'envoyé du Mexique vient de me remettre cette lettre pour Son Altesse.

Et l'aide de camp sortit.

Le major alla présenter la lettre au prince, et lui dit de quelle part elle venait.

— Je vous recommande de nouveau la plus grande surveillance, major Butler, reprit l'archiduc en mettant la lettre de l'envoyé mexicain à côté de lui sans l'ouvrir encore. Vous me répondez de conduire le comte Frantz jusqu'à la frontière.

— Je vous en donne ma parole, Monseigneur.

— Allez, Monsieur, je crois à votre parole; je sais ce qu'elle vaut... Si vous la tenez... vous n'aurez qu'à vous en féliciter... Ainsi, vous partirez à six heures... faites tout préparer à l'instant. Diesbach vous remettra l'argent nécessaire pour le voyage.

Le major s'inclina.

— Vous direz au colonel Heidelberg d'introduire dans quelques instants M. l'envoyé du Mexique et la personne qui l'accompagne...

— Oui, Monseigneur.

L'officier salua profondément et sortit.

Le prince, resté seul, se dit en décachetant lentement la lettre qu'on lui avait remise.

— Il faut sauver ce malheureux jeune homme de sa propre folie... Un pareil mariage!... c'est insensé... Allons, je suis d'ailleurs moi-même insensé de m'être un instant inquiété des suites de la folle passion de Frantz, comme si je n'avais pas tout pouvoir sur lui... Ce n'est pas de la colère, c'est de la pitié que sa conduite doit m'inspirer.

Au milieu de ces réflexions, le prince avait décacheté la lettre et jeté machinalement les yeux sur son contenu; soudain il bondit sur son fauteuil; ses traits hautains prirent une expression d'indignation courroucée, et il s'écria :

— La marquise de Miranda... cette femme infernale, qui dernièrement encore a causé à Bologne tant de scandale... et presque une révolution, en exposant ce malheureux cardinal aux huées, aux fureurs de toute une population déjà si mal intentionnée !... Oh! à aucun prix je ne veux recevoir cette indigne créature.

Et, ce disant, le prince s'élança vers la porte, afin de donner l'ordre de ne pas laisser entrer la marquise.

Il était trop tard.

Les deux battants s'ouvrirent à ce moment devant elle, et elle se présenta, accompagnée de l'envoyé du Mexique.

Profitant du silence causé par la stupeur de l'archiduc, stupeur dont il ne s'apercevait pas d'ailleurs, le diplomate s'inclina profondément et dit :

— Monseigneur, j'ose espérer que Votre Altesse a bien voulu agréer les excuses que je viens d'avoir l'honneur de lui adresser par lettre au sujet de l'importante formalité que j'ai omise dans ma supplique d'hier... car je devais mentionner le nom de la personne en faveur de qui je sollicitais une audience de Votre Altesse; j'ai réparé cette omission; il ne me reste plus qu'à avoir l'honneur de présenter à Votre Altesse madame la marquise de Miranda, qui porte l'un des noms les plus considérables de notre pays, et de la recommander à la bienveillance de Votre Altesse.

Le diplomate, prenant le silence prolongé du prince pour un congé, s'inclina respectueusement et se retira fort désappointé d'un accueil si glacial.

Madeleine et l'archiduc restèrent seuls.

La marquise était, selon son habitude, aussi simplement, aussi amplement vêtue que la veille; seulement, soit hasard, soit calcul, une voilette de point d'Angleterre garnissait ce jour-là sa capote de crêpe blanc, et cachait presque entièrement son visage.

Le prince, dont les mœurs tenaient à la fois de la rudesse militaire et de l'austérité religieuse (son amour pour la mère de Frantz avait été sa première et sa seule erreur de jeunesse), le prince considérait avec une sorte d'aversion inquiète cette femme qui, à ses yeux, symbolisait la perversité la plus profonde, la plus dangereuse; car le bruit public accusait la marquise de s'attaquer de préférence, par ses séductions, aux personnes revêtues des caractères les plus imposants et les plus sacrés; et puis enfin la retentissante aventure du cardinal-légat avait eu des conséquences si déplorables (au point de vue absolutiste et religieux de l'archiduc), qu'un sentiment de vindication politique augmentait encore sa haine contre Madeleine. Aussi, malgré ses habitudes de dignité froide et polie, il pensa d'abord à congédier brutalement l'importune visiteuse, ou à se retirer dédaigneusement dans une pièce voisine sans prononcer une parole. Mais la curiosité de voir enfin cette femme, sur qui circulaient tant de rumeurs étranges, et surtout l'âpre désir de la traiter aussi durement qu'à son avis elle méritait de l'être, modifièrent la résolution du prince; il resta donc; mais, au lieu d'offrir un siège à Madeleine, qui l'examinait attentivement à travers son voile toujours baissé, l'archiduc s'adossa carrément à la cheminée, croisa les bras, et, la tête rejetée en arrière, le sourcil impérieusement relevé, il toisa la solliciteuse de toute la hauteur de sa morgue souveraine, se renferma d'abord dans un silence glacial, et ne dit pas à Madeleine un mot d'encouragement ou de banale politesse.

La marquise, habituée à produire un effet tout autre, et subissant, à son insu peut-être, l'espèce d'intimidation qu'exerce souvent le rang suprême, surtout lorsqu'il se manifeste sous des dehors insolemment altiers, la marquise, décontenancée par cet écrasant accueil, le sentit d'autant plus vivement qu'elle avait davantage espéré de la courtoisie du prince.

Pourtant, comme il s'agissait pour elle d'intérêts sacrés, et qu'elle était vaillante... elle domina son émotion; et, ainsi que dit le proverbe espagnol naturalisé au Mexique, elle se résolut bravement *de prendre le taureau par les cornes*. S'asseyant donc négligemment dans un fauteuil, elle dit au prince, de l'air du monde le plus souriant et le plus dégagé :

— Je viens, Monseigneur, tout simplement vous demander deux choses : l'une, presque impossible; la seconde, tout à fait impossible...

L'archiduc resta confondu : son rang souverain, la hauteur, la sévérité de son caractère, son inflexible rigueur pour l'étiquette, encore si puissante dans les cours du Nord, l'avaient si habitué à voir même les femmes l'aborder toujours avec les respects les plus humbles, que l'on pense s'il fut abasourdi par la familière aisance de Madeleine, qui reprit gaiement :

— Vous ne répondez rien, Monseigneur?... Comment dois-je interpréter le silence de Votre Altesse? Est-ce réflexion?... Est-ce timidité?... Est-ce consentement?... Serait-ce enfin impolitesse?... Impolitesse?· non... je ne puis croire cela. En touchant la terre de France, les esclaves deviennent libres, et les hommes les moins galants deviennent d'une exquise courtoisie...

Le prince, presque hébété par la stupeur et par la colère que lui causaient ces audacieuses paroles, resta muet.

La marquise reprit en souriant :

— Rien?... pas un mot? Allons, Monseigneur, décidément, que signifie le mutisme prolongé de Votre Altesse? Encore une fois, est-ce réflexion?... réfléchissez... Est-ce timidité?... surmontez-la... Est-ce impolitesse? souvenez-vous que nous sommes en France et que je suis femme... Puis-je, au contraire, regarder votre silence comme un consentement aveugle à ce que je viens vous demander? alors, dites-le-moi tout de suite... afin que je vous apprenne au moins quelles sont les faveurs que vous m'accordez si gracieusement d'avance, et dont je veux alors vous remercier cordialement.

Puis Madeleine, ôtant son gant, tendit sa main à l'archiduc.

Cette toute petite main, blanche, délicate, frétillante, effilée, veinée d'azur, et dont les ongles allongés ressemblaient à des coquilles roses, attira malgré lui l'attention du prince; de sa vie, il n'avait vu pareille main; mais bientôt, honteux, révolté de s'abandonner à une telle remarque dans un moment semblable, la rougeur de l'indignation lui monta au front, et il chercha quelque mot souverainement dédaigneux et blessant, afin d'écraser d'un seul coup de massue cette audacieuse, dont l'outrecuidance avait déjà trop duré pour la dignité archiducale.

Malheureusement, le prince était plus habitué à commander ses troupes, ou à recevoir les hommages de ses courtisans, qu'à trouver soudain des mots écrasants, surtout lorsqu'il s'agissait d'écraser une jeune et jolie femme; cependant, il chercha...

Cette cogitation *sérénissime* donna le temps à Madeleine de retirer sa petite main sous ses larges manches, et de dire au prince avec un malin sourire :

— Il n'y a plus à en douter, Monseigneur, le silence de Votre Altesse est de la timidité... et de la timidité allemande encore !... Je connais cela. Après la timidité de savant, c'est ce qu'il y a de plus insurmontable, et, partant, de plus vénérable; mais tout a des bornes... Aussi, voyons... Monseigneur... remettez-vous; je n'ai pourtant, je crois, rien en moi de très-imposant... ajouta la marquise sans relever encore le voile qui cachait ses traits.

L'archiduc jouait de malheur; malgré toute sa bonne volonté, il ne trouva pas son mot écrasant; mais, sentant combien sa position devenait ridicule, il s'écria :

— Je ne sais pas, Madame, comment vous avez osé vous présenter ici.

— Mais... je m'y suis présentée avec votre agrément, Monseigneur...

— Lorsque hier je vous ai accordé une audience, j'ignorais votre nom, Madame.

— Et... que vous a donc fait mon nom, Monseigneur?

— Votre nom, Madame? Votre nom?

— Oui, Monseigneur...

— Mais votre nom a été le scandale de l'Allemagne ; vous avez rendu païen... idolâtre... matérialiste... le plus religieux, le plus spiritualiste de nos poëtes.

— Dame! Monseigneur, répondit Madeleine avec un accent d'ingénue de village, ça n'est pas ma faute... à moi...

— Ce n'est pas votre faute?

— Et puis... où est le grand mal, Monseigneur ! Votre poëte religieux faisait des vers médiocres... Il en fait à cette heure de magnifiques.

— Ils n'en sont que plus dangereux, Madame... Et son âme?... son âme?

— Son âme a passé dans ses vers, Monseigneur ; elle est maintenant deux fois immortelle.

— Et le cardinal-légat, Madame?

— Vous ne me reprocherez pas, du moins, Monseigneur, d'avoir agi sur l'âme de celui-là... il n'en avait point.

— Comment! Madame, n'avez-vous pas assez avili le caractère sacré de ce prince de l'Église, de ce prêtre jusqu'alors si austère, de cet homme d'État qui, depuis vingt ans, était la terreur des impies et des révolutionnaires?... Ne l'avez-vous pas livré au mépris, à la haine des gens pervers... car, sans un secours inespéré, on le massacrait ; enfin, Madame, n'avez-vous pas été sur le point de révolutionner Bologne?...

— Ah! Monseigneur, vous me flattez.

— Et vous osez, Madame, vous présenter chez un prince qui a tant d'intérêt à ce que l'Allemagne et l'Italie soient calmes et soumises!... Vous osez venir me demander... quoi? des choses que vous dites vous-même impossibles ou presque impossibles! Et cette inconcevable demande, de quel ton me la faites-vous? d'un ton familier, railleur, comme si vous étiez certaine d'obtenir tout de moi... Erreur! Madame, erreur! je ne ressemble, je vous en préviens, ni au poëte Moser-Hartman, ni au cardinal-légat, ni à tant d'autres que vous avez ensorcelés, dit-on ; en vérité, c'est à douter si l'on dort ou si l'on veille. Mais qui êtes-vous donc, Madame, pour vous croire assez au-dessus de tous les respects... de tous les devoirs, pour oser me traiter d'égal à égal, moi que les princesses des familles royales n'abordent qu'avec déférence?

— Hélas! Monseigneur, je ne suis qu'une pauvre femme... répondit Madeleine.

Et elle rejeta en arrière son voile, qui, jusqu'alors baissé, avait dérobé son visage aux regards de l'archiduc.

XV

Le prince, emporté par la véhémence de son indignation et de son courroux, s'était, tout en parlant, approché peu à peu de la marquise, toujours négligemment assise dans son fauteuil.

Lorsque celle-ci eut relevé son voile en rejetant légèrement sa tête en arrière, afin de pouvoir attacher ses yeux sur ceux du prince, il resta immobile, et éprouva ce mélange de surprise, d'admiration et de trouble involontaire que presque tout le monde ressentait à la vue de cette charmante figure, à laquelle son teint pâle, ses grands yeux bleu d'azur, ses sourcils noirs et ses cheveux blonds, donnaient un charme si singulier.

Cette impression profonde que subissait le prince, Charles Dutertre l'avait aussi subie malgré son amour pour sa femme, malgré les terribles préoccupations de désastre et de ruine dont il était assiégé.

Pendant quelques secondes, l'archiduc resta pour ainsi dire sous la fascination de ce regard fixe, pénétrant, dans lequel la marquise s'efforçait de concentrer toute l'attraction, toute l'électricité vitale qui était en elle... et de la *darder* dans les yeux du prince, car la projection du regard de Madeleine était, pour ainsi dire, intermittente, et avait, si l'on peut s'exprimer ainsi, des pulsations : aussi, à chacune de ces pulsations, dont il semblait ressentir physiquement le contre-coup, l'archiduc tressaillait-il involontairement; sa morgue glaciale paraissait fondre comme la neige au soleil; sa hautaine attitude s'assouplissait; sa physionomie altière exprimait un trouble inexprimable.

Soudain, Madeleine fit retomber son voile sur son visage, baissa la tête et tâcha de s'effacer davantage encore, s'il était possible, sous l'ampleur des plis de son mantelet et de sa robe traînante qui cachait complétement son petit pied, de même que ses larges manches cachèrent aussi la main charmante qu'elle avait cordialement tendue au prince; celui-ci n'eut donc plus devant lui qu'une forme indécise et chastement voilée.

La coquetterie la plus provoquante, la plus audacieusement décolletée, eût été de l'ingénuité auprès de cette mystérieuse réserve, qui, dérobant aux regards jusqu'au bout du pied, jusqu'au bout des doigts, ne laissait absolument rien apercevoir de la personne, mais donnait le champ libre à l'imagination, qui devait s'allumer au souvenir des récits étranges qui couraient sur la marquise.

Lorsque le visage de Madeleine disparut de nouveau sous son voile, le prince, délivré de l'obsession qu'il subissait malgré lui, reprit son sang-froid, gourmanda rudement sa faiblesse, et, afin de se sauvegarder de tout dangereux entraînement, il s'efforça de songer aux déplorables aventures qui prouvaient la fatale influence de cette femme sur des hommes longtemps inflexibles ou inexorables.

Mais hélas! la chute ou la transformation de ces hommes ramenait forcément les idées du prince sur la marquise et sur son irrésistible influence; il sentait le péril grave, imminent; mais, on le sait, parfois le danger possède l'attraction de l'abîme.

En vain le prince, pour se rassurer, se disait-il que, d'un naturel flegmatique, il était arrivé jusqu'à la maturité de l'âge sans avoir subi l'empire de ces passions brusques et grossières qui dégradent l'homme. En vain encore il se disait qu'il était prince du sang royal; qu'il devait à la souveraine dignité de son rang de ne pas s'abaisser à de honteux entraînements, etc.; en un mot, le malheureux archiduc philosophait à merveille, mais aussi utilement qu'un homme qui, se voyant avec effroi rouler sur une pente rapide, philosopherait bravement sur les précieux avantages de la stabilité.

Il faut malheureusement des lignes, des phrases, des pages, pour rendre perceptibles des impressions instantanées comme la pensée, car tout ce que nous venons de décrire si longuement, depuis le moment où Madeleine avait levé son voile jusqu'au moment où elle l'avait abaissé, s'était passé en quelques secondes, et l'archiduc, tout en se gourmandant, tâchait, à son insu sans doute (tant sa philosophie dégageait son esprit de la matière), tâchait, disons-nous, d'apercevoir encore les traits de Madeleine à travers la dentelle qui les cachait.

— Je vous disais donc, Monseigneur, reprit la marquise en tenant toujours sa tête baissée sous le regard avide et troublé de l'archiduc, je vous disais donc que j'étais une pauvre veuve... qui vaut mieux que sa réputation... et qui ne mérite vraiment pas... vos sévérités.

— Madame...

— Oh! je ne vous en fais pas un reproche... Monseigneur... Vous avez dû, comme tant d'autres, croire à certains bruits...

— Des bruits! Madame... s'écria l'archiduc en sentant avec joie renaître dans son âme sa première colère, des bruits!... C'était un vain bruit, n'est-ce pas, que la scandaleuse apostasie du poëte Moser-Hartman?

— Ce que vous appelez son apostasie est un fait, Monseigneur... soit... mais...

— C'est peut-être aussi un vain bruit, reprit impétueusement l'archiduc en interrompant Madeleine, que la dégradation du cardinal-légat?

— C'est encore un fait, Monseigneur... soit... mais...

— Ainsi, Madame... vous avouez vous-même que...

— De grâce, Monseigneur... écoutez-moi... Je m'appelle Madeleine... c'est le nom d'une grande pécheresse... comme vous le savez.

— Il lui a été pardonné, Madame.

— Oui, parce qu'elle avait *beaucoup... aimé;* cependant,

croyez-moi, Monseigneur, je n'ai pas à chercher une excuse... ou un exemple dans la vie amoureuse de ma sainte patronne... Je n'ai rien à me faire pardonner... non... rien... absolument rien, Monseigneur... Cela paraît vous étonner beaucoup. Aussi, pour me faire tout à fait comprendre... ce qui est assez embarrassant, je serai obligée, au risque de passer pour pédante, d'en appeler aux souvenirs classiques de Votre Altesse.

— Que voulez-vous dire, Madame?

— Quelque chose de bizarre; mais l'acrimonie de vos reproches, et d'autres raisons encore, m'obligent à un aveu... ou plutôt à une justification fort singulière.

— Madame... expliquez-vous.

— Vous savez, Monseigneur, à quelle condition on choisissait à Rome les *prêtresses de Vesta?*

— Certainement, Madame, répondit le prince avec une rougeur pudique.

Et il ajouta ingénument :

— Mais je ne vois pas quel rapport...

— Eh bien! Monseigneur, reprit Madeleine en souriant de ce *germanisme,* si nous étions à Rome, sous l'empire des Césars, j'aurais tous les droits possibles... imaginables, à entretenir le feu sacré sur l'autel de la chaste déesse... En un mot, je suis veuve, sans avoir jamais été mariée... Monseigneur; car, à mon retour d'Europe, le marquis de Miranda, mon parent et mon bienfaiteur, se mourait... et il m'a épousée à son lit de mort... pour me laisser son nom et sa fortune...

L'accent de la vérité est irrésistible; aussi, d'abord, le prince crut aux paroles de Madeleine, malgré la stupeur où le jetait cette révélation si complétement opposée aux bruits d'aventures et de galanterie qui couraient sur la marquise.

L'étonnement du prince se mêla bientôt d'une satisfaction confuse dont il ne se rendait pas compte; pourtant, craignant de donner dans un piége, il reprit, non plus avec emportement, mais avec une récrimination douloureuse :

— C'est trop compter sur ma crédulité... Madame... Quoi! lorsque tout à l'heure encore vous m'avez avoué que...

— Pardon, Monseigneur... faites-moi le plaisir de répondre à quelques questions.

— Parlez, Madame...

— Vous avez, certes, tous les vaillants dehors d'un homme

de guerre, Monseigneur; et, lorsque je vous voyais à Vienne, monté sur votre beau cheval de bataille, traverser fièrement le *Prater*, suivi de vos aides de camp, je me suis dit souvent : Voilà pour moi le type du général d'armée, de l'homme fait pour commander aux soldats.

— Vous m'avez vu à Vienne? demanda l'archiduc, dont la voix rude s'attendrissait singulièrement, vous m'avez remarqué?

— Heureusement vous l'ignoriez, Monseigneur; sans cela vous m'eussiez fait exiler, n'est-ce pas?

— Mais, répondit le prince en souriant, je le crains.

— Allons, c'est de la galanterie; je vous aime mieux ainsi. Je vous disais donc, Monseigneur, que vous avez les dehors d'un vaillant homme de guerre, et vous répondez à ces dehors. Cependant, vous m'avouerez que parfois la tournure la plus martiale... peut cacher un poltron?

— A qui le dites-vous, Madame? J'ai eu sous mes ordres un général-major qui avait bien la figure la plus farouche qu'on puisse imaginer, et c'était un fieffé poltron!

— Vous m'avouerez encore, Monseigneur, que parfois aussi l'enveloppe la plus chétive... peut recéler un héros...

— Certes... le grand Frédéric... le prince Eugène, ne payaient pas de mine...

— Hélas! Monseigneur... c'est cela même... et moi, tout au contraire de ces grands hommes, malheureusement... je paye trop de mine...

— Que voulez-vous dire, Madame?..

— Eh! mon Dieu, oui!.. je suis comme le poltron qui fait trembler tout le monde avec sa mine rébarbative, et qui, à part soi, est plus tremblant que les plus tremblants de ceux qu'il intimide... En un mot, j'inspire souvent malgré moi... ce que je ne ressens pas; figurez-vous, Monseigneur, un pauvre glaçon tout surpris de porter autour de lui la flamme et l'incendie! Aussi j'aurais parfois la prétention de me croire un phénomène, si je ne me rappelais que les beaux fruits de mon pays, si vermeils, si délicats, si parfumés, m'inspiraient parfois de furieux appétits... sans partager le moins du monde le bel appétit qu'ils me donnaient, sans qu'ils éprouvassent enfin le plus léger désir d'être croqués! Il en est ainsi de moi, Monseigneur : il paraît qu'aussi innocente en cela que

7

les fruits de mon pays, je donne à certains égards... des faims d'ogre... moi qui suis d'une frugalité cénobitique... Aussi ai-je pris le parti de ne plus m'étonner de l'influence que j'exerce involontairement ; mais comme, après tout, cette action est puissante, en cela qu'elle met en jeu une des plus violentes passions de l'homme, je tâche de tirer parfois le meilleur parti possible de mes victimes, soit pour elles-mêmes, soit pour autrui, et cela, je vous le jure, sans coquetterie, sans tromperie... sans promesses... Je brûle pour vous... me dit-on. Soit, brûlez... peut-être l'ardeur de vos feux fera-t-elle fondre ma glace... peut-être la lave se cache-t-elle en moi sous la neige... Brûlez... brûlez donc... faites que votre flamme me gagne, je ne demande pas mieux... car je suis libre comme l'air, et j'ai vingt-deux ans...

Madeleine, en disant ces mots, redressa la tête, releva son voile, et regarda fixement l'archiduc.

La marquise disait vrai, car sa passion pour son *blond archange,* dont elle s'était entretenue avec Sophie Dutertre, n'avait eu jusqu'alors rien de terrestre.

Le prince crut Madeleine : d'abord parce que presque toujours la vérité porte avec soi la conviction, puis, parce qu'il se sentait heureux d'ajouter foi aux paroles de la jeune femme ; il rougissait moins de s'avouer l'impression subite, profonde, que cette singulière créature lui causait, en se disant qu'après tout elle eût été digne *d'entretenir le feu sacré de Vesta;* aussi l'imprudent, les yeux fixés sur les yeux de Madeleine, aspirait-il à loisir le philtre enchanteur en la contemplant avec une avidité passionnée.

Madeleine reprit en souriant :

— En ce moment, Monseigneur, vous vous faites, j'en suis sûre, une question que je me fais souvent...

— Voyons...

— Vous vous demandez... (pour parler comme une romance du vieux temps) *quel est celui qui me fera partager sa flamme?..* Eh bien ! moi aussi, je serais très-curieuse de pénétrer l'avenir à ce sujet...

— Cet avenir, pourtant... dépend de vous.

— Non pas, Monseigneur ; pour qu'une lyre résonne, il faut qu'on la fasse vibrer.

— Et cet heureux mortel... qui sera-t-il ?

— Mon Dieu! qui sait? peut-être vous, Monseigneur.
— Moi!.. s'écria le prince, ébloui, transporté, moi!
— Je dis : peut-être...
— Oh! que faudrait-il faire?..
— Me plaire...
— Et pour cela?
— Écoutez, Monseigneur.
— Je vous en prie; ne m'appelez pas Monseigneur, c'est trop cérémonieux...
— Oh! oh! Monseigneur... c'est une grande faveur pour un prince que d'être traité avec familiarité : il faut la mériter. Vous me demandez comment me plaire?.. Je veux vous citer, non un exemple, mais un fait : le poëte Moser-Hartman, dont j'ai, ainsi que vous le dites, causé l'apostasie, m'a adressé la plus singulière déclaration du monde. Un jour, il me rencontre chez une amie commune, me regarde longtemps, et enfin me dit d'un air d'alarme et de courroux : « Madame, pour la tranquillité du spiritualisme, on devrait vous enterrer toute vive. » Et il sort; mais le lendemain il vient chez moi fou d'amour, en proie, me dit-il, à une passion aussi subite, aussi nouvelle que brûlante. « Brûlez, lui dis-je, mais écoutez un conseil d'amie; la passion vous dévore... qu'elle coule dans vos vers. Devenez un grand poëte, et peut-être votre gloire m'enivrera. »

— Et l'enivrement ne vous est pas venu? dit le prince.
— Non... mais la gloire est restée à mon amoureux pour se consoler, et un poëte se console de tout avec la gloire... Eh bien! Monseigneur, franchement, ai-je bien ou mal usé de mon influence?

Soudain l'archiduc tressaillit.

Un soupçon poignant lui serra le cœur.

Dissimulant cette pénible angoisse, il dit à Madeleine en s'efforçant de sourire:

— Mais, Madame, votre aventure avec le cardinal-légat n'a pas eu pour lui une fin si heureuse; que lui est-il resté, à lui, pour se consoler?

— Il lui en reste la conscience d'avoir délivré de sa présence un pays qui l'abhorrait, répondit gaiement Madeleine; n'est-ce donc rien que cela, Monseigneur?

— Voyons, entre nous, Madame, quel intérêt aviez-vous

à rendre ce malheureux homme victime d'un si terrible scandale ?

— Comment ! quel intérêt? Monseigneur. Mais celui de démasquer un infâme hypocrite, de le faire chasser d'une ville qu'il opprimait, de le couvrir enfin de mépris et de honte... « Je crois à votre passion, lui ai-je dit, et peut-être la partagerai-je si vous vous masquez en cavalier Pandour pour venir avec moi au bal du Rialto, mon cher cardinal; c'est de ma part un caprice bizarre, insensé, soit, mais c'est ma condition; et d'ailleurs, qui vous reconnaîtra sous le masque? » Cet horrible prêtre avait la tête tournée; il a accepté, je l'ai perdu...

— Et moi... vous ne me perdrez pas ainsi que le cardinal-légat, Madame! s'écria l'archiduc en se levant et faisant un suprême effort pour rompre le charme dont il sentait déjà l'irrésistible puissance. Je vois le piége... j'ai des ennemis... vous voulez, par vos séductions perfides, m'entraîner à quelque démarche dangereuse, et ensuite me livrer aussi au mépris et aux risées que mériterait ma faiblesse... Mais, Dieu soit béni! il m'ouvre les yeux à temps... Je le reconnais avec horreur, cette fascination diabolique, qui m'ôtait l'usage de ma raison... n'était pas même de l'amour... non, je cédais à la passion la plus grossière, la plus ignoble qui puisse ravaler l'homme au niveau de la brute, à cette passion que, pour ma honte et pour la vôtre, je veux nommer tout haut, à LA LUXURE! Madame!!!

Madeleine haussa les épaules, se mit à rire d'un air moqueur, se leva, alla droit au prince qui, dans son agitation, s'était reculé jusqu'à la cheminée, le prit délicatement par la main, et le ramena s'asseoir auprès d'elle, sans qu'il eût eu la force de s'opposer à cette douce violence.

— Faites-moi la grâce de m'écouter, Monseigneur, dit Madeleine, je n'ai plus que quelques mots à vous dire... et ensuite, de votre vie vous ne reverrez la marquise de Miranda.

XVI

Lorsque Madeleine eut fait rasseoir l'archiduc auprès d'elle, elle lui dit :

— Écoutez, Monseigneur... je serai franche... tellement franche... que je vous défie... de ne pas me croire... Je suis venue ici dans l'espoir... de vous tourner la tête...

— Ainsi, s'écria le prince stupéfait, ainsi, vous l'avouez !

— Parfaitement... Ce but atteint... je voulais user de mon empire sur vous... pour obtenir, je vous l'ai dit, Monseigneur, au commencement de cet entretien, deux choses regardées... l'une comme presque impossible... l'autre comme tout à fait impossible...

— Vous avez raison, Madame, de me défier de ne pas vous croire, répondit le prince avec un sourire contraint, je vous crois.

— Les deux actions que je voulais obtenir de vous étaient grandes, nobles, généreuses; elles vous auraient fait chérir et respecter... Il y a loin de là, je pense, à vouloir abuser de mon empire pour vous pousser au mal ou à l'indignité... ainsi que vous le supposez.

— Mais enfin, Madame, de quoi s'agit-il ?

— D'abord un acte de clémence ou plutôt de justice... qui vous rallierait une foule de cœurs en Lombardie... la grâce pleine et entière du colonel Pernetti.

Le prince bondit sur son fauteuil et s'écria :

— Jamais !.. Madame !.. jamais.

— La grâce pleine et entière du colonel Pernetti, l'un des hommes les plus vénérés de toute l'Italie, poursuivit Madeleine... sans tenir compte de l'interruption du prince. La juste fierté de cet homme de cœur l'empêchera toujours de solliciter de vous le moindre adoucissement à ses malheurs, mais venez généreusement au-devant de lui, et sa reconnaissance vous assurera de son dévouement.

— Je vous répète, Madame, que de hautes raisons d'État s'opposent à ce que vous demandez... C'est impossible... tout à fait impossible.

— Bien entendu... j'ai commencé moi-même par vous le dire... Monseigneur. Quant à l'autre chose, plus impossible encore sans doute, il s'agit tout simplement de votre consentement au mariage d'un jeune homme que vous avez élevé...

— Moi! s'écria l'archiduc, comme s'il en croyait à peine ses oreilles, moi... consentir au mariage du comte Frantz?

— Je ne sais pas s'il est comte; ce que je sais c'est qu'il s'appelle Frantz, ainsi que me l'a dit ce matin... mademoiselle Antonine Hubert, ange de douceur et de beauté que j'ai aimée toute petite, et pour qui je ressens à la fois la tendresse d'une sœur et d'une mère.

— Madame, dans trois heures d'ici, le comte Frantz aura quitté Paris... voilà ma réponse.

— Mon Dieu, Monseigneur... c'est à merveille... tout ceci est impossible, absolument impossible... encore une fois, c'est convenu...

— Alors, Madame, pourquoi me le demander?

— Eh mais!.. Monseigneur... afin de l'obtenir...

— Comment! malgré tout ce que je viens de vous dire... vous espérez encore?

— J'ai cette prétention-là, Monseigneur.

— Une pareille confiance...

— Est bien modeste... car je ne compte pas sur ma présence...

— Et sur quoi donc comptez-vous, Madame?

— Sur mon absence... Monseigneur, dit Madeleine en se levant.

— Sur votre absence?..

— Sur mon souvenir, si vous le préférez.

— Vous partez! dit vivement le prince sans pouvoir cacher son dépit et son regret, vous partez... déjà?

— C'est mon seul et dernier moyen de vous amener à composition...

— Mais enfin, Madame...

— Tenez, Monseigneur, voulez-vous que je vous dise ce qu'il va arriver?

— Voyons, Madame...

— Je vais vous quitter... Vous serez tout d'abord soulagé d'un grand poids; ma présence ne vous obsèdera plus de toutes sortes de tentations qui ont leur angoisse et leur charme; vous me chasserez... tout à fait de votre pensée... Malheureusement, peu à peu et malgré vous.... je reviendrai l'occuper; ma figure mystérieuse, voilée, vous suivra partout; vous ressentirez bien davantage encore ce qu'il y a de peu platonique dans votre penchant vers moi, et ces sentiments n'en seront que plus irritants, plus obstinés... Aussi demain, après-demain peut-être, réfléchissant qu'après tout je ne vous demandais que des actions nobles, généreuses, vous regretterez amèrement mon départ; vous me rappellerez, mais il sera trop tard, Monseigneur.

— Trop tard?

— Trop tard... pour vous, pas pour moi. Je me suis mis dans la tête que le colonel Pernetti aurait sa grâce et que M. Frantz épouserait Antonine. Vous comprenez, Monseigneur, qu'il faudra bien que cela soit...

— Malgré moi?

— Malgré vous.

— C'est un peu fort...

— C'est ainsi... Car, voyons, Monseigneur, pour ne vous parler que de faits que vous n'ignorez pas : quand on a su amener le cardinal-légat que vous connaissez à courir la mascarade en cavalier Pandour, quand on a su faire éclore un grand poëte sous la chaleur d'un regard, quand on a su rendre amoureux (dans l'expression toute... terrestre du mot, je l'avoue humblement), un homme comme vous, Monseigneur... il est évident que l'on peut autre chose... Vous forcez, n'est-ce pas, ce pauvre M. Frantz à partir de Paris?.. mais la route est longue, et avant qu'il soit hors de France, j'ai deux jours devant moi... Quelque peu de retard dans la grâce du colonel Pernetti ne sera rien pour lui... et, après tout, sa grâce ne dépend pas que de vous seul, Monseigneur; vous ne pouvez pas vous imaginer où peut atteindre le ricochet des influences, et grâce à Dieu, ici, en France, j'ai tout moyen et toute liberté d'agir... C'est donc la guerre que vous voulez, Monseigneur; va pour la guerre. Je pars, et je vous laisse déjà blessé... c'est-à-dire amoureux. Eh! mon Dieu! (quoique je puisse à bon droit m'enorgueillir de ce succès) ce n'est pas par vanité que j'insiste sur l'impression subite que j'ai faite sur vous; car, en vérité, je n'ai pas mis la moindre coquetterie en tout ceci; presque toujours j'ai eu mon voile baissé, et je suis habillée en véritable grand'mère... Allons, adieu, Monseigneur; me ferez-vous du moins la grâce de m'accompagner jusqu'à la porte de votre premier salon?.. La guerre n'empêche pas la courtoisie...

L'archiduc était dans un trouble inexprimable; il sentait que Madeleine disait vrai; car déjà, à la seule pensée de la voir s'éloigner pour toujours peut-être, il éprouvait un véritable chagrin; puis, réfléchissant que si le charme, l'attrait singulier et presque irrésistible de cette femme agissait puissamment sur lui, qui, pour tant de raisons, avait dû se croire sauvegardé d'une telle influence, bien d'autres que lui pourraient céder à cet empire, alors il ressentait une sorte de jalousie vague, mais amère et courroucée, et cependant il ne pouvait se résoudre à accorder la grâce qu'on lui demandait, et à consentir au mariage de Frantz; néanmoins, comme tous les indécis, il essaya de gagner du temps, et dit à la marquise, avec émotion :

— Puisque je ne dois plus vous revoir, prolongez du moins quelque peu cette visite.

— A quoi bon, Monseigneur?

— Peu vous importe, si cela me rend heureux.

— Cela ne vous rendra nullement heureux, Monseigneur, car vous n'avez ni la force de me laisser partir, ni la force de m'accorder ce que je vous demande.

— C'est vrai, répondit le prince en soupirant, les deux choses me semblent aussi impossibles l'une que l'autre.

— Ah !... comme demain, comme tout à l'heure, après mon départ, vous vous repentirez!

Le prince, en suite d'un assez long silence, reprit avec effort et de sa voix la plus insinuante :

— Tenez... ma chère marquise... supposons, ce qui n'est pas supposable... que peut-être un jour... je songe... à vous accorder la grâce de Pernetti...

— Une supposition?... que peut-être un jour... vous songerez?... Combien tout cela est vague et nébuleux, Monseigneur!... Dites donc tout uniment : Admettez que je vous accorde la grâce du colonel Pernetti...

— Eh bien!... soit, admettez cela...

— Bon... vous m'accordez cette grâce, Monseigneur, et vous consentez au mariage de Frantz?... Il me faut tout ou rien...

— Quant à cela... jamais... jamais...

— Ne dites donc pas jamais, Monseigneur... Est-ce que vous en savez quelque chose?...

— Après tout, une supposition n'engage à rien... Enfin, admettons que je fasse tout ce que vous désirez... je serai du moins certain de ma récompense...

— Vous me le demandez, Monseigneur? Est-ce que toute généreuse action ne porte pas en elle sa récompense?

— D'accord... Mais il en est une... à mes yeux... la plus précieuse de toutes... et celle-là, vous pouvez seule... la donner...

— Oh!... pas de conditions, Monseigneur.

— Comment?

— Voyons, franchement, Monseigneur, est-ce que je puis m'engager à quelque chose? Est-ce que tout ne dépend pas, non de moi, mais de vous? Plaisez-moi... cela vous regarde.

— Oh! quelle femme vous êtes! dit le prince avec dépit. Mais enfin... vous plairai-je? Croyez-vous que je vous plaise?

— Ma foi! Monseigneur, je n'en sais rien... Vous n'avez jusqu'ici rien fait pour cela... sinon de m'accueillir assez rudement, soit dit sans reproche.

— Mon Dieu! j'ai eu tort, pardonnez-moi; si vous saviez aussi l'inquiétude... je dirais presque la crainte que vous m'inspirez, chère marquise!

— Allons, je vous pardonne... le passé, Monseigneur, et vous promets de mettre la meilleure volonté du monde à me laisser séduire... et, comme je suis très-franche... j'ajouterai même qu'il me semble que j'aimerais assez à ce que vous réussissiez.

— Vraiment! s'écria le prince enivré.

— Oui... vous êtes à demi souverain... vous le serez peut-être un jour... et il peut y avoir toutes sortes de belles et bonnes choses à vous faire faire un jour de par l'empire de cette ardente passion que vous avez flétrie tout à l'heure en vrai capucin, passez-moi le terme... Allez... Monseigneur, si le bon Dieu l'a mise chez toutes ses créatures, cette passion, il a su ce qu'il faisait... C'est une force immense, car, dans l'espoir de la satisfaire, ceux qui l'éprouvent sont capables de tout, même des actions les plus généreuses... n'est-ce pas, Monseigneur?

— Ainsi... ajouta le prince dans un ravissement croissant, je puis espérer...

— Espérez tout à votre aise, Monseigneur, mais voilà tout... je ne m'engage à rien, ma foi! Brûlez, brûlez... fasse que ma neige se fonde à votre flamme.

— Mais enfin, supposez que je vous aie accordé tout ce que vous me demandez, qu'éprouveriez-vous pour moi?

— Peut-être cette première preuve de dévouement à mes désirs me causerait-elle une vive impression... mais je ne puis l'affirmer; ma divination ne va pas jusque-là, Monseigneur.

— Ah! vous êtes impitoyable! s'écria le prince avec un dépit douloureux, vous ne savez qu'exiger.

— Vaut-il mieux vous faire de fausses promesses, Monseigneur? Cela ne serait digne, ni de vous, ni de moi; et puis enfin, voyons, parlons en gens de cœur. Encore une fois, qu'est-ce que je vous demande? de vous montrer juste et clément pour le plus honorable des hommes; paternel pour l'orphelin que vous avez élevé. Si vous saviez, ces pauvres enfants, comme ils s'aiment! Quelle naïveté! quelle tendresse! quel désespoir! Ce matin, en me parlant de la ruine de ses espérances, Antonine m'a émue jusqu'aux larmes.

— Frantz est d'une naissance illustre, j'ai d'autres projets et d'autres vues sur lui, reprit impatiemment le prince, il ne peut pas se mésallier à ce point.

— Le mot est joli... Et qui suis-je donc, moi, Monseigneur? Magdalena Pérès, fille d'un honnête négociant du Mexique ruiné par des banqueroutes, et marquise de hasard.. Vous m'aimez pourtant sans crainte de mésalliance?

— Eh! Madame... moi... moi...

— Vous... vous... c'est autre chose, n'est-ce pas? comme dit la comédie.

— Du moins, je suis libre de mes actions.

— Et pourquoi donc Frantz ne serait-il pas libre des

siennes, lorsque ses vœux se bornent à une vie modeste et honorable, embellie par un pur et noble amour?... Allez, Monseigneur... si vous étiez, comme vous le dites, épris de moi... comme vous compatiriez tendrement au désespoir d'amour de ces deux pauvres enfants qui s'adorent avec l'innocence et l'ardeur de leur âge! Si la passion ne vous rend pas meilleur, plus généreux, cette passion n'est pas vraie... et si je dois jamais la partager... il faut que je commence par y croire; ce que je ne puis, en voyant votre impitoyable dureté pour Frantz.

— Eh! mon Dieu, si je l'aimais moins, je ne serais pas impitoyable.

— Singulière façon d'aimer les gens!

— Ne vous ai-je pas dit que je pensais pour lui à de hautes destinées?

— Et je vous dis, Monseigneur, que les hautes destinées que vous lui réservez lui seront odieuses... il est né pour une vie heureuse, modeste et douce; ses goûts simples, la timidité de son caractère, ses qualités même, l'éloignent de tout ce qui est honneurs et splendeur, est-ce vrai?

— Mais alors, dit le prince très-surpris, mais vous le connaissez donc?

— Je ne l'ai jamais vu.

— Comment savez-vous?...

— Est-ce que cette chère Antonine ne m'a pas fait toutes ses confidences? est-ce que, d'après la manière d'aimer des gens, on ne devine pas leur caractère? En un mot, Monseigneur, le caractère de Frantz est-il tel que je le dis, oui ou non?

— Il est vrai... tel est son caractère.

— Et vous auriez la cruauté de lui imposer une existence qui lui serait insupportable, tandis qu'il trouve là... sous sa main... le bonheur de sa vie?

— Mais sachez donc que j'aime Frantz comme mon propre fils... et jamais je ne consentirai à me séparer de lui!

— Beau plaisir pour vous d'avoir sans cesse sous les yeux la figure navrée d'une pauvre créature dont vous aurez causé l'éternel malheur! D'ailleurs Antonine est orpheline; rien ne l'empêche d'accompagner Frantz : au lieu d'un enfant, vous en auriez deux. Combien alors la vue de ce bonheur toujours souriant et doux vous reposerait délicieusement de vos grandeurs, des adulations d'un entourage menteur et intéressé; avec quelle joie vous iriez vous rafraîchir le cœur et l'âme auprès de ces deux enfants qui vous chériraient de tout le bonheur qu'ils vous devraient!

— Tenez... laissez-moi... s'écria le prince de plus en plus ému. Je ne sais quelle inconcevable puissance ont vos paroles, mais je sens chanceler mes résolutions les plus arrêtées, je sens faiblir les idées de toute ma vie...

— Plaignez-vous donc de cela, Monseigneur. Tenez... entre nous... sans médire des princes... souvent ils font bien, je crois, de renoncer aux idées de toute leur vie, car, Dieu sait... ce que c'est que ces idées-là... Voyons, croyez-moi, cédez à l'impression qui vous domine... elle est bonne et généreuse...

— Eh! mon Dieu... sais-je seulement, à cette heure, distinguer le bien du mal?

— Interrogez pour cela, Monseigneur, la figure de ceux dont vous aurez assuré le bonheur; quand vous direz à l'un: Allez, pauvre exilé, allez revoir la patrie que vous pleurez... vos frères vous tendent leurs bras; et à l'autre : Mon enfant bien-aimé... sois heureux, épouse Antonine... Alors, regardez-les bien l'un et l'autre, Monseigneur... et si des larmes viennent mouiller leurs yeux... comme en ce moment elles mouillent les vôtres et les miens... soyez tranquille, Monseigneur... c'est le bien que vous aurez fait... et à ce bien... pour vous encourager... car votre émotion me touche... je vous promets d'accompagner Antonine en Allemagne...

— Il serait vrai! s'écria le prince éperdu, vous me le promettez?

— Il faut bien, Monseigneur, reprit Madeleine en souriant, vous donner le temps de me séduire...

— Eh bien!... quoi qu'il arrive... quoi que vous fassiez... car vous vous plaisez peut-être à vous jouer de moi, reprit le prince en se jetant aux genoux de Madeleine, je vous donne ma parole royale que je pardonne à l'exilé... que je...

L'archiduc fut brusquement interrompu par un bruit assez violent qui se fit tout à coup derrière la porte du salon, bruit que dominaient plusieurs voix paraissant échanger des paroles très-vives, entre autres celles-ci :

— Je vous dis, Monsieur, que vous n'entrerez pas.

L'archiduc se releva soudain, devint pâle de dépit et de colère, et dit à Madeleine, qui écoutait aussi avec surprise :

— Je vous en conjure... entrez dans la pièce voisine, il se passe ici quelque chose d'extraordinaire... Dans un instant, je vous rejoins.

A cet instant, un coup assez violent retentissait derrière la porte ; le prince ajouta, en allant ouvrir à Madeleine la pièce voisine :

— Entrez là, de grâce...

Puis refermant la porte, et voulant, dans sa colère, savoir la cause de ce bruit insolent et inaccoutumé, il sortit soudain du salon et vit M. Pascal, que deux aides de camp, très-émus, tâchaient de contenir.

XVII

A la vue de l'archiduc, les aides de camp s'écartèrent respectueusement, et M. Pascal, qui semblait hors de lui-même, s'écria :

— Mordieu ! Monseigneur, on accueille singulièrement les gens ici...

Le prince, se souvenant alors seulement du rendez-vous qu'il avait donné à M. Pascal, et craignant pour sa propre dignité quelque nouvelle incartade de ce brutal personnage, lui dit, en lui faisant signe de le suivre :

— Venez, Monsieur, venez.

Et, aux yeux des aides de camp silencieux, la porte se referma sur le prince et sur le financier.

— Maintenant, Monsieur, reprit l'archiduc blême de colère

et se contenant à peine, me direz-vous la cause d'un pareil scandale?

— Comment! Monseigneur, vous me donnez audience pour trois heures... je suis ponctuel; un quart d'heure se passe... personne; une demi-heure, personne; ma foi! je perds patience, et je prie un de vos officiers de venir vous rappeler que je vous attends. On me répond que vous êtes en audience. Je me remets à ronger mon frein... mais enfin, au bout d'une autre demi-heure, je déclare formellement à vos messieurs que, s'ils ne veulent pas venir vous avertir, je suis décidé à y aller moi-même.

— Ceci, Monsieur... est d'une audace!

— Comment! d'une audace! Ah çà! Monseigneur, est-ce moi qui ai besoin de vous, ou vous qui avez besoin de moi?

— Monsieur Pascal!..

— Est-ce moi qui suis venu à vous, Monseigneur? Est-ce moi qui vous ai demandé un service d'argent?

— Mais, Monsieur...

— Mais, Monseigneur, lorsque je consens à me déranger de mes affaires pour venir attendre dans votre antichambre, ce que je ne fais pour personne... il me semble que vous ne devez pas me laisser donner au diable pendant une heure, et justement à l'heure la plus intéressante de la Bourse, que j'aurai manquée aujourd'hui, grâce à vous, Monseigneur; désagrément qui ne m'empêchera pas de trouver fort étrange que vos aides de camp me repoussent, lorsque, sur le refus de m'annoncer, je prends le parti de m'annoncer moi-même...

— La discrétion... les plus simples convenances vous commandaient d'attendre... la fin de l'audience que je donnais, Monsieur...

— C'est possible, Monseigneur, mais malheureusement ma juste impatience m'a commandé tout le contraire de la *discrétion*, et franchement je croyais mériter un autre accueil en venant vous parler d'un service que vous m'aviez supplié de vous rendre.

Dans le premier moment de son dépit, de sa colère, encore exaltés par les grossièretés de M. Pascal, le prince avait oublié que la marquise de Miranda pouvait tout entendre de la pièce voisine où elle se trouvait; aussi, écrasé de honte et sentant alors le besoin d'apaiser la rude et fâcheuse humeur du personnage, qui ne s'était déjà que trop manifestée, le prince, se contraignant de toutes ses forces pour paraître calme, tâcha d'emmener M. Pascal, tout en causant avec lui, du côté de l'embrasure d'une des fenêtres, afin d'empêcher Madeleine d'entendre la suite de cet entretien.

— Vous savez, monsieur Pascal, reprit-il, que j'ai toujours été... très-tolérant pour les brusqueries de votre caractère... Il en sera cette fois encore ainsi.

— Vous êtes, en vérité, trop bon, Monseigneur, répondit M. Pascal avec ironie, mais c'est que, voyez-vous, chacun a souvent ses petites contrariétés... et, en ce moment, j'en ai de grandes... ce qui fait que je ne possède pas tout à fait la mansuétude d'un agneau.

— Cette excuse... ou plutôt cette explication me suffit et m'explique tout, monsieur Pascal, répondit le prince, dominé par le besoin qu'il avait des services du financier. La contrariété, je le sais, aigrit souvent les caractères les plus faciles; ne parlons donc plus du passé... Vous m'avez demandé d'avancer de deux jours le rendez-vous que nous avions pris pour terminer notre affaire... j'espère que vous m'apportez une réponse satisfaisante.

— Je vous apporte un Oui bien complet, Monseigneur, répondit notre homme en s'adoucissant, et il tira un portefeuille de sa poche; de plus, pour corroborer ce oui, voici un bon sur la banque de France, pour toucher le dixième de la somme, et cet engagement de moi pour le restant de l'emprunt.

— Ah! mon cher monsieur Pascal! s'écria le prince radieux, vous êtes un homme... un homme d'or.

— *Un homme d'or !* C'est le mot, Monseigneur; voilà, sans doute, la cause de votre penchant pour moi...

Le prince ne releva pas ce sarcasme; tout heureux de cette journée qui semblait combler ses vœux les plus divers, et très-impatient de congédier le financier afin d'aller retrouver Madeleine, il reprit :

— Puisque tout est convenu, mon cher monsieur Pascal, échangeons seulement nos signatures... et, demain matin ou après... à votre heure, nous nous entendrons pour régulariser complétement l'affaire.

— Je comprends, Monseigneur : une fois l'argent et la signature en poche, le plus vif besoin de votre cœur est de vous débarrasser au plus tôt de votre très-humble serviteur Pascal! Et demain, vous l'adresserez à quelque subalterne chargé de vos pouvoirs et de régulariser l'affaire.

— Monsieur!

— Bon! Monseigneur, est-ce que ce n'est pas la marche naturelle des choses? Avant le prêt on est un bon génie... *un demi ou un trois quarts de Dieu...* une fois l'argent prêté, on est un juif, un arabe... Je connais ceci, c'est le revers de la médaille; ne vous hâtez donc pas tant, Monseigneur, de retourner ladite médaille.

— Enfin, Monsieur, expliquez-vous?

— Tout de suite, Monseigneur, car je suis pressé... L'argent est là, ma signature est là, ajouta-t-il en frappant sur le portefeuille, l'affaire est conclue à une condition...

— Encore des conditions?..

— Chacun, Monseigneur, fait ses petites affaires comme il l'entend. Ma condition d'ailleurs est bien simple.

— Voyons, Monsieur, terminons...

— Hier, je vous ai fait remarquer dans le jardin, où il se promenait, un beau jeune homme blond... qui demeure ici... m'avez-vous dit?

— Sans doute... c'est le comte Frantz, mon filleul.

— On ne peut certes voir un plus joli garçon, je vous l'ai dit... Or donc, étant le parrain de ce joli garçon, vous devez avoir, n'est-ce pas, quelque influence sur lui?

— Où voulez-vous en venir, Monsieur?

— Monseigneur, dans l'intérêt de votre cher filleul, je vous dirai en confidence que je crois l'air de Paris... mauvais pour lui.

— Comment?

— Oui, et vous feriez sagement de le renvoyer en Allemagne; sa santé y gagnerait beaucoup, Monseigneur... beaucoup, beaucoup.

— Est-ce une plaisanterie, Monsieur?

— Cela est si sérieux, Monseigneur, que l'unique condition que je mette à la conclusion de notre affaire est celle-ci : Vous ferez partir votre filleul pour l'Allemagne dans les vingt-quatre heures au plus tard.

— En vérité, Monsieur... je ne puis revenir de ma surprise.

Quel intérêt avez-vous au départ de Frantz?... C'est inexplicable.

— Je vais m'expliquer, Monseigneur, et, pour vous faire bien comprendre l'intérêt que j'ai à ce départ, il faut que je vous fasse une confidence; cela me permettra de mieux préciser encore ce que j'attends de vous. Or donc, Monseigneur, tel que vous me voyez, je suis amoureux fou... Eh! mon Dieu! oui... amoureux fou... cela vous paraît drôle... et à moi aussi... mais enfin cela est... Je suis donc amoureux fou d'une jeune fille appelée mademoiselle Antonine Hubert, votre voisine...

— Vous... Monsieur?.. s'écria le prince abasourdi, vous?..

— Certainement, moi! moi, Pascal! et pourquoi donc pas, Monseigneur? *L'amour est de tout âge,* dit la chanson. Seulement, comme il est aussi de l'âge de votre filleul, M. Frantz, il s'est mis le plus innocemment du monde à aimer mademoiselle Antonine... celle-ci, non moins innocemment, a payé de retour ce joli garçon; ce qui me place, vous le voyez, dans une position fort désobligeante; heureusement, de cette position vous pouvez parfaitement m'aider à sortir, Monseigneur.

— Moi ?

— Oui, Monseigneur; voici comme : faites partir M. Frantz à l'instant, garantissez-moi, et c'est facile, qu'il ne remettra pas les pieds en France avant plusieurs années; le reste me regarde...

— Mais vous n'y songez pas, Monsieur... Si cette jeune personne aime Frantz...

— Le reste me regarde, vous dis-je, Monseigneur; le président Hubert n'a pas deux jours à vivre, mes batteries sont prêtes; la petite sera forcée d'aller vivre avec une vieille parente horriblement avaricieuse et cupide; une centaine de mille francs me répondront de cette mégère, et une fois qu'elle tiendra la petite entre ses griffes, je jure Dieu qu'il faudra bien qu'Antonine devienne bon gré mal gré *madame Pascal,* et encore il n'y aura pas besoin de la violenter. Allez, Monseigneur, toutes les amourettes de quinze ans ne tiennent pas contre l'envie de devenir, je ne dirai pas *madame l'archiduchesse,* mais *madame l'archimillionnaire.* Maintenant, Monseigneur, vous le voyez, j'ai franchement joué cartes sur table: n'ayant aucun intérêt à agir autrement, il doit vous importer peu ou point que votre filleul épouse une petite fille qui n'a pas le sou. La condition que je vous pose est des plus faciles à remplir... Encore une fois, est-ce oui? est-ce non?

Le prince était atterré, bien moins des projets de M. Pascal et de son odieux cynisme, que de la cruelle alternative où le plaçait la condition imposée par le financier.

Ordonner le départ de Frantz et s'opposer à son mariage avec Antonine, c'était perdre Madeleine; refuser la condition posée par M. Pascal, c'était renoncer à un emprunt qui lui permettait d'accomplir des projets d'ambitieux agrandissements.

Au milieu de cette lutte de deux passions violentes, le prince, en vrai prince qu'il était, se souvint qu'il avait seulement engagé sa parole à Madeleine pour la grâce de l'exilé... le tumulte causé par l'emportement de M. Pascal ayant interrompu le prince au moment où il allait aussi jurer à Madeleine de consentir au mariage de Frantz.

Malgré la facilité que lui laissait cette échappatoire, l'archiduc sentit surtout à ce moment combien était déjà puissante sur lui l'influence de la marquise, car, la veille, le matin même, il n'eût pas hésité un instant à sacrifier Frantz à son ambition.

L'hésitation et la perplexité du prince frappaient M. Pascal d'une surprise croissante; il n'avait pas cru que sa demande au sujet de Frantz pût faire seulement question; néanmoins, pour peser sur la détermination du prince en lui remettant sous les yeux les conséquences de son refus, il rompit le premier le silence et dit :

— En vérité, Monseigneur, votre hésitation n'est pas concevable! Comment! par condescendance, par faiblesse pour une amourette d'écolier, vous renonceriez à la certitude d'acquérir une couronne? Car, après tout, le duché dont on vous offre la cession est souverain et indépendant... Cette cession, mon emprunt seul peut vous mettre à même de l'accepter... ce qui, soit dit en passant, n'est pas peu flatteur pour le bonhomme Pascal... Car enfin... de par l'empire... de son petit boursicot, il peut faire ou ne pas faire des souverains; il peut ou permettre ou empêcher ce joli commerce où se vendent, se revendent, se cèdent et se rétrocèdent ces jobards de peuples, ni plus ni moins que si c'était un parc de bœufs ou de moutons... Mais cela ne me regarde point... Je suis peu politique ; mais vous qui l'êtes, Monseigneur, je ne comprends pas votre hésitation. Encore une fois, est-ce oui ? est-ce non ?

— C'est non... dit Madeleine en sortant soudain de la pièce voisine, d'où elle avait entendu la conversation précédente, malgré les précautions du prince.

XVIII

L'archiduc, à l'apparition inattendue de la marquise de Miranda, partagea la surprise de M. Pascal; celui-ci jeta d'abord des regards ébahis sur Madeleine, la croyant commensale du palais, car elle avait ôté son chapeau, et sa beauté singulière rayonnait dans toute sa splendeur. L'ombre jusqu'alors portée par la passe de son chapeau, qui cachait en partie le front et les joues, avait disparu, et la vive lumière du grand jour, faisant valoir encore la trasparente pureté du teint pâle et brun de Madeleine, dorait les boucles légères de sa magnifique chevelure blonde, et donnait à l'azur de ses grands yeux aux longs sourcils noirs cette étincelante limpidité que donne au bleu d'une mer tranquille le rayon de soleil qui la pénètre.

Madeleine, la joue légèrement colorée par l'indignation que lui causait l'odieux projet de M. Pascal, le regard animé, les narines frémissantes, la tête fièrement redressée sur son cou élégant et souple, Madeleine s'avança donc au milieu du salon, et répéta en s'adressant au financier :

— Non... le prince n'acceptera pas la condition que vous avez l'audace de lui imposer, Monsieur.

— Madame... balbutia M. Pascal en sentant son effronterie

habituelle l'abandonner, et se reculant à la fois troublé, intimidé, charmé, Madame... je ne sais... qui vous êtes... je ne sais de quel droit vous...

— Allons, Monseigneur, reprit la marquise en s'adressant à l'archiduc, reprenez donc votre dignité... non de prince, mais d'homme ; accueillez donc avec le mépris qu'elle mérite l'humiliante condition que l'on vous impose... A quel prix, grand Dieu! achèteriez-vous un accroissement de pouvoir? Comment! vous auriez le courage de ramasser votre couronne souveraine aux pieds de cet homme? Mais elle souillerait votre front! mais un homme de cœur, dans la plus humble des conditions, n'aurait pas toléré la millième partie des outrages que vous venez de dévorer... Monseigneur! Et vous êtes prince? et vous êtes fier? et vous êtes de ceux qui se croient d'une race supérieure au vulgaire? Ainsi, pour vos plats courtisans, pour vos bas adulateurs, pour vos peuples intimidés, vous n'aurez que hauteur, et devant un... monsieur Pascal vous abaisserez votre orgueil souverain?... Voilà donc la puissance de l'argent! ajouta Madeleine avec une exaltation croissante en coupant la parole au financier d'un geste de dédain écrasant; voilà donc devant qui l'on s'incline! Merci-Dieu!!! voilà donc aujourd'hui les rois des rois!... Songez-y donc, prince, ce qui fait l'empire et l'impudence de cet homme, c'est votre ambition... Allons, Monseigneur, au lieu d'acheter par un honteux abaissement le hochet fragile d'un rang souverain... renoncez à cette pauvre vanité... reprenez vos droits d'homme de cœur, et vous pourrez ignominieusement chasser cet homme, qui vous traite plus insolemment que vous n'avez jamais traité le dernier de vos pauvres vassaux.

M. Pascal, depuis son avénement à la fortune, s'était habitué à une domination despotique et aux déférences craintives de ceux dont il tenait le sort entre ses mains; que l'on juge de son saisissement, de sa rage, en s'entendant ainsi apostropher par Madeleine... la femme, sinon la plus belle, du moins la plus attrayante qu'il eût jamais rencontrée... Que l'on songe à son exaspération en pensant qu'il lui faudrait sans doute renoncer à l'espoir d'épouser Antonine, et perdre le bénéfice de l'emprunt *ducal,* excellente affaire selon lui; aussi s'écria-t-il d'un air menaçant :

— Madame... prenez garde... ce pouvoir de l'argent que

vous traitez si indignement, peut mettre bien des ressources au service de sa vengeance... prenez garde !

— Merci-Dieu !!! la menace est bonne, et elle m'épouvante beaucoup ! reprit Madeleine avec un éclat de rire sardonique, et en arrêtant d'un geste le prince qui fit vivement un pas vers M. Pascal. Votre pouvoir est grand, dites-vous, monsieur du coffre-fort ! c'est vrai, c'est un pouvoir immense que celui de l'argent... j'ai vu, à Francfort, un bon petit vieil homme qui a dit, en 1830, à deux ou trois grands rois furibonds : « Vous voulez faire la guerre à la France, *cela ne me convient pas ;* or, ni moi ni ma famille ne vous donnerons d'argent pour payer vos troupes. » Et il n'y a pas eu de guerre... Ce bon vieil homme, cent fois plus riche que vous, monsieur Pascal, habite l'humble maison de son père, et vit de peu, tandis que son nom bienfaisant est inscrit sur vingt splendides monuments d'utilité publique. On l'appelle le *roi des peuples*, et son nom est autant de fois béni que le vôtre est honni ou sifflé, monsieur Pascal ! Car votre réputation de *loyal* et *honnête* homme est aussi bien établie à l'étranger qu'en France. Certainement, oh ! vous êtes connu... monsieur Pascal... trop connu, car vous n'imaginez pas comme on apprécie votre délicatesse, votre scrupuleuse probité !.. Ce qui est surtout l'objet de la considération universelle, c'est la manière honorable dont vous avez gagné, augmenté votre immense fortune... Tout cela vous a fait une réputation très-retentissante, monsieur Pascal, et je suis heureuse de pouvoir vous l'affirmer dans cette circonstance.

— Madame, reprit M. Pascal avec un calme glacial plus effrayant que la colère, vous savez bien des choses, mais vous ignorez quel est l'homme que vous irritez. Vous ignorez ce qu'il peut... cet homme du coffre-fort, comme vous dites.

Le prince fit un nouveau geste de menace que Madeleine contint encore ; puis elle reprit en haussant les épaules :

— Ce que je sais, monsieur Pascal, c'est que, malgré votre audace, votre impudence, votre coffre-fort, vous n'épouserez pas mademoiselle Antonine Hubert, qui demain sera fiancée à Frantz de Neuberg, ainsi que Monseigneur va vous en donner l'assurance.

Et la marquise, sans attendre la réponse de M. Pascal, lui fit un demi-salut ironique et rentra dans la pièce voisine.

Entraîné par la généreuse indignation des paroles de Madeleine, de plus en plus subjugué par sa beauté qui venait de lui apparaître sous un jour tout nouveau, l'archiduc sentant se raviver dans son cœur toutes les rancunes, toutes les colères amassées par les insolences de Pascal, éprouvait la joie de l'esclave libre enfin d'un joug détesté. A la voix chaleureuse de la jeune femme, la mauvaise âme de ce prince, durcie par l'orgueil de race, glacée par l'atmosphère de morne adulation où il avait jusqu'alors vécu, eut du moins quelques nobles palpitations; et la rougeur de la honte couvrit enfin le front de ce hautain personnage, en mesurant à quel degré d'abaissement il était descendu devant M. Pascal.

Celui-ci, n'étant plus intimidé, troublé, par la présence de la marquise, sentit renaître son audace, et, s'adressant brusquement au prince, il lui dit avec son habitude d'ironie brutale, à laquelle se mêlait la haineuse jalousie de voir à l'archiduc une si belle maîtresse (du moins telle était la croyance de M. Pascal):

— Morbleu! je ne m'étonne plus, Monseigneur, d'avoir si longtemps fait le pied de grue dans votre antichambre. Vous étiez, je le vois, en bonne et belle compagnie... Je suis un fin connaisseur, et vous fais mon compliment; mais des hommes comme nous ne se laissent pas mener par un cotillon; or, je crois que vous connaissez trop vos intérêts pour renoncer à notre emprunt et prendre au sérieux les paroles que vous venez d'entendre, et que je n'oublierai pas... moi... car, j'en suis fâché pour vous, Monseigneur, ajouta M. Pascal dont la rage redoublait l'effronterie, mais, malgré ses beaux yeux, il faudra que je me venge des outrages de cette trop adorable personne...

— Monsieur Pascal, dit le prince triomphant de pouvoir enfin se venger, monsieur Pascal! et du geste il lui montra la porte, sortez d'ici... et n'y remettez jamais les pieds...

— Monseigneur... ces paroles...

— Monsieur Pascal, reprit le prince d'une voix plus élevée en allongeant la main vers le cordon d'une sonnette, sortez d'ici... à l'instant, ou je vous fais jeter dehors...

Il y a ordinairement tant de lâcheté dans l'insolence, tant de bassesse dans la cupidité, que M. Pascal, atterré de voir ses espérances lui échapper, et de perdre aussi les bénéfices de l'emprunt, se repentant, mais trop tard, de sa grossièreté, devint aussi abject qu'il avait jusqu'alors été arrogant, et dit au prince d'une voix piteuse :

— Monseigneur... je plaisantais; je croyais que Votre Altesse, en daignant me laisser mon franc-parler, s'amusait de mes boutades. Voilà pourquoi je me permettais tant de choses incongrues... Votre Altesse peut-elle penser que j'ose conserver le moindre ressentiment des plaisanteries que cette charmante dame m'a adressées?... Je suis trop galant, trop *chevalier français* pour cela; je demanderai même à Votre Altesse, dans le cas où, comme je l'espère, notre emprunt aurait toujours lieu, d'offrir à cette respectable dame ce que nous autres hommes du *coffre-fort*, comme elle le disait si gaiement tout à l'heure, nous appelons des épingles, pour sa toilette... quelques rouleaux de mille louis ; les dames ont toujours de petites emplettes à faire... et...

— Monsieur Pascal, dit le prince, qui jouissait de cette humiliation qu'il n'avait pas eu le courage d'infliger à M. Pascal, vous êtes un misérable drôle... sortez...

— Ah çà ! Monseigneur, est-ce sérieusement que vous me traitez ainsi? s'écria M. Pascal.

Le prince, sans répondre, sonna vivement; un aide de camp entra.

— Vous voyez bien Monsieur, dit l'archiduc à l'officier en indiquant du geste M. Pascal. Regardez-le !

— Oui, Monseigneur.

— Savez-vous son nom ?

— Oui, Monseigneur : c'est monsieur Pascal.

— Vous le reconnaîtrez bien ?

— Parfaitement, Monseigneur.

— Eh bien ! conduisez cet homme jusqu'à la porte du vestibule, et s'il avait jamais l'impudence de se présenter ici, chassez-le honteusement.

— Nous n'y manquerons pas, Monseigneur, répondit l'aide de camp, qui, ainsi que ses camarades, avait eu sa part des insolences de M. Pascal.

Notre homme, voyant la ruine de ses espérances, et n'ayant plus rien à ménager, retrouva son audace, redressa la tête et dit au prince, qui, suffisamment vengé, avait hâte d'aller rejoindre Madeleine dans la chambre voisine :

— Tenez, monsieur l'archiduc, notre courage et notre bassesse à tous les deux sont de la *même farine* : l'autre jour j'étais fort de votre lâcheté, comme tout à l'heure vous avez été fort de la mienne... La seule personne vaillante ici, c'est cette damnée femme... aux sourcils noirs et aux cheveux blonds... mais je me vengerai d'elle et de vous!

Le prince, irrité de se voir ainsi traité devant un de ses subalternes, devint pourpre et frappa du pied avec fureur.

— Sortirez-vous, Monsieur! s'écria l'officier en mettant la main à la garde de son épée, et menaçant M. Pascal; hors d'ici, ou sinon...

— Tout beau... monsieur le batailleur, répondit froidement M. Pascal en se retirant, tout beau! on ne sabre personne ici, voyez-vous!... et nous sommes en France, voyez-vous!... et nous avons, voyez-vous! de bons petits commissaires de police pour recevoir la plainte des honnêtes citoyens que l'on violente...

M. Pascal sortit du palais le cœur noyé de fiel, rongé de haine, crevant de rage ; il songeait à sa cupidité déçue, à son amour déçu, et il ne pouvait chasser de sa pensée l'ardente et pâle figure de Madeleine, qui, loin de lui faire oublier la candeur virginale de la beauté d'Antonine, semblait la rendre plus présente encore à son souvenir, car ces deux types, à la fois si parfaits et si dissemblables, se faisaient valoir par leur contraste même.

— L'homme est un animal bizarre... Je me sens des instincts de tigre, se disait M. Pascal en suivant à pas lents la rue du Faubourg-Saint-Honoré les deux mains plongées dans les goussets de son pantalon. Non, ajouta-t-il en marchant la tête baissée et les yeux machinalement fixés sur le pavé, non... il ne faut pas dire cela... de peur de rendre moins cruelle, moins amère à ceux qui la ressentent, l'envie qu'ils nous portent, à nous autres millionnaires... car heureusement nos envieux souffrent comme des damnés de toutes les joies qu'ils nous supposent... Mais enfin, c'est un fait : me voici, moi, à cette heure... ayant dans ma caisse de quoi me rassasier de toutes les jouissances, permises et défendues, qu'il soit donné à l'homme de rêver... je suis jeune encore, je ne suis pas sot, je suis plein de vigueur et de santé, libre comme l'oiseau... la terre est à moi... je puis me rassasier de

ce qu'elle offre de plus exquis dans tous les pays, je puis mener une vie de sybarite à Paris, à Londres, à Vienne, à Naples ou à Constantinople; j'ai pu être prince, duc ou marquis, et chamarré de cordons; je puis avoir ce soir à mon coucher les actrices les plus belles et les plus enviées de Paris, je puis avoir chaque jour un festin de Lucullus... me faire traîner par les plus beaux chevaux de Paris; je peux encore, dans un mois, en prenant un hôtel splendide, comme tant d'autres fripons ou imbéciles, réunir chez moi l'élite de Paris, de l'Europe : ce *quasi-roi* que j'ai failli sacrer avec la sainte ampoule de la Banque de France, cet *archiduc* que je quitte m'a léché les pieds... Eh bien ! ma parole d'honneur ! ajouta mentalement M. Pascal en grinçant des dents, je gage que personne au monde ne souffre autant que moi en ce moment. J'étais dans le paradis lorsque, homme de peine, je décrottais les souliers de mon vieux coquin d'usurier de province. Heureusement que, pour ne pas mâcher à vide... je peux toujours, en attendant de meilleurs morceaux, *manger un peu* de Dutertre... Courons chez mon huissier. . . . .
. . . .

L'archiduc, après le départ du financier, se hâta, nous l'avons dit, d'aller retrouver la marquise de Miranda; mais, à son grand étonnement, il ne la retrouva pas dans la pièce où elle était entrée.

Cette pièce n'ayant d'autre issue que dans le salon de service, le prince demanda aux aides de camp s'ils avaient vu passer la personne à qui il avait donné audience. Il lui fut répondu que cette dame était sortie du salon, et avait quitté le palais peu de temps avant le départ de M. Pascal.

Madeleine, en effet, s'était éloignée, quoiqu'elle eût d'abord résolu d'attendre le prince jusqu'à la fin de son entretien avec M. Pascal.

Voici pourquoi la marquise avait pris le parti contraire :

Elle rentrait dans le salon, après avoir traité M. Pascal comme il méritait de l'être, lorsque, jetant par hasard les yeux dans le jardin, elle aperçut Frantz, qui avait sollicité la grâce de faire avant son départ quelques tours de parc, accompagné du major Butler. A la vue de Frantz, Madeleine resta pétrifiée.

Elle reconnut son *blond archange*, l'objet de cette idéale et unique passion dont elle avait fait l'aveu à Sophie Dutertre.

8

XIX

Madeleine ne douta pas un moment que le héros du duel dont elle avait été le témoin invisible, que son blond archange, qu'en un mot l'idéal de sa passion... et Frantz, l'objet de la passion d'Antonine, ne fussent qu'un même personnage.

A cette brusque découverte, la marquise ressentit une commotion profonde. Jusqu'alors, cet amour, entouré de mystère et d'inconnu, cet amour vague et charmant comme le souvenir d'un doux rêve, avait suffi à remplir son cœur au milieu des agitations de sa vie, rendue si bizarre par le calme de ses sens glacés, comparés aux folles ardeurs qu'involontairement elle inspirait sans les ressentir.

Jamais Madeleine n'avait pensé que son idéal pût partager l'amour d'une autre femme, ou plutôt jamais sa pensée ne s'était arrêtée sur ce doute; pour elle, son radieux archange était muni de belles ailes blanches qui devaient le ravir à tous les yeux dans les plaines infinies de l'Éther... Sans cesse assaillie de sollicitations très-peu *platoniques*, elle éprouvait une joie, un délassement moral, ineffable, à s'élever parmi les régions immatérielles, où ses yeux éblouis et charmés voyaient planer son idéal.

Mais soudain la réalité avait coupé les ailes de l'archange, et, déchu de sa sphère céleste, il n'était plus qu'un beau jeune homme épris d'une jolie fille de quinze ans, qui l'adorait aussi...

A cette découverte, Madeleine éprouva d'abord une sorte de tristesse ou plutôt de mélancolie douce, semblable à celle qui suit le réveil d'un songe enchanteur ; car, pour éprouver les tortures de la jalousie, il faut aimer charnellement. Madeleine ne pouvait donc pas être jalouse d'Antonine. Enfin, si Frantz avait presque toujours occupé la pensée de Madeleine, il n'avait eu aucune part dans sa vie ; il ne s'agissait donc pas pour elle de rompre ces mille liens que l'habitude, la sympathie, la confiance rendent si chers ; cependant, elle se sentit bientôt en proie à une inquiétude croissante, à de pénibles pressentiments, dont elle ne se rendait pas compte. Soudain elle tressaillit et dit :

— Si la fatalité voulait que ce charme étrange que j'exerce sur presque tous ceux qui m'approchent agît aussi sur Frantz ; si, cette impression... j'allais la partager en la voyant vivement ressentie par le seul homme qui ait jusqu'ici occupé mon cœur et ma pensée ?

Puis, tâchant de se rassurer en faisant appel à son *humilité*, Madeleine se dit :

— Mais non... Frantz aime trop Antonine, c'est son premier amour ; la candeur, la sincérité de cet amour le sauvegarderont. Il aura pour moi cette froideur que j'éprouve pour tous... Oui... et pourtant, qui me dit que mon orgueil, que mon amour peut-être, ne se révolteront pas de la froideur de Frantz ? Qui me dit qu'oubliant les devoirs d'une amitié sainte, presque maternelle, pour Antonine... je n'userai pas de toutes les ressources de l'esprit et de la séduction pour vaincre l'indifférence de Frantz ? Oh ! non, ce serait odieux... et puis, je m'abuse... encore une fois, Frantz aime trop Antonine... Hélas ! le mari de Sophie l'aime tendrement aussi... et je crains que...

Ces réflexions de la marquise avaient été interrompues par les éclats de voix de l'archiduc, qui ordonnait à Pascal de sortir ; prêtant alors l'oreille à cette discussion, elle s'était dit :

— Après avoir mis cet homme à la porte, le prince va venir ; occupons-nous du plus pressé...

Tirant alors de sa poche un agenda, la marquise détacha l'un de ses feuillets et traça quelques lignes au crayon, plia le papier et le ferma au moyen d'une épingle. Après avoir écrit sur l'adresse : *Pour le prince*, elle posa ce billet, bien en évidence, sur une table de marbre placée au milieu du salon, remit son chapeau et sortit, nous l'avons dit, peu de temps avant le départ de M. Pascal.

Pendant que l'archiduc, stupéfait et désolé de ne pas trouver la marquise, ouvrait avec une angoisse inexprimable le billet laissé par elle, celle-ci se rendait chez Antonine, où Sophie Dutertre devait se trouver aussi.

A son arrivée chez le président Hubert, introduite dans un modeste salon, la marquise y fut reçue par Sophie Dutertre, qui, courant à elle, lui dit avec anxiété.

— Eh bien! Madeleine, tu as vu le prince?

— Oui; et j'ai bon espoir.

— Il serait possible?...

— Possible, oui, ma chère Sophie; mais voilà tout. Je ne veux pas causer de folle espérance à cette pauvre enfant. Où est-elle?

— Auprès de son oncle. Heureusement la crise de ce matin paraît avoir des résultats de plus en plus satisfaisants. Le médecin vient de dire que, si ce mieux continue, M. Hubert sera peut-être ce soir hors de danger.

— Dis-moi, Sophie, crois-tu que M. Hubert soit en état de recevoir une visite?

— De qui?

— D'un certain personnage. Je ne puis maintenant t'en dire plus.

— Je crois que oui; car un des amis de M. Hubert sort d'ici. Seulement, le médecin lui avait recommandé de ne pas rester trop longtemps, afin de ne pas fatiguer le malade.

— C'est à merveille. Et Antonine, pauvre petite! elle doit être dans une inquiétude mortelle.

— Pauvre chère enfant! elle fait pitié... C'est une douleur si naïve et à la fois si douce et si désespérée, que j'en ai le cœur navré... Tiens, Madeleine... je suis sûre qu'elle mourrait de chagrin s'il lui fallait renoncer à Frantz... Ah!... mieux vaut la mort que certaines souffrances, ajouta Sophie avec un accent si profondément triste que les larmes lui coulèrent des yeux; puis, les essuyant, elle ajouta : Oui, mais quand on a des enfants... il faut vivre...

Madeleine fut si frappée de l'accent de madame Dutertre, de sa pâleur qu'elle n'avait pas remarquée, des pleurs qu'elle lui voyait verser, qu'elle lui dit :

— Mon Dieu! Sophie... qu'as-tu donc? pourquoi ces pénibles paroles? pourquoi ces larmes?... Hier, je t'avais laissée calme, heureuse, sauf, m'as-tu dit, quelques préoccupations causées par les affaires de ton mari! Y a-t-il aujourd'hui quelque chose de nouveau ?

— Non... je ne... le pense pas, répondit madame Dutertre avec hésitation. Mais, depuis hier... ce sont moins les préoccupations d'affaires de mon mari... qui m'inquiètent, que...

— Achève...

— Non, non, je suis folle... reprit madame Dutertre en se contraignant et semblant refouler quelques paroles prêtes à lui échapper, ne parlons pas de moi, parlons d'Antonine; je suis si émue du désespoir de cette pauvre enfant... qu'on dirait que ses peines sont les miennes...

— Sophie... tu ne me dis pas la vérité!

— Je t'assure...

— Je te trouve pâle... changée... Oui... depuis hier... tu as souffert, beaucoup souffert, j'en suis sûre.

— Mais non... reprit la jeune femme, mettant son mouchoir sur ses yeux, tu te trompes...

— Sophie... dit vivement Madeleine en prenant entre les siennes les mains de son amie, tu ne sais pas combien ton manque de confiance m'afflige; tu me ferais croire que tu as à te plaindre de moi...

— Que dis-tu? s'écria Sophie désolée de ce soupçon, tu es... tu seras toujours ma meilleure amie, et si je ne craignais de te fatiguer de mes doléances...

— Ah! encore? reprit la marquise d'un ton d'affectueux reproche.

— Pardon... pardon, Madeleine; mais, en vérité, ne suffit-il pas de confier à ses amis des peines réelles, sans les attrister encore par l'aveu de pressentiments vagues, mais souvent bien douloureux pourtant?

— Voyons, Sophie, ma chère Sophie, ces pressentiments?

— Depuis hier... mais, encore une fois... non, non... je vais te paraître folle.

— Tu me paraîtras folle... soit... mais parle, je t'en conjure.

— Eh bien! il me semble que, depuis hier, mon mari est sous l'empire de je ne sais quelle idée fixe... qui l'absorbe.

— Des préoccupations d'affaires, peut-être?

— Non... oh! non... il a autre chose, et c'est cela qui me confond... et m'alarme.

— Qu'as-tu donc remarqué?

— Hier, après ton départ, il avait été convenu qu'il ferait deux démarches d'une grande importance pour nous... Voyant l'heure s'écouler, je suis allée dans notre chambre, où il s'était rendu pour s'habiller. Je l'ai trouvé encore avec ses vêtements de travail, assis devant une table, son front appuyé sur sa main; il ne m'avait pas entendue entrer. « Charles, lui dis-je, mais tu oublies l'heure; tu as à sortir. — Pourquoi sortir? me demanda-t-il. — Mais, mon Dieu! pour deux démarches très-urgentes, pour tes affaires... (et je les lui rappelai). — Tu as raison, me dit-il, je n'y pensais plus. — Mais quoi songeais-tu donc, Charles? lui ai-je demandé. Il a rougi, a paru embarrassé, et ne m'a rien répondu.

— Peut-être a-t-il un projet, une résolution qu'il médite et qu'il ne croit pas encore devoir te confier.

— C'est possible... et pourtant jamais il ne m'a rien caché, même ses projets les plus vagues. Non... non... ce ne sont pas ses affaires qui le préoccupent; car, hier soir, au lieu de causer avec son père et moi d'un état de choses qui, je dois te l'avouer, Madeleine, est plus grave que je ne te l'ai dit, Charles nous a entretenus de choses tout à fait étrangères à ce qui devait le préoccuper... Et... là... seulement, je n'ai pas eu le courage de le blâmer, car il nous a surtout parlé de toi.

— De moi?.. Et... qu'a-t-il dit?

— Que tu avais été pour lui remplie de bienveillance, hier matin; puis il m'a demandé mille détails sur toi, sur ton enfance, sur ta vie; je lui ai répondu avec bonheur, comme bien tu penses, Madeleine; et puis, soudain il est retombé dans un morne silence, dans une sorte de méditation si profonde, que rien n'a pu l'en tirer, pas même les caresses de nos enfants.

A ce moment, le vieux domestique de M. Hubert, qui était connu de madame Dutertre, entra d'un air surpris, affairé, et dit à Sophie :

— Madame, mademoiselle Antonine est auprès de Monsieur, sans doute?

— Oui, Pierre; qu'y a-t-il?

— Mon Dieu! Madame... ça m'a très-étonné, et je n'ai su que répondre.

— Voyons, Pierre, expliquez-vous.

— Voici, Madame. Il y a là un officier étranger... probablement un de ceux de la suite du prince qui habite maintenant l'Élysée.

— Ensuite ?

— Cet officier a une lettre qu'il veut remettre lui-même, dit-il, entre les mains de M. le président, qui devra donner une réponse... J'ai eu beau dire à cet officier que Monsieur était bien malade, il m'a assuré qu'il s'agissait d'une chose très-importante et très-pressée, et qu'il venait de la part de Son Altesse qui occupe l'Élysée ; alors, Madame, dans mon embarras, je viens vous demander qu'est-ce qu'il faut faire.

Madame Dutertre, oubliant ses chagrins, se tourna vers Madeleine, et lui dit vivement et avec joie :

— Ton espoir ne t'avait pas trompée... Cette lettre du prince... c'est son consentement peut-être à ce mariage... Pauvre Antonine... va-t-elle être heureuse !..

— Ne nous hâtons pas trop de nous réjouir, chère Sophie... Attendons... mais, si tu m'en crois, va trouver cet officier, un aide de camp du prince, sans doute... Dis-lui que M. Hubert, quoique éprouvant un peu de mieux, ne peut cependant le recevoir ; tu prieras l'officier de te confier la lettre, en l'assurant que tu vas la faire remettre à M. Hubert, qui donnera une réponse.

— Tu as raison, Madeleine... Venez, Pierre, dit Sophie en sortant accompagnée du vieux domestique.

— Je ne m'étais pas trompée, dit la marquise restée seule. Ces regards de M. Dutertre... En vérité, cela est fatal... Mais, je l'espère, ajouta-t-elle en souriant à demi, dans l'intérêt de Sophie et de son mari, je saurai tirer bon parti de cette infidélité vénielle.

Puis, en suite d'un moment de réflexion, Madeleine ajouta :

— Le prince est d'une ponctualité rare... Puisse-t-il également avoir égard à l'autre recommandation contenue dans mon billet au crayon !

Antonine sortit alors de la chambre de son oncle. A la vue de la marquise, la pauvre enfant n'osa faire un pas. Elle resta immobile, muette, tremblante, attendant son sort avec une angoisse mortelle, car Madeleine lui avait promis le matin même d'intercéder auprès du prince.

Sophie, alors, tenant à la main la lettre que l'aide de camp venait de lui remettre, elle la donna à Antonine en lui disant :

— Tiens, mon enfant, porte cette lettre tout de suite à ton oncle... C'est très-pressé... très-important... il te donnera la réponse... et je la transmettrai à la personne qui attend...

Antonine prit la lettre des mains de madame Dutertre et jeta un regard de curiosité inquiète sur ses deux amies, qui échangeaient un regard d'intelligence et d'espoir contenu; leur physionomie frappa tellement Antonine, que, s'adressant tour à tour aux deux jeunes femmes, elle leur dit:

— Sophie... Madeleine, qu'y a-t-il? Vous vous regardez en silence..... et cette lettre...... Que se passe-t-il donc? mon Dieu!

— Va vite, mon enfant, dit Madeleine, tu nous retrouveras ici.

Antonine, de plus en plus troublée, rentra précipitamment chez son oncle; madame Dutertre, voyant la marquise baisser la tête et rester silencieuse et pensive, lui dit:

— Madeleine... qu'as-tu donc!

— Rien... mon amie... Je songe au bonheur de cette pauvre Antonine, si mes espérances ne me trompent pas...

— Ah! ce bonheur... c'est à toi qu'elle le devra... Avec quelle ivresse elle et M. Frantz te rendront grâces!.. N'auras-tu pas été leur Providence?

Au nom de Frantz, Madeleine tressaillit, rougit légèrement, et un nuage passa sur son front. Sophie n'eut pas le temps de s'apercevoir de l'émotion de son amie, car Antonine sortit soudain de la chambre voisine, sa charmante figure bouleversée par une expression de surprise et de joie impossible à rendre; puis, sans pouvoir prononcer une parole, elle se jeta au cou de Madeleine; mais, l'émotion étant trop vive sans doute, elle pâlit soudain, et les deux amies furent obligées de la soutenir.

— Dieu soit loué! dit Sophie, malgré ton trouble, ta pâleur, ma pauvre Antonine... je suis certaine qu'il s'agit d'une bonne nouvelle.

— Ne tremble donc pas ainsi, chère enfant, reprit à son tour Madeleine. Calme-toi... remets-toi...

— Oh! si vous saviez!.. murmura la jeune fille. Non... non... je ne puis le croire encore.

La marquise de Miranda, prenant affectueusement les deux mains d'Antonine entre les siennes, lui dit:

— Il faut toujours croire au bonheur, mon enfant; mais voyons... explique-toi, de grâce.

— Tout à l'heure, reprit la jeune fille d'une voix entrecoupée par des larmes de joie, j'ai porté la lettre à mon oncle. Il m'a dit : Antonine, j'ai la vue bien affaiblie... lis-moi cette lettre, je te prie. Alors j'ai décacheté l'enveloppe; je ne sais pourquoi le cœur me battait d'une force... mais d'une force à me faire mal, tenez... comme maintenant encore, ajouta la jeune fille en mettant sa main sur son sein comme pour comprimer ses pulsations... si vives, qu'elle fut obligée de s'interrompre un instant; puis elle reprit :

— J'ai donc lu la lettre; il y avait... Oh !.. je n'en ai pas oublié un seul mot :

« Monsieur le président Hubert, je vous prie, malgré l'état maladif où vous êtes, de m'accorder à l'instant, si cela vous est possible, un moment d'entretien pour une affaire urgente et de la plus haute importance.

« Votre affectionné,

« Léopold-Maximilien. »

« Mais, a dit mon oncle en se dressant sur son séant, c'est le nom du prince qui occupe maintenant l'Élysée? — Je... je... crois... que oui, mon oncle, lui ai-je répondu. — Que peut-il me vouloir? a repris mon oncle. — Je ne sais, » lui ai-je dit en tremblant et en rougissant, car je mentais, et je me reprochais de n'avoir pas encore osé lui avouer mon amour pour M. Frantz. Alors, mon oncle a repris : « Il m'est impossible, quoique souffrant, de ne pas recevoir le prince, mais je ne saurais lui répondre par lettre; je suis encore trop accablé. Remplace-moi, Antonine, et va écrire ceci : rappelle-le-toi bien :

« Monseigneur, ma faiblesse ne me permettant pas d'avoir
« l'honneur de répondre moi-même à Votre Altesse, j'em-
« prunte une main étrangère pour vous dire, Monseigneur,
« que je suis à vos ordres. »

— Cette lettre, je vais maintenant l'écrire pour mon oncle, reprit Antonine en s'approchant d'un pupitre placé sur une table de salon. Mais, dites, Sophie, ajouta la jeune fille avec entraînement, dites... si je ne dois pas bénir Madeleine, la remercier à deux genoux?.. Car si le prince voulait s'opposer à mon mariage avec M. Frantz, il ne viendrait pas voir mon oncle, n'est-ce pas, Sophie?.. Et sans Madeleine, le prince aurait-il jamais consenti à venir!

— Comme toi, mon enfant, je dis qu'il faut bénir notre chère Madeleine, reprit madame Dutertre en serrant la main de la marquise. Mais, en vérité, je le répète encore, Madeleine, tu as donc un talisman, pour obtenir ainsi tout ce que tu désires?

— Hélas! chère Sophie, reprit la marquise en souriant, ce talisman..... si je l'ai..... ne sert qu'aux autres..... et pas à moi.

Pendant que les deux amies échangeaient ces paroles, Antonine s'était assise devant le pupitre; mais, au bout de deux secondes de vaine tentative, il lui fallut renoncer à écrire; sa petite main tremblait si fort... si fort... qu'elle ne pouvait tenir sa plume.

— Laisse-moi me mettre à ta place, ma chère enfant, dit Madeleine, qui ne la quittait pas des yeux, je vais écrire pour toi...

— Pardon... Madeleine, dit la jeune fille en cédant sa place à la marquise. Ce n'est pas ma faute... mais... c'est plus fort que moi.

— C'est la faute de ton cœur, pauvre petite. Je conçois ton émotion, dit la marquise en écrivant d'une main ferme la réponse du président Hubert. Maintenant, ajouta-t-elle, sonne... quelqu'un, Antonine, afin que cette lettre soit remise à l'aide de camp du prince.

Le vieux domestique entra et fut chargé d'aller remettre la lettre à l'officier.

— A cette heure, ma petite Antonine, dit la marquise à la jeune fille, il te reste un devoir à remplir, et je suis certaine que Sophie sera de mon avis; avant l'arrivée du prince, il faut en peu de mots tout avouer à ton oncle.

— Ce que dit Madeleine est très-juste, reprit Sophie, il serait d'un mauvais effet que M. Hubert ne fût pas prévenu du but probable de la visite du prince.

— Ton oncle est bon et bienveillant, ma chère Antonine,

ajouta Madeleine, il excusera un manque de confiance... causé surtout, je n'en doute pas, par ta timidité...

— Vous avez raison toutes deux, je le sens, dit Antonine. De cet aveu, d'ailleurs, je n'ai pas à rougir... car c'est comme malgré moi, mon Dieu! et sans y songer... que j'ai aimé M. Frantz.

— C'est ce qu'il faut te hâter d'aller confier à ton oncle, mon enfant, car le prince ne peut tarder beaucoup à venir... Mais, dis-moi... ajouta la marquise, pour une raison à moi connue, je désirerais ne pas me trouver ici lors de l'arrivée du prince... Ne peut-on, de ce salon, aller dans ta chambre?

— Le corridor sur lequel s'ouvre cette porte, répondit Antonine, mène à ma chambre; Sophie connaît bien le chemin.

— En effet... je vais te conduire, Madeleine, reprit Sophie en se levant ainsi que la marquise, qui, baisant tendrement Antonine au front, lui dit en lui montrant la porte de la chambre de son oncle : Va vite... chère petite, les moments sont précieux.

La jeune fille jeta un regard de tendresse reconnaissante sur les deux amies; celles-ci, quittant le salon, se dirigeaient vers la chambre de mademoiselle Hubert, en suivant le corridor, lorsqu'elles virent venir à elles le vieux domestique qui dit à Sophie :

— Madame... M. Dutertre voudrait vous parler à l'instant.

— Mon mari!... et où est-il?

— En bas, Madame, dans un fiacre, à la porte; il m'a fait demander par le concierge pour me dire de vous prier de descendre.

— C'est singulier! pourquoi n'est-il pas monté? dit Sophie en regardant son amie.

— M. Dutertre n'a que quelques mots à dire à Madame, reprit Pierre.

Madame Dutertre, assez inquiète, le suivit, et, s'adressant à la marquise :

— Je reviens à l'instant, mon amie, car j'ai bien hâte de savoir le résultat de la visite du prince à M. Hubert.

Madeleine resta seule.

— J'ai bien fait de me hâter, pensa-t-elle avec une sorte d'amertume, j'ai bien fait de céder à mon premier mouvement de générosité; demain il eût été trop tard; je n'aurais peut-être pas eu le courage de me sacrifier à Antonine... Cela est étrange : il y a une heure, en songeant à Frantz et à elle, je ne ressentais aucune jalousie, aucune angoisse... et seulement une mélancolie douce; mais voilà que peu à peu mon cœur s'est resserré, s'est endolori; et, à cette heure, je souffre... oh! oui... je souffre bien...

La brusque rentrée de Sophie interrompit les réflexions de la marquise, et elle devina quelque grand malheur à l'expression sinistre, presque égarée, de madame Dutertre, qui lui dit d'une voix brève, haletante :

— Madeleine... tu m'as offert tes services, je les accepte.

— Grand Dieu! Sophie... qu'as-tu?

— Notre position est désespérée.

— Explique-toi...

— Demain, ce soir peut-être... Charles sera arrêté.

— Ton mari?

— Arrêté... te dis-je... oh! mon Dieu!...

— Mais pourquoi?... mais comment?...

— Un monstre de méchanceté... que nous croyions notre bienfaiteur... M. Pascal...

— M. Pascal!...

— Oui... hier... je n'ai pas osé... je n'ai pas pu tout te dire... mais...

— M. Pascal! répéta Madeleine.

— Notre sort est entre les mains de cet homme impitoyable... il peut, il veut nous réduire à la dernière misère... Mon Dieu! que devenir?... et nos enfants! et le père de mon mari! et nous-mêmes!... Ah! c'est horrible! c'est horrible!

— M. Pascal! reprit la marquise avec une indignation contenue, le misérable!.. Oh! oui... je l'ai lu sur sa figure... je l'ai vu à son insolence et à sa bassesse... cet homme doit être impitoyable.

— Tu le connais?...

— Ce matin... je l'ai rencontré chez le prince... Ah! maintenant... je regrette d'avoir cédé au courroux, au mépris que m'inspirait cet homme. Pourquoi ne m'as-tu pas parlé plus tôt? c'est un malheur, Sophie... un grand malheur...

— Que veux-tu dire?...

— Enfin, il n'importe, il n'y a pas à revenir sur le passé.

Mais voyons, Sophie... mon amie... ne te laisse pas abattre... ne t'exagère rien... dis-moi tout... et peut-être trouverons-nous le moyen de conjurer le coup qui vous menace...

— C'est impossible... tout ce que je viens te demander au nom de Charles... au nom de mes enfants... c'est de...

— Laisse-moi t'interrompre... Pourquoi dis-tu qu'il est impossible de conjurer le coup qui vous menace?

— M. Pascal est impitoyable.

— Soit... mais quelle est votre position envers lui?

— Il y a un an, mon mari s'est trouvé, comme tant d'autres industriels, dans une position embarrassée. M. Pascal lui a offert ses services. Charles, trompé par de loyales apparences, a accepté ; il serait trop long de t'expliquer par quel enchaînement d'affaires Charles, confiant dans les promesses de M. Pascal, s'est trouvé bientôt sous la dépendance absolue de cet homme, qui pouvait, du jour au lendemain, réclamer à mon mari plus de cent mille écus, c'est-à-dire ruiner son industrie, nous plonger dans la misère ; enfin le jour est venu où M. Pascal, fort de ce pouvoir terrible, a mis mon mari et moi dans l'alternative d'être perdus, ou de consentir à deux indignités qu'il nous imposait.

— L'infâme ! l'infâme !

— Hier, lorsque tu es arrivée, il venait de nous signifier sa menace. Nous avons répondu selon notre cœur et notre honneur... il nous a juré de se venger, et aujourd'hui il tient parole... Nous sommes perdus... te dis-je ; il prétend, en vertu de je ne sais quel droit, faire provisoirement emprisonner Charles... Ma pensée, à moi, est qu'il faut, avant tout, que mon mari échappe à la prison... Il s'y refuse, disant que c'est un piége... qu'il n'a rien à craindre, et que...

Madeleine, qui était restée quelque temps pensive, interrompit de nouveau son amie, et lui dit :

— Pour que vous n'ayez plus rien à redouter de M. Pascal, que faudrait-il?

— Le rembourser...

— Et ton mari lui doit?

— Plus de cent mille écus, garantis par notre usine ; mais une fois expropriés, nous ne possédons plus rien au monde. Mon mari est déclaré en faillite, et son avenir est perdu.

— Et il n'y a pas absolument d'autre moyen d'échapper à M. Pascal qu'en le remboursant?

— Il y en a un sur lequel mon mari avait toujours compté, d'après la parole de ce méchant homme.

— Et ce moyen?

— D'accorder dix années à Charles pour se libérer.

— Et avec cette certitude?

— Hélas! nous serions sauvés; mais M. Pascal veut se venger, et jamais il ne consentira à nous donner un moyen de salut.

Ce triste entretien fut coupé par l'arrivée d'Antonine, qui, rayonnante et folle de joie, entra dans la chambre en disant:

— Madeleine... oh! venez... venez...

— Qu'y a-t-il, mon enfant?... une heureuse nouvelle... je le devine à ton radieux visage...

— Ah!... mes amies, reprit la jeune fille, toute ma crainte est de ne pouvoir supporter un si grand bonheur! Mon oncle... le prince consent à tout... et le prince... si vous saviez combien il a été indulgent... paternel, pour moi! car il a voulu que j'assiste à son entretien avec mon oncle... Il m'a demandé pardon du chagrin qu'il m'avait causé en voulant s'opposer à notre mariage. « Ma seule excuse, a-t-il ajouté avec la plus touchante bonté, ma seule excuse, mademoiselle Antonine, c'est que je ne vous connaissais pas... Madame la marquise de Miranda, votre amie, a commencé ma conversion, et vous l'avez achevée; seulement, puisqu'elle est ici, dites-vous, ayez la bonté de lui témoigner le désir que j'aurais de la remercier devant vous de m'avoir mis à même de réparer mes torts à votre égard... » Ne sont-ce pas là de nobles et touchantes paroles? ajouta la jeune fille. Oh! venez, Madeleine, venez, ma bienfaitrice... ma sœur, ma mère... vous à qui Frantz et moi devrons notre bonheur... Venez aussi, Sophie, ajouta Antonine en allant prendre madame Dutertre par la main, n'êtes-vous pas aussi de moitié dans mon bonheur, comme vous l'avez été dans mes confidences et dans mon désespoir?

— Ma chère enfant, reprit madame Dutertre en tâchant de dissimuler son abattement, je n'ai pas besoin de te dire si je prends part à ta joie; mais la présence du prince m'intimiderait, et d'ailleurs... je le disais tout à l'heure à Madeleine, il me faut retourner chez moi... Je ne puis laisser trop longtemps mes enfants seuls... Allons, embrasse-moi, Antonine, ton bonheur est assuré ; cette pensée me sera douce, et, si j'ai quelque chagrin, crois-moi, elle m'aidera à le supporter... Adieu... Si tu as quelque chose de nouveau à m'apprendre, viens me voir demain matin.

— Sophie, dit tout bas la marquise d'une voix ferme à son amie, courage et espoir ! que ton mari ne parte pas, attends-moi chez toi demain matin, toute la matinée.

— Que dis-tu ?

— Je ne puis m'expliquer davantage ; seulement, que l'exemple d'Antonine te donne un peu de confiance. Ce matin, elle était désespérée... la voici maintenant radieuse.

— Oui, grâce à toi.

— Allons, embrasse-moi ; et, encore une fois, courage et espoir.

Alors, se rapprochant d'Antonine, Madeleine lui dit :

— Maintenant, mon enfant, allons retrouver le prince.

La jeune fille et la marquise quittèrent madame Dutertre, qui, cédant malgré elle à l'accent de conviction des paroles de Madeleine, regagnait sa triste demeure avec une lueur d'espérance.

Le prince attendait Madeleine dans le salon du président Hubert ; il la salua profondément, et lui dit, avec une affectation de politesse cérémonieuse que lui imposait la présence d'Antonine :

— J'avais à cœur, madame la marquise, de vous remercier du grand service que vous m'avez rendu. Vous m'avez mis à même d'apprécier mademoiselle Antonine Hubert comme elle méritait de l'être ; le bonheur de mon filleul Frantz est à jamais assuré... Je suis convenu avec M. le président Hubert, qui a bien voulu y consentir, que, demain matin, les fiançailles de Frantz et de mademoiselle Antonine auraient lieu selon la coutume allemande, c'est-à-dire que moi et M. le président Hubert nous signerions, sous peine de parjure et de déloyauté, le contrat d'union que Frantz et Mademoiselle auront signé aux mêmes conditions...

— Ainsi que vous l'avez dit à Antonine, Monseigneur, je n'ai fait que vous mettre sur la voie de la vérité... Antonine s'est chargée de vous prouver tout le bien que je vous avais annoncé d'elle.

— J'ai une grâce à vous demander, madame la marquise, reprit le prince en tirant de sa poche une lettre et la remettant à Madeleine. Vous connaissez la famille du colonel Pernetti?

— Beaucoup, Monseigneur.

— Eh bien ! veuillez avoir la bonté de faire parvenir au colonel cette lettre après en avoir pris connaissance. Je suis certain, ajouta l'archiduc, en appuyant sur ces derniers mots, je suis certain que vous aurez autant de plaisir à envoyer cette lettre, que celui à qui elle est adressée aura de bonheur à la recevoir.

— Je n'en doute pas, Monseigneur, et je vous renouvelle ici mes bien sincères remerciements, dit la marquise en faisant une cérémonieuse révérence.

— A demain, mademoiselle Antonine, dit le prince à la jeune fille : je vais ménager à mon pauvre Frantz la bonne nouvelle que je lui apporte... de peur d'une émotion trop vive... mais je suis certain, lorsqu'il saura tout, qu'il me pardonnera comme vous... les chagrins que je lui ai causés...

Et après avoir de nouveau salué Antonine et la marquise, avec qui il échangea un regard d'intelligence, le prince regagna l'Élysée-Bourbon.

. . . .

Le lendemain matin, à dix heures, Madeleine monta en voiture et se fit conduire d'abord chez un notaire, puis chez M. Pascal.

XX

M. Pascal habitait seul le rez-de-chaussée d'une maison située dans le nouveau quartier Saint-Georges, et donnant sur la rue.

Une entrée particulière était réservée pour la caisse du financier, gérée par un seul homme de confiance, assisté d'un jeune commis pour les écritures, M. Pascal continuant à faire l'escompte d'excellentes valeurs.

L'entrée principale de son logis, précédée d'un vestibule, conduisait à l'antichambre et aux autres pièces : cet appartement, sans aucun luxe, était néanmoins confortable; un valet de chambre pour l'intérieur, un enfant de quinze ans pour les commissions, suffisaient au service de M. Pascal ; cet homme ne faisait pas même excuser son immense richesse par ces magnificences fécondes, par ces larges dépenses qui alimentent le travail et l'industrie.

Ce matin-là, vers neuf heures et demie, M. Pascal, vêtu d'une robe de chambre, se promenait avec agitation dans son cabinet ; sa nuit avait été une longue et fiévreuse insomnie ; un espion bien payé, et ayant eu depuis deux jours mission d'observer autant que possible ce qui se passait chez mademoiselle Antonine, avait rapporté à M. Pascal la visite du prince au président Hubert.

Cette démarche significative et prompte ne laissait au financier aucun doute sur la ruine de ses projets à l'endroit de la jeune fille ; cette cruelle déception se compliquait chez lui d'autres ressentiments : d'abord la rage de reconnaître que, malgré les millions dont il disposait, sa volonté, si opiniâtre qu'elle fût, était obligée de reculer devant des impossibilités d'autant plus poignantes qu'il s'était cru et vu sur le point de réussir. Ce n'était pas tout : s'il n'éprouvait pas d'amour pour Antonine dans la généreuse acception du mot, il éprouvait pour cette ravissante enfant l'un de ces ardents caprices, éphémères peut-être, mais d'une extrême vivacité tant qu'ils durent : aussi avait-il fait ce raisonnement d'un féroce égoïsme :

— Je veux posséder à tout prix cette petite fille ; je l'épouserai s'il le faut, et quand j'en serai las, une pension de douze ou quinze mille francs m'en débarrassera ; je suis assez riche pour me passer cette fantaisie.

Tout ceci, quoique odieux, était, au point de vue de la société actuelle, parfaitement possible et légal, et c'est, nous le répétons, cette possibilité même qui rendait l'insuccès si douloureux à M. Pascal. Autre chose encore : ce qu'il ressentait pour Antonine n'étant, après tout, qu'une ardeur sensuelle, ne comportait pas la préférence exclusive de l'amour ; aussi, tout en désirant passionnément cette jeune fille, d'une beauté virginale et candide, il n'en avait pas moins été vivement frappé de la beauté provoquante de Madeleine, et, par un raffinement de sensualité qui redoublait aussi sa torture, M. Pascal avait, toute la nuit, évoqué à son imagination enflammée le contraste de ces deux adorables créatures.

A l'heure où nous le voyons chez lui, M. Pascal était encore en proie à la même obsession.

— Malédiction sur moi ! se disait-il, en se promenant d'un pas inégal et fébrile. Pourquoi ai-je vu cette damnée femme blonde, aux sourcils noirs, aux yeux bleus, au teint pâle, à la physionomie hardie, à la tournure provoquante ? Elle me fait paraître plus désirable encore cette petite fille à peine éclose… Malédiction sur moi ! ces deux figures vont-elles me poursuivre ainsi malgré moi ?… ou plutôt, ma pensée désordonnée va-t-elle toujours ainsi les évoquer ?.. Misère de Dieu ! ai-je été assez sot… assez brute !.. En m'y prenant autrement… je ne sais comment… mais enfin la chose était faisable, facile (et c'est là ce qui fait ma rage) ; je pouvais certainement, riche comme je le suis, épouser cette petite fille… et avoir l'autre pour maîtresse, car, je n'en doute pas, elle est la maîtresse de cet archiduc que Dieu confonde ! et je le défie de pouvoir lui donner autant d'argent que je lui en aurais donné, moi... Oui, oui, reprit-il en serrant ses poings avec un redoublement de rage, c'est à en devenir fou... fou furieux... de se dire : Je ne demandais pas, après tout, à avoir pour maîtresse l'impératrice de Russie, ou à épouser le fille de la reine d'Angleterre, ou autre... Qu'est-ce que je voulais? me marier à une petite fille bourgeoise, nièce d'un vieux bonhomme de magistrat qui n'a pas le sou... Est-ce qu'il n'y a pas cent exemples de mariages pareils? Et je n'ai pu réussir! et j'ai près de trente millions de fortune! Misère de Dieu! Elle me sert à grand'chose, ma fortune?... pas même à enlever une belle maîtresse à cet automate de prince allemand! Après tout, elle ne doit l'aimer que pour son argent... Il approche de la quarantaine, il est fier comme un paon, bête comme une oie, et froid comme une glace; je suis plus jeune que lui, pas plus laid, et, s'il est archiduc, ne suis-je pas archimillionnaire? Et puis, j'ai sur lui l'avantage de l'avoir mis sous mes pieds, car cette maudite et insolente femme m'a entendu traiter son imbécile de prince comme un misérable... Elle lui a reproché devant moi de souffrir les humiliations que je lui imposais. Elle doit mépriser cet homme-là!... et, comme toutes les femmes de son espèce, avoir un faible pour un homme énergique et rude qui a mis sous ses pieds ce grand flandrin couronné... Elle m'a impitoyablement traité devant lui... c'est vrai... mais pour le flatter... nous connaissons ces rouerie-là. Oh! si je pouvais la lui enlever, cette femme! quel triomphe!.. quelle vengeance!... quelle consolation de mon mariage manqué!... Consolation? non... car l'une de ces deux femmes ne me fait pas oublier l'autre... Je ne sais si c'est l'âge, mais je ne me suis jamais connu une ténacité de désirs pareille à celle que j'éprouve pour cette petite fille... Enfin, n'importe, si je pouvais enlever au prince sa maîtresse... ce serait déjà la moitié de mon vouloir accompli... et, qui sait? cette femme connaît Antonine... elle semble avoir de l'influence sur elle. Oui, qui sait si, une fois à moi, je ne pourrais pas, à force d'argent, la décider à... Misère de Dieu! s'écria M. Pascal avec une explosion de joie farouche, quel triomphe!.... enlever sa femme à ce blond jouvenceau, et sa belle maîtresse à cet archiduc!..... Quand ma fortune devrait y passer..... cela sera!

Et notre homme, se redressant, sembla se grandir dans une

attitude d'impérieuse volonté, tandis que ses traits prenaient une expression de joie diabolique.

— Allons... allons... reprit-il en relevant la tête, quoique j'en aie médit, comme un sot et comme un ingrat... *l'argent* est une belle chose.

Puis, s'arrêtant pour réfléchir, il reprit, après quelques moments de silence :

— Voyons, du calme... engageons bien la chose... et surtout lestement. Mon espion saura ce soir où demeure la maîtresse de l'archiduc, à moins qu'elle n'habite au palais, ce qui n'est pas probable... Une fois sa demeure connue... ajouta-t-il en se frottant le menton d'un air méditatif, une fois sa demeure connue, pardieu! je lui dépêche cette vieille rouée de madame Doucet... la marchande à la toilette... C'est le vieux moyen... et toujours le meilleur... pour engager la chose avec les actrices, les bourgeoises et les femmes entretenues; car, après tout... la maîtresse du prince ne doit pas être autre chose : elle est venue, tête nue, se jeter sans façon au beau milieu de notre conversation; elle n'avait donc aucun ménagement à garder... Ainsi, je ne peux pas me servir d'un intermédiaire plus convenable que la mère Doucet... Mandons-la tout de suite.

M. Pascal était occupé à écrire à son bureau lorsque son valet de chambre entra.

— Qu'est-ce qu'il y a?... demanda brusquement le financier, je n'ai pas sonné.

— Monsieur... c'est une dame...

— Je n'ai pas le temps...

— Monsieur, c'est qu'elle vient pour une lettre de crédit.

— Qu'elle passe à la caisse.

— Cette dame voudrait parler à Monsieur.

— Impossible... Qu'elle passe à la caisse.

Le valet de chambre sortit.

M. Pascal continua d'écrire; mais, au bout de quelques instants, le domestique revint.

— Ça finira-t-il? cria M. Pascal. Qu'est-ce encore?..

— Monsieur, c'est cette dame qui...

— Ah çà! est-ce que vous vous moquez du monde? Je vous ai dit de l'envoyer à la caisse!

— Cette dame m'a remis sa carte, en me disant de prier

Monsieur de lire ce qu'elle venait d'écrire au bas au crayon.

— Voyons... donnez... C'est insupportable, dit M. Pascal en prenant la carte, où il lut ce qui suit :

LA MARQUISE DE MIRANDA.

Au dessous du nom, était écrit au crayon :

Elle a eu l'honneur de rencontrer hier M. Pascal à l'Élysée-Bourbon, chez S. A. l'archiduc Léopold.

La foudre serait tombée aux pieds de M. Pascal qu'il n'eût pas été plus stupéfié; il ne put en croire ses yeux, et relut une seconde fois la carte en se disant:

— La marquise de Miranda!.. c'est donc une marquise!... Bah!.. elle est *marquise* comme *Lola Montès est comtesse!* noblesse de cotillon; mais enfin... c'est elle... Elle ici.. chez moi... au moment où je m'ingéniais à trouver le moyen de me mettre en rapport avec elle... Ah! Pascal, mon ami Pascal... ton étoile d'or, un moment cachée, brille enfin de tout son éclat... Et c'est sous le prétexte d'une lettre de crédit qu'elle vient ici... Voyons, voyons, Pascal, mon ami, du calme... on ne retrouve pas deux fois dans sa vie... une occasion pareille... Songe que si tu es habile... tu peux, du même coup de filet, prendre la maîtresse du prince et la femme de ce blond jouvenceau. Ah!.. mon cœur bat d'une force!.. je suis sûr que je suis pâle...

— Monsieur... qu'est-ce que je dois répondre à cette dame? demanda le valet de chambre étonné du silence prolongé de son maître.

— Un moment, drôle, attends mes ordres, reprit brusquement M. Pascal. Allons... du calme, encore une fois du calme, pensait-il. L'émotion perdrait tout... paralyserait mes moyens... C'est une terrible partie à jouer... car, ayant si beau jeu... je crois, misère de Dieu! que je me brûlerais la cervelle de rage si j'avais la maladresse de perdre.

Après un moment de silence, pendant lequel il parvint à dominer son agitation intérieure, Pascal se dit:

— Me voilà remis, voyons-la venir... et jouons serré.

Et il ajouta tout haut:

— Faites entrer cette dame...

Le domestique sortit, et revint bientôt ouvrir la porte et annoncer:

— Madame la marquise de Miranda.

Madeleine, contre son habitude, était vêtue ce jour-là, non plus en *grand'mère*, ainsi que, la veille, elle l'avait dit au prince, mais avec une fraîche élégance qui rendait sa beauté plus irrésistible encore: un chapeau de paille de riz à la Paméla, orné d'épis de blé mêlés de bluets, dégageait et découvrait le visage et le cou de la marquise; une fraîche robe de mousseline blanche, aussi semée de petits bluets, dessinait les contours d'une taille incomparable, type achevé de la fine élégance, de la souplesse voluptueuse qui caractérise les créoles mexicaines, tandis que son écharpe de gaze ondulait légèrement selon les aspirations tranquilles d'un sein de marbre.

XXI

M. Pascal resta un moment ébloui, fasciné.

Il revoyait Madeleine mille fois plus belle... plus provoquante, plus désirable encore que la veille... Et quoique *fin connaisseur*, ainsi qu'il l'avait dit au prince, quoiqu'il eût joui et abusé de tous ces trésors de beauté, de grâce et de jeunesse que la misère rend tributaires de la richesse, de sa vie il n'avait soupçonné l'existence d'une créature telle que Madeleine... et, chose étrange ou plutôt naturelle pour cet homme blasé, dépravé par la satiété de tous les plaisirs, il évoquait, en ce moment même, la figure virginale d'Antonine à côté de celle de la marquise; pour lui, Vénus Aphrodite se complétait par Hébé...

Madeleine, profitant du silence involontaire de M. Pascal, lui dit d'un ton sec, hautain et sans faire la moindre allusion à la scène de la veille, malgré les quelques mots ajoutés à son nom sur sa carte :

— Monsieur... j'ai sur vous une lettre de crédit... la voici... j'ai voulu vous voir pour quelques arrangements d'affaires.

Cet accent dédaigneux et bref déconcerta M. Pascal ; il s'attendait, sinon à des excuses, du moins à quelques explications sur la scène de la veille ; aussi lui dit-il presque en balbutiant :

— Comment... Madame... vous venez ici, seulement... à propos... de cette lettre de crédit?..

— Pour cette lettre... d'abord ; puis pour autre chose...

— Je m'en doutais, se dit M. Pascal avec un soupir d'allégement, la lettre de crédit n'était qu'un prétexte... C'est bon signe.

Et il reprit tout haut :

— La lettre de crédit, Madame, est du ressort de mon caissier... Il aura l'ordre de faire ce que vous lui demanderez. Quant à l'autre chose qui vous amène, elle m'est, je l'espère, toute personnelle?

— Oui...

— Avant d'en parler, Madame, me permettrez-vous de vous faire une question?

— Laquelle?

— Sur la carte que vous venez de me faire remettre, Madame, vous avez écrit que vous m'aviez vu hier à l'Élysée?

— Ensuite?..

— Mais vous ne paraissez vous souvenir de notre entrevue... que par écrit.

— Je ne comprends pas.

— Voyons, dit M. Pascal en reprenant peu à peu son assurance, et pensant que la sécheresse d'accent de Madeleine était une feinte dont il ne devinait pas encore le but; voyons, madame la marquise... avouez qu'hier vous avez traité... bien durement votre humble serviteur...

— Après?..

— Comment? vous n'éprouvez pas un petit remords... d'avoir été si méchante?.. vous ne regrettez pas votre injuste vivacité envers moi?..

— Non...

— Très-bien!.. j'y suis... c'était d'un excellent effet pour ce brave homme d'archiduc, se hasarda de dire M. Pascal en souriant, espérant d'une façon ou d'une autre faire sortir Madeleine de cette réserve glacée dont il commençait à s'inquiéter, c'est toujours très-adroit d'avoir l'air de prendre les intérêts de la dignité de ceux que nous dominons... car, entre nous... belle... adorable... comme vous l'êtes, vous devez faire de ce pauvre prince tout ce que vous voulez... mais je vous défie d'en jamais faire... un homme d'esprit... et un homme généreux.

— Continuez...

— Tenez, madame la marquise, je n'ai pas vu votre lettre de crédit, et M. Pascal l'ouvrit, je parie que c'est d'une mesquinerie atroce... Parbleu!.. j'en étais sûr... quarante mille francs... qu'est-ce qu'une femme comme vous peut faire, à Paris, avec cette misère?... Ah! ah! ah! quarante mille francs... Il n'y a qu'un archiduc allemand capable d'une telle magnificence.

Madeleine avait d'abord écouté M. Pascal sans le comprendre. Bientôt elle le comprit : il la regardait comme la maîtresse du prince et vivant de ses libéralités.

Une bouffée de rougeur monta soudain au visage de Madeleine... Puis un moment de réflexion la calma, et, pour ses projets, elle sut même gré à M. Pascal de cette supposition; aussi reprit-elle avec un demi-sourire :

— Décidément, Monsieur... vous n'aimez pas le prince...

— Je l'abhorre! s'écria audacieusement M. Pascal, encouragé par le sourire de la marquise et croyant faire un coup de maître en brusquant les choses; je l'exècre, ce maudit prince... car il possède un inestimable trésor... que je voudrais lui ravir au prix de tous les miens...

Et M. Pascal jeta un regard enflammé sur Madeleine, qui reprit :

— Un trésor?.. je ne croyais pas le prince si riche... puisqu'il avait recours à vous... pour un emprunt... Monsieur.

— Eh! Madame... dit M. Pascal d'une voix basse et palpitante, ce trésor... c'est vous...

— Allons, vous me flattez, Monsieur.

— Écoutez, Madame, reprit M. Pascal après un moment de silence, allons droit au fait, c'est la bonne méthode. Vous êtes une femme d'esprit, je ne suis point sot, nous nous entendrons...

— A propos de quoi, Monsieur?

— Je vais vous le dire. Si à l'étranger je ne passe pas positivement pour... une rosière en matière de finances... je passe pour avoir une petite aisance, n'est-ce pas?

— Vous passez pour puissamment riche, Monsieur.

— Je passe pour ce que je suis... je vais vous le prouver : Un million comptant pour frais d'établissement... cent mille livres de rente viagère, une corbeille de noce comme tous les archiducs de Germanie réunis n'en pourraient payer une... en boursicotant, et, de plus, je défraye la maison. Que dites-vous de cela?

Madeleine, qui ne comprit pas tout d'abord, regarda M. Pascal d'un air très-surpris; il reprit :

— Cette libéralité vous confond... ou bien vous n'y croyez pas peut-être? Cela vous paraît fort... je vais vous montrer que je peux me permettre cette folie-là... Voici un petit carnet qui n'a l'air de rien... et il le prit dans l'un des tiroirs de son bureau; c'est mon bilan... et, sans être bien forte en finances, vous pouvez voir que, cette année, mon inventaire se monte à vingt-sept millions cinq cent soixante mille francs. Maintenant, supposons que ma folie me coûte une somme ronde de trois millions, il me reste vingt-quatre petits *millionnets* qui, manipulés comme je les manipule, me rapporteront toujours bien dans les environs de quinze cent mille livres de rente... et comme je vis admirablement bien avec cinquante ou soixante mille francs par an, je rattrape en trois années, seulement avec mon revenu, les trois millions de ma folie. Je vous dis cela, marquise, parce que, surtout en fait de folies, il faut compter et prouver qu'on peut tenir ce qu'on promet.

Maintenant, avouez que le bonhomme Pascal vaut bien un archiduc.

— Ainsi... cette offre... c'est à moi que vous la faites, Monsieur?

— Quelle question? Voyons, quittez votre archiduc... donnez-moi des arrhes... je vous compte de la main à la main le million en bons du trésor. Je passe acte chez mon notaire pour les cent mille livres de rente viagère... et, si le père Pascal est content... il n'est pas au bout de son rouleau...

Le financier disait vrai ; ces offres, il les faisait sincèrement, l'impression croissante qu'il éprouvait à la vue de Madeleine, l'orgueil d'enlever à un prince sa maîtresse, la vanité de l'entourer aux yeux de tout Paris d'une grande splendeur et d'exciter l'envie de tous ; enfin l'abominable espérance d'amener la marquise, à force d'argent, à enlever Antonine à Frantz, tout enfin justifiait, dans son ignominie et dans sa magnificence, l'offre de M. Pascal à Madeleine.

Reconnaissant à cette offre le degré d'influence qu'elle exerçait sur M. Pascal, Madeleine s'en réjouit, et, pour éprouver davantage encore la sincérité de cette offre, elle reprit en paraissant hésiter :

— Sans doute, Monsieur, ces propositions sont au-dessus de mon faible mérite ; mais...

— Cinquante mille livres de rente viagère de plus, et une maison de campagne ravissante ! s'écria M. Pascal. C'est mon dernier mot, marquise !

— Voici le mien, monsieur Pascal, reprit Madeleine en se levant et en jetant sur le financier un regard qui le fit reculer. Écoutez-moi bien : vous êtes bassement cupide ; votre offre magnifique me prouve donc l'impression que j'ai produite sur vous.

— Si cette offre ne suffit pas ! s'écria M. Pascal en joignant les mains, parlez, et...

— Taisez-vous, je n'ai pas besoin de votre argent.

— Ma fortune, s'il le faut.

— Regardez-moi bien, monsieur Pascal, et si vous avez jamais osé regarder une honnête femme en face et su lire sur son front la vérité, vous verrez que je dis vrai. Vous mettriez toute votre fortune là, à mes pieds, que le dédain et le dégoût que vous m'inspirez resteraient ce qu'ils sont.

— Écrasez-moi ; mais laissez-moi vous dire...

— Taisez-vous... il m'a convenu de vous laisser croire un instant que j'étais la maîtresse du prince... d'abord, parce que je n'ai pas souci de l'estime d'un homme de votre espèce... et puis, parce que cela vous encourageait dans dans vos offres insolentes...

— Mais alors... pourquoi m'avoir...

— Taisez-vous... J'avais besoin de savoir mon degré d'influence sur vous; je le sais... je vais en user.

— Oh!.. je ne demande pas mieux, si vous voulez me...

— Je suis venue ici pour deux raisons : la première... pour toucher cette lettre de crédit...

— A l'instant, mais...

— J'étais venue ensuite pour mettre un terme à l'abus infâme que vous faites d'un service en apparence généreusement rendu au mari de ma meilleure amie, M. Charles Dutertre...

— Vous connaissez les Dutertre... ah ! je vois le piége...

— Tous les moyens sont bons... pour prendre les êtres malfaisants... vous y êtes pris...

— Oh ! pas encore, reprit M. Pascal en serrant les dents de rage et de désespoir, car l'impérieuse beauté de Madeleine, encore augmentée par l'animation de son langage, exaspérait sa passion jusqu'au vertige ; peut-être triomphez-vous trop tôt, Madame.

— Vous allez le voir.

— Voyons, dit M. Pascal en tâchant de payer d'audace malgré la torture qu'il endurait, voyons...

— A l'instant... là... sur cette table, vous allez signer un acte en bonne forme... par lequel vous vous engagez à accorder à M. Dutertre le temps que vous lui aviez accordé sur parole pour se liquider envers vous...

— Mais...

— Comme vous pourriez me tromper, et que je n'entends rien aux affaires, j'ai chargé un notaire de rédiger cet acte, afin que vous n'ayez plus qu'à le signer.

— C'est une plaisanterie!

— Le notaire m'a accompagnée... il attend dans la pièce voisine...

— Comment !.. vous avez amené ?..

— On ne vient pas seule chez un homme comme vous... vous allez donc me signer cet acte... à l'instant.

— Et en retour ?

— Mon dédain et mon dégoût, comme toujours...

— Misère de Dieu !.. voilà qui est violent !..

— C'est ainsi.

— Vouloir m'enlever gratis mon *meilleur morceau*... au moment où, dans la rage qui me possède... il ne me reste qu'à me repaître de vengeance pour me consoler un peu ! Ah ! la Dutertre est votre meilleure amie !.. ah ! ses larmes vous seront amères !.. ah ! les douleurs de cette famille vous déchireront le cœur ! Pardieu ! cela se trouve à point, et j'aurai ma vengeance aussi, moi !

— Vous refusez?

— Si je refuse !.. Ah çà ! madame la marquise, vous me croyez donc idiot? et, pour une femme d'esprit, vous êtes faible... en ce moment. Vous m'auriez pris par câlinerie... entortillé par quelque promesse... j'étais capable de...

— Allons donc, est-ce qu'on s'abaisse à faire semblant de vouloir séduire monsieur Pascal?.. On lui ordonne de réparer une indignité... il la répare... et on méprise monsieur Pascal après comme devant, aujourd'hui comme hier... demain comme aujourd'hui...

— Misère de Dieu ! c'est à devenir fou ! s'écria le financier abasourdi, presque effrayé de l'accent de conviction que prenait Madeleine, et se demandant si elle n'avait pas connaissance de quelque petit *secret véreux* dont elle pouvait se faire une arme. Mais notre homme, fin et prudent comme un fripon, se rassura bientôt après un rapide examen de conscience, et reprit :

— Eh bien ! Madame, me voici prêt à obéir, si vous m'y forcez... j'attends...

— Ce ne sera pas long...

— J'attends...

— J'ai vu... dans votre rue, plusieurs logements à louer... Cela n'a rien, assurément, d'extraordinaire, monsieur Pascal; mais un hasard heureux a voulu qu'il y eût un fort joli appartement au premier disponible, presque en face de votre maison.

M. Pascal regarda Madeleine d'un air hébété.

— Cet appartement... je le prends... et je m'y installe demain...

Un vague pressentiment fit tressaillir le financier ; il pâlit.

Madeleine poursuivit en attachant son regard brûlant sur celui de cet homme :

— A toute heure du jour et de la nuit... vous saurez que

je suis là... Vous ne pourrez sortir de chez vous ou y rentrer sans passer devant mes fenêtres... où je serai souvent, très-souvent... j'aime assez me mettre à la fenêtre... Vous ne quitterez pas votre maison... je vous en défie... Un charme irrésistible... fatal... vous y retiendra pour votre supplice de tous les instants... Ma vue... causera votre torture, et vous rechercherez ma vue... Chaque fois que vous rencontrerez mes regards, et vous les rencontrerez souvent... vous recevrez un coup de poignard au cœur... et cependant, embusqué derrière vos rideaux, vous épierez mes moindres regards.

En parlant ainsi, Madeleine avait fait un pas vers M. Pascal, le tenant fasciné, pantelant, sous ses yeux fixes, ardents, dont il ne pouvait détacher les siens.

La marquise poursuivit :

— Ce n'est pas tout... Comme ce logement est vaste... Antonine, aussitôt après son mariage, viendra, ainsi que Frantz, habiter avec moi... je ne sais vraiment pas alors, mon pauvre monsieur Pascal, ce que vous deviendrez.

— Oh!... cette femme... est infernale, murmura le financier.

— Jugez donc... les tortures de toutes sortes que vous aurez à endurer. Il fallait que vous fussiez bien épris d'Antonine pour vouloir l'épouser ; il fallait que vous fussiez bien épris de moi pour mettre votre fortune à mes pieds... Eh bien!... non-seulement vous souffrirez un martyre atroce en voyant posséder par d'autres les deux femmes que vous avez si follement désirées (car je suis veuve... et j'ai envie de me remarier) ; mais encore, vos immenses richesses, vous les maudirez... car chaque instant du jour vous dira qu'elles ont été impuissantes, qu'elles seront toujours impuissantes à satisfaire vos plus ardents désirs.

— Laissez-moi! balbutia M. Pascal en reculant devant Madeleine, qui le tenait toujours sous son regard. Laissez-moi ! Mais c'est donc le démon... que cette femme !...

— Tenez, voyez-vous, reprit la marquise, malgré moi je vous plains, mon pauvre monsieur Pascal, en songeant à votre rage envieuse, à votre jalousie féroce, exaspérées jusqu'à la frénésie par la pensée incessante du bonheur d'Antonine, car vous nous verrez presque chaque jour... souvent aussi la nuit; oui, la saison est belle, le clair de lune charmant, et, bien des fois, le soir, très-tard, caché dans l'ombre, le regard ardemment fixé sur ma demeure, vous verrez bientôt Antonine et moi, accoudées à notre balcon, jouissant de la fraîcheur du soir, et, riant fort, je vous l'avoue, de monsieur Pascal, alors placé sans doute derrière quelque persienne et nous dévorant des yeux : tantôt Antonine et Frantz, à leur croisée, parleront d'amour au clair de la lune, tandis que moi et mon futur mari nous serons aussi délicieusement occupés sous vos yeux.

— Malédiction! s'écria M. Pascal hors de lui, elle me torture sur des charbons ardents.

— Et ce n'est pas tout, reprit la marquise d'une voix basse, presque palpitante ; à une heure plus avancée, vous verrez nos fenêtres se fermer, nos rideaux discrètement tirés sur la faible lueur de la lampe d'albâtre, si douce et si propice aux voluptés de la nuit... Puis, la marquise, riant aux éclats, ajouta : Aussi, tenez, mon pauvre monsieur Pascal, je ne serais pas étonnée que, de désespoir et de rage, vous deveniez fou, ou que vous vous brûliez la cervelle.

— Pas sans m'être vengé, du moins, murmura M. Pascal saisi d'un effrayant vertige, en se précipitant sur son bureau, dans lequel il y avait un pistolet chargé.

Mais Madeleine, qui savait avoir tout à redouter d'un pareil homme, s'était, en s'avançant pas à pas vers lui le tenant sous son regard, ainsi peu à peu approchée de la cheminée; au geste menaçant de M. Pascal, elle tira violemment le cordon de la sonnette qu'elle avait remarqué.

Aussi, au moment où M. Pascal, livide, effrayant, se retournait vers Madeleine, le domestique entrait vivement, tout surpris de la précipitation des coups de sonnette.

Au bruit de la porte qui s'ouvrit, à la vue de son valet de chambre, M. Pascal revint à lui, rejeta vivement derrière lui la main qui tenait le pistolet, et le laissa tomber sur le tapis.

La marquise avait profité de ces quelques instants pour s'approcher de la porte laissée ouverte par le domestique, et pour dire à haute voix au notaire, qui, assis dans une pièce voisine, s'était aussi vivement levé au bruit précipité de la sonnette :

— Monsieur... mille pardons de vous avoir fait si longtemps attendre... veuillez vous donner la peine d'entrer.

Le notaire entra.

— Sortez, dit brusquement M. Pascal à son domestique.

Et le financier essuya son front livide, baigné d'une sueur froide.

Madeleine, restée seule avec M. Pascal et le notaire, dit à celui-ci :

— Vous avez, Monsieur, préparé l'acte relatif à M. Charles Dutertre?

— Oui, madame la marquise, il n'y a plus qu'à approuver l'écriture et à signer.

— Fort bien, dit la marquise ; puis, pendant que M. Pascal, anéanti, s'appuyait sur le fauteuil placé devant son bureau, elle prit une feuille de papier, une plume, et écrivit ce qui suit :

« *Signez l'acte... et non-seulement je ne viendrai pas habiter en face de votre maison... mais, ce soir, je quitterai Paris, où je ne reviendrai pas de longtemps... Ce que je promets, je le tiens...* »

Ces lignes écrites, Madeleine remit le papier à M. Pascal, en disant au notaire :

— Pardon, Monsieur... il s'agit d'une condition relative à l'acte... que je désire soumettre à monsieur Pascal.

— Parfaitement, madame la marquise, répondit le notaire en s'inclinant, pendant que le financier lisait.

A peine eut-il lu, qu'il dit au notaire d'une voix altérée, et comme s'il avait hâte d'échapper à un grand danger :

— Cet acte... Monsieur... cet acte... finissons.

— Je vais, Monsieur... préalablement vous en donner lecture, répondit le notaire en tirant l'acte de son portefeuille et et en le dépliant avec lenteur.

Mais M. Pascal le lui arracha brusquement des mains, et dit, comme si sa vue eût été troublée :

— Où faut-il signer?...

— Ici, Monsieur... et approuver l'écriture auparavant... mais il est d'usage de...

M. Pascal écrivit d'une main convulsive et tremblante l'approbation d'écriture, signa, jeta la plume sur le bureau, et baissa la tête afin de ne pas rencontrer le regard de Madeleine.

— Il manque encore un paraphe ici, dit le minutieux notaire.

M. Pascal parapha ; le notaire prit l'acte en jetant un coup d'œil surpris, presque craintif, tant l'expression de la figure livide de Pascal était sinistre.

La marquise, toujours de sang-froid, reprit sa lettre de crédit, laissée sur le bureau, et dit au financier :

— Comme j'aurai besoin de tous mes fonds pour mon voyage, Monsieur, et que je pars ce soir... je vais, si vous le voulez bien, toucher la totalité de cette lettre de crédit ?

— Passez à la caisse, répondit machinalement M. Pascal, les yeux égarés et injectés de sang, car à sa pâleur livide avait soudain succédé une rougeur pourprée.

Madeleine, précédant le notaire, qui prétexta de saluer M. Pascal pour le regarder encore d'un air alarmé, Madeleine sortit du cabinet, ferma la porte, et dit au domestique :

— Où est la caisse ? je vous prie.

— La première porte à gauche dans la cour, Madame.

La marquise quittait le salon, lorsqu'un grand bruit se fit entendre dans le cabinet de M. Pascal.

On eût dit la chute d'un corps tombant sur le plancher.

Le domestique, quittant aussitôt Madeleine et le notaire, courut chez son maître.

La marquise, après avoir touché en billets de banque le montant de sa lettre de crédit, allait remonter en voiture, accompagnée du notaire, lorsqu'elle vit sortir de la porte cochère le domestique, d'un air effaré.

— Qu'y a-t-il, mon bon ami, lui demanda le notaire, vous semblez effrayé ?

— Ah ! Monsieur, quel malheur ! mon maître vient d'avoir une attaque d'apoplexie..... je cours chercher un médecin...

Et il disparut en courant.

— Je me disais aussi, reprit le notaire en s'adressant à Madeleine, ce cher monsieur ne me paraît pas dans son état naturel ; cela ne vous a-t-il pas fait cet effet-là, madame la marquise ?...

— Je trouvais comme vous, Monsieur, quelque chose de particulier dans l'expression de la physionomie de M. Pascal.

— Dieu veuille que cette attaque n'ait rien de grave, madame la marquise... Un homme si riche mourir dans toute la force de l'âge, ce serait vraiment dommage.

— Grand dommage, en vérité... Mais, dites-moi, Monsieur, si vous le voulez bien, je vais vous reconduire chez vous, et vous me remettrez l'acte relatif à M. Dutertre... J'en ai besoin.

— Le voici, madame la marquise, mais je ne souffrirai pas que vous vous dérangiez de votre route pour moi... Je vais à deux pas d'ici.

— Soit. Ayez alors la bonté de prendre ces quarante mille francs. Je désirerais avoir dix mille francs en or pour mon voyage, et une lettre de crédit sur Vienne.

— Je vais m'en occuper tout de suite, madame la marquise. Et quand faudra-t-il vous porter ces fonds?

— Ce soir, avant six heures, je vous prie.

— Je serai exact, madame la marquise.

Le notaire salua respectueusement, et Madeleine se fit aussitôt conduire à l'usine de Charles Dutertre.

XXII

Madeleine, nous l'avons dit, s'était, en sortant de chez M. Pascal, fait conduire chez madame Dutertre; celle-ci était seule, retirée dans sa chambre à coucher, lorsque la servante lui annonça la marquise.

Sophie, alors assise dans un fauteuil, semblait en proie à un grand désespoir; à la vue de son amie, elle releva vivement la tête; ses traits, navrés, baignés de larmes, étaient d'une pâleur mortelle.

— Tiens... lis... et ne pleure plus, s'écria tendrement Madeleine, en lui remettant l'acte signé par M. Pascal. Hier... avais-je tort de te dire : « *Espère?* »

— Ce papier !... reprit madame Dutertre avec surprise, qu'est-ce ?... explique-toi.

— Ta délivrance et celle de ton mari...

— Notre délivrance ?

— M. Pascal s'est engagé à donner à ton mari tout le temps que celui-ci demandait pour s'acquitter...

— Il serait vrai ! Non... non... un tel bonheur... encore une fois, c'est impossible !

— Lis donc... incrédule...

Sophie parcourut rapidement l'acte ; puis, regardant la marquise avec stupeur :

— Cela... tient du prodige, reprit-elle, je ne puis en croire mes yeux... et par quel moyen ?... Mais, mon Dieu !... c'est de la magie !

— Peut-être... répondit Madeleine en souriant, qui sait?

— Ah !... pardon... mon amie... s'écria Sophie en se jetant au cou de la marquise, ma surprise était si vive... qu'un instant elle a paralysé ma reconnaissance. Tu nous arraches à la ruine... nous et nos enfants nous te devrons tout, bonheur, sécurité... fortune... Oh ! Madeleine... tu es notre ange sauveur !...

L'expression de la reconnaissance de madame Dutertre était sincère.

Cependant la marquise remarqua dans l'accent, dans le geste, dans le regard de son amie, une sorte de contrainte... Sa physionomie ne semblait pas sereine, radieuse, comme elle aurait dû le devenir à la nouvelle d'un salut inespéré.

Un autre chagrin préoccupait évidemment madame Dutertre ; aussi, après un moment de silence attentif, Madeleine reprit :

— Sophie... tu me caches quelque chose : tes chagrins ne sont pas à leur fin ?...

— Peux-tu le croire... lorsque, grâce à toi, Madeleine... notre avenir est aujourd'hui aussi beau, aussi assuré qu'il était hier désespéré... lorsque...

— Je te dis moi, ma pauvre Sophie, que tu souffres encore... Je devrais lire sur tes traits la joie la plus entière, et tu peux à peine dissimuler ton chagrin.

— Me croirais-tu ingrate ?

— Je crois ton pauvre cœur blessé... oui, et cette blessure est si douloureuse, qu'elle n'est pas même adoucie par la bonne nouvelle que je t'apporte.

— Madeleine, je t'en conjure... laisse-moi... ne me regarde pas ainsi... cela me trouble... ne m'interroge pas; mais, crois, oh! je t'en supplie, crois bien que, de ma vie, je n'oublierai ce que nous te devons.

Et madame Dutertre cacha sa figure entre ses mains et fondit en larmes.

La marquise réfléchit pendant quelques instants, parut hésiter, et reprit :

— Sophie, où est ton mari?

La jeune femme tressaillit, rougit et pâlit tour à tour, et s'écria involontairement et presque avec crainte :

— Tu veux donc le voir?

— Oui.

— Je ne sais... s'il est... en ce moment à l'usine, répondit madame Dutertre en balbutiant, mais, si tu le désires... si tu y tiens absolument... je vais le faire demander... afin qu'il apprenne de toi-même... tout ce que nous te devons...

La marquise secoua mélancoliquement la tête et reprit :

— Ce n'est pas pour recevoir les remerciements de ton mari que j'aurais voulu le voir, Sophie... c'eût été pour... lui faire, comme à toi... mes adieux...

— Tes adieux?

— Ce soir... je quitte Paris.

— Tu pars! s'écria madame Dutertre, et son accent trahit un singulier mélange de surprise, de tristesse et de joie.

Aucune de ces nuances ne devait échapper à la pénétration de Madeleine.

Elle éprouva d'abord une impression pénible ; ses yeux devinrent humides; puis, surmontant son émotion, elle dit à son amie en souriant avec douceur et prenant ses deux mains entre les siennes :

— Ma pauvre Sophie... tu es jalouse...

— Madeleine !

— Tu es jalouse de moi... avoue-le...

— Je t'assure...

— Sophie.. sois franche... me nier cela, serait me faire

penser que tu crois que j'ai été sciemment coquette... avec ton mari... et Dieu sait ce qui en est... je ne l'ai vu qu'une fois... en face de toi...

— Madeleine, s'écria la jeune femme avec effusion et sans pouvoir retenir ses larmes, pardonne-moi... ce sentiment est honteux... indigne... car je connais l'élévation de ton cœur... et, à ce moment encore, tu viens nous sauver tous... mais si tu savais...

— Oui... ma bonne Sophie... si je savais... mais... je ne sais rien... voyons... fais-moi ta confession jusqu'au bout; peut-être me donnera-t-elle une bonne idée...

— Madeleine... en vérité, j'ai honte, je n'oserai jamais...

— Voyons... que crains-tu? puisque je pars... puisque je pars... ce soir!

— Tiens, c'est là ce qui me navre et m'irrite contre moi-même... Ton départ me désole... j'avais espéré te voir ici chaque jour, pendant longtemps peut-être... et pourtant...

— Et pourtant... mon départ te délivrera d'une cruelle appréhension... n'est-ce pas? Mais c'est tout simple, ma bonne Sophie, qu'as-tu à te reprocher, puisque, ce matin, avant de venir te voir, j'avais résolu de partir?

— Oui... tu dis cela... vaillante et généreuse comme tu l'es toujours.

— Sophie, je n'ai jamais menti... je te répète que, ce matin, avant de t'avoir vue... mon départ était arrêté... mais, je t'en conjure... dis-moi quelles causes ont éveillé ta jalousie... Cela est peut-être plus important que tu ne le penses pour la tranquillité de ton avenir.

— Eh bien! hier soir, Charles est rentré, brisé de fatigue et d'inquiétude, épouvanté des promptes mesures dont M. Pascal le faisait menacer... malgré ces préoccupations terribles... il m'a encore longuement parlé de toi... alors, je te l'avoue, les premiers soupçons me sont venus, en voyant à quel point ton souvenir dominait sa pensée... Charles s'est mis au lit... je suis restée pensive, assise à son chevet... Bientôt il s'est endormi... épuisé par les poignantes émotions de cette journée... au bout de quelques instants, son sommeil, d'abord tranquille, a paru agité... deux ou trois fois... ton nom est sorti de ses lèvres... puis ses traits se sont péniblement contractés, et il a murmuré, comme s'il eût été oppressé par un remords : « *Pardon! Sophie... pardon!... et mes enfants, oh! Sophie...* » Puis... il a encore prononcé quelques mots inintelligibles, et son repos n'a plus été troublé... Voilà tout ce qui s'est passé, Madeleine... ton nom seulement prononcé par mon mari... durant son sommeil... et cependant... je ne puis te dire le mal affreux que cela m'a fait... En vain je cherchais la cause de cette impression si vive, si soudaine, car Charles ne t'avait vue qu'une fois, et pendant un quart d'heure à peine... Sans doute tu es belle... oh! bien belle... et je ne puis t'être comparée, je le sais... cependant jusqu'ici Charles m'avait toujours tant aimée!...

Et la jeune femme ne put retenir ses larmes.

— Pauvre et bonne Sophie, reprit la marquise avec attendrissement, rassure-toi... il t'aime... il t'aimera toujours... et tu m'auras bientôt fait oublier...

Madame Dutertre soupira en secouant tristement la tête. Madeleine poursuivit :

— Crois-moi, Sophie... il dépendra de toi de me faire oublier... de même qu'il eût dépendu de toi d'empêcher ton mari de songer un seul instant à moi.

— Que veux-tu dire?

— Tout à l'heure, j'ai provoqué ta confidence en t'assurant qu'elle aurait sans doute quelque heureux résultat pour ton bonheur à venir et pour celui de ton mari... je ne m'étais pas trompée.

— Explique-toi...

— Voyons, figure-toi, ma bonne Sophie, que tu es à confesse... reprit Madeleine en souriant; oui, imagine-toi que tu es au confessionnal de ce grand et gros abbé Jolivet... tu sais, l'aumônier de la pension, qui nous faisait de si étranges questions lorsque nous étions jeunes filles... Aussi, depuis ce temps-là, me suis-je toujours demandé pourquoi il n'y avait pas d'abbesses pour confesser les jeunes filles... mais, comme, sans être abbesse, je suis femme... ajouta la marquise en souriant de nouveau, je peux hasarder quelques questions dont notre ancien confesseur eût été fort affriandé... Voyons... dis-moi... et ne rougis pas... ton mari t'a épousée par amour?...

— Hélas! oui.

— Veux-tu bien ne pas gémir à propos d'un si charmant souvenir!

— Ah! Madeleine... plus le présent est triste, plus certains souvenirs nous navrent...

— Le présent... l'avenir seront ce que tu voudras qu'ils soient... Mais, réponds-moi : pendant les deux ou trois premières années de ton mariage... vous vous êtes aimés... aimés... *en amants,* n'est-ce pas?.. tu me comprends?

La jeune femme baissa les yeux en rougissant.

— Puis, peu à peu... sans que votre affection diminuât pour cela, cette tendresse passionnée a fait place à un sentiment plus calme... que votre amour pour vos enfants a rempli de charme et de douceur... mais enfin... les deux amants n'étaient plus que deux amis réunis par les devoirs les plus chers et les plus sacrés... est-ce vrai?

— Cela est vrai, Madeleine, et, s'il faut te le dire... quelquefois j'ai regretté ces jours de première jeunesse et d'amour; mais je me suis reproché ces regrets... me disant qu'ils étaient incompatibles peut-être avec les sérieux devoirs qu'impose la maternité.

— Pauvre Sophie!... Mais, dis-moi... ce refroidissement... ou plutôt votre transformation d'amants en époux, en amis, si tu veux, n'a pas été soudaine, n'est-ce pas? Cela est venu... insensiblement, et presque sans que vous vous en soyez aperçus.

— En effet... mais comment sais-tu?...

— Encore une question... chère Sophie... Dans les premiers temps de votre amour... toi et ton mari... vous étiez, j'en suis certaine, très-coquets l'un pour l'autre? Jamais ta toilette n'était assez fraîche, assez jolie?... Rehausser par la recherche et par la grâce tout ce qu'il y avait en toi de charmant; enfin plaire à ton mari, le séduire toujours, le rendre amoureux toujours, telle était ta seule pensée?... Ton Charles avait sans doute quelque parfum de prédilection... et tes beaux cheveux, tes vêtements, exhalaient cette douce senteur qui, lors de l'absence, matérialise pour ainsi dire le souvenir de la femme aimée?...

— C'est vrai... nous adorions l'odeur de la violette et de l'iris... Ce parfum me rappelle toujours nos beaux jours d'autrefois.

— Tu vois donc bien!... Quant à ton mari, je n'en doute pas, il luttait avec toi de soins, d'élégance et de goût dans les plus petits détails de sa mise... enfin, tous deux, ardents, passionnés, vous pariez avec délices vos jeunes amours... Mais, hélas! du sein de ce bonheur si facile, si commode, est sortie peu à peu l'HABITUDE... l'habitude, ce fatal précurseur du *sans-gêne,* du *sans-façon,* de la *négligence de soi... l'habitude...* d'autant plus dangereuse, que souvent elle ressemble, à s'y méprendre, à un confiant et intime abandon... Aussi l'on se dit : « Je suis sûre d'être aimée... à quoi bon ces recherches, ces soins de tous les instants?... que sont ces « futilités auprès du véritable amour? » De sorte, ma bonne Sophie, qu'il est venu un jour où, tout absorbée d'ailleurs par ta tendresse pour tes chers enfants, tu ne t'es plus occupée de savoir si ta coiffure seyait plus ou moins bien à ton joli visage?... si ta robe se drapait bien ou mal à ton gracieux corsage?... si ton petit pied était ou non coquettement chaussé dès le matin?.... ton mari, absorbé de son côté par ses travaux, comme toi par la maternité, s'est aussi peu à peu négligé. Insensiblement vos yeux se sont accoutumés à ce changement, sans presque s'en apercevoir; de même que, pour ainsi dire, l'on ne se voit pas vieillir lorsque l'on vit continuellement ensemble. Et cela est si vrai, chère Sophie, que si, à cette heure, tu évoquais par le souvenir, la recherche, l'élégance, les soins charmants dont ton mari et toi vous vous entouriez au beau temps de vos amours... tu resterais saisie de surprise en comparant le présent au passé...

— Il n'est que trop vrai... Madeleine, répondit Sophie en jetant un regard triste, presque honteux sur ses vêtements négligés, sur sa coiffure en désordre. Oui... peu à peu, j'ai oublié l'art, ou plutôt le désir de plaire à mon mari. Hélas! il est maintenant trop tard pour se repentir.

— Trop tard! s'écria la marquise, trop tard! Avec tes vingt-cinq ans, avec cette figure si attrayante... trop tard! avec cette taille enchanteresse, ces cheveux magnifiques, ces dents de perles, ces grands yeux tendres, cette main de duchesse et ce pied d'enfant, trop tard!... Laisse-moi être ta femme de chambre pendant une demi-heure, ma chère Sophie, et tu verras s'il est trop tard pour faire redevenir ton mari ardent et passionné comme autrefois.

— Ah! Madeleine, il n'y a que toi au monde pour donner de l'espoir à ceux qui n'en ont plus; et pourtant la vérité de tes paroles m'épouvante. Hélas! tu as raison... Charles ne m'aime plus.

— Il t'aime toujours autant, et peut-être même plus que par le passé, pauvre folle. Car tu es pour lui l'épouse la plus éprouvée, la tendre mère de ses enfants; mais tu n'es plus l'enivrante maîtresse d'autrefois; aussi n'a-t-il plus pour toi ce tendre, ce brûlant amour des premiers jours de votre bonheur. C'est un peu bien *cru* ce que je te dis là, ma bonne Sophie; mais enfin, le bon Dieu sait ce qu'il fait : il ne nous a pas créés d'essence immatérielle; tout en nous n'est pas matière, soit; mais tout, non plus, n'est pas esprit. Va, crois-moi, il est quelque chose de divin dans le plaisir; aussi faut-il le parer, le parfumer, l'adoniser. Enfin, pardonne-moi cette énormité : en ménage... vois-tu? une petite pointe de *luxure*... n'est pas de trop, pour réveiller les sens endormis par l'habitude... sinon l'agaçante maîtresse a toujours l'avantage sur l'épouse, car, après tout, voyons, Sophie, pourquoi les devoirs de femme et de mère seraient-ils incompatibles avec les séductions et les voluptés de la maîtresse? pourquoi le père, le mari, ne serait-il pas aussi un amant ravissant? Tiens, ma bonne Sophie, je vais, en deux mots, avec ma brutalité ordinaire, résumer ta position et la mienne : *Ton mari t'aime,* ET IL NE TE DÉSIRE PLUS... *il ne m'aime pas,* et IL ME DÉSIRE.

Puis, la marquise, riant comme une folle, ajouta :

— N'est-il pas étrange que ce soit moi, une *demoiselle,* hélas! bien désintéressée dans la question, car je suis comme un gourmand sans estomac qui parlerait d'une chère délicieuse... n'est-il pas étrange que ce soit moi qui fasse ainsi la leçon à une femme mariée?

— Ah! Madeleine, s'écria Sophie avec effusion, tu nous auras sauvés deux fois aujourd'hui... car ce que mon mari ressent pour toi... il aurait pu le ressentir pour une autre femme moins généreuse que toi... et alors, songe donc à mon chagrin, à mes larmes!.. Oh! tu as raison... tu as raison... il faut que Charles revoie et retrouve dans sa femme... sa maîtresse d'autrefois...

L'entretien des deux amies fut interrompu par l'arrivée d'Antonine.

XXIII

L'entretien de Madeleine et de Sophie fut donc interrompu par l'arrivée d'Antonine, qui, impétueuse comme la joie, la jeunesse et le bonheur, entra en s'écriant :

— Sophie, je savais hier que Madeleine serait ici ce matin, et j'accours pour vous dire que...

— Pas un mot de plus, petite fille, reprit gaiement la marquise, en baisant Antonine au front, nous n'avons pas un moment à perdre ; il faut que nous soyons, comme nous l'étions autrefois en pension entre nous, les femmes de chambre de Sophie.

— Que dis-tu ? s'écria la jeune femme.

— Mais, Madeleine, reprit Antonine, je venais vous prévenir que mon contrat a été signé ce matin par le prince et par mon oncle, et que...

— Ton contrat est signé, mon enfant ! c'est l'important, et je m'y attendais ; tu me conteras le reste lorsque nous aurons fait à notre chère Sophie la plus jolie, la plus coquette toilette du monde ; c'est fort important et surtout fort pressé.

Puis la marquise ajouta tout bas à l'oreille de madame Dutertre :

— Ton mari peut venir d'un moment à l'autre ; il faut qu'il soit ravi... charmé... il le sera...

S'adressant alors à Antonine, Madeleine ajouta :

— Vite, vite, mon enfant... aide-moi à apporter cette toilette devant la fenêtre... et occupons-nous d'abord de la coiffure de Sophie...

— Mais, en vérité, Madeleine... répondit madame Dutertre en souriant, car elle renaissait malgré elle à l'espoir et au bonheur, en vérité, tu es folle.

— Pas si folle... répondit la marquise, en faisant asseoir Sophie devant la toilette. Dénouant alors la magnifique chevelure de son amie, elle ajouta : Avec des cheveux pareils, je serais laide comme un monstre que je voudrais paraître agaçante au dernier point ; juge un peu de toi... Sophie... Voyons, aide-moi, Antonine, car... ces cheveux sont si longs, si épais, que je ne puis les tenir dans ma main.

Ce fut quelque chose de charmant à voir que ces trois amies, de beauté si diverse, ainsi groupées. La candide figure d'Antonine exprimait un étonnement tout naïf de cette toilette improvisée. Sophie, émue, troublée par les tendres et brûlants souvenirs du passé, sentait sous son voile de cheveux bruns sa gracieuse figure, jusqu'alors pâle et attristée, se colorer d'une rougeur involontaire ; tandis que Madeleine, tirant merveilleusement parti de la superbe chevelure de son amie, la coiffait à ravir.

— Maintenant, dit la marquise à Sophie, quelle robe vas-tu mettre? Mais, j'y pense, elles doivent t'habiller horriblement mal, si elles sont toutes taillées sur le même patron?

— Elles le sont malheureusement, répondit Sophie en souriant.

— Très-bien ! reprit la marquise, et toutes sont montantes, je parie?

— Oui, toutes sont montantes, dit la pauvre Sophie.

— De mieux en mieux, dit Madeleine. De sorte que ces jolies épaules à fossettes, ces bras charmants, sont condamnés à un enfouissement perpétuel... c'est déplorable. Voyons, as-tu du moins quelque robe de chambre bien élégante, quelque peignoir bien coquet?

— Mes robes de chambre sont toutes simples. Il est vrai qu'autrefois...

— Autrefois?

— J'en avais de délicieuses.

— Eh bien ! où sont-elles?

— Je les ai trouvées trop *jeunes* pour une mère de famille comme moi, répondit Sophie en souriant, et je les ai reléguées, je crois, dans le haut de cette armoire à glace.

La marquise n'en entendit pas davantage : elle courut à l'armoire, qu'elle bouleversa, et trouva enfin deux ou trois très-jolies robes de chambre de taffetas rayé, d'une extrême fraîcheur ; elle en choisit une fond bleu clair à rayures paille ; les manches, ouvertes et flottantes, devaient laisser les bras nus à partir du coude, et, quoique se croisant par devant, cette robe pouvait s'entr'ouvrir à volonté, et dégager la poitrine.

— A merveille! dit Madeleine, cette étoffe est charmante, et aussi fraîche que si elle était neuve ; il me faut maintenant des bas de soie blancs, dignes de ces élégantes pantoufles de Cendrillon que je trouve aussi dans cette armoire... où tu as enseveli tes armes, comme un guerrier qui ne va plus à la bataille.

— Mais, ma chère Madeleine, dit Sophie, je...

— Il n'y a pas de mais, reprit impatiemment la marquise, je veux et j'entends que, tout à l'heure, en entrant ici, ton mari se croie... et soit rajeuni de cinq ans.

Malgré une faible résistance, Sophie Dutertre se montra docile aux conseils et aux soins coquets de son amie ; bientôt, à demi couchée sur une chaise longue, dans une pose pleine de morbidesse et de langueur, elle consentit à ce que la marquise donnât la dernière *touche* à ce tableau vivant. En effet, Madeleine fit jouer quelques longues boucles de cheveux à l'entour du cou, d'une éblouissante blancheur, releva les larges manches, afin de bien laisser voir un coude à fossettes, entr'ouvrit quelque peu (malgré les chastes scrupules de Sophie) le corsage de la robe de chambre, qui, drapée avec une agaçante préméditation, laissait voir le bas d'une jambe faite au tour, et le plus joli petit pied du monde.

Il faut le dire, Sophie Dutertre était ainsi charmante : l'émotion, le trouble, l'espoir, une vague inquiétude colorant son doux et attrayant visage, animaient son regard, faisaient palpiter son sein, et donnaient à ses traits une expression délicieuse.

Antonine, frappée de cette espèce de métamorphose, s'écria naïvement en frappant dans ses petites mains :

— Mon Dieu! mon Dieu! Sophie, je ne vous savais pas si jolie que cela.

— Ni Sophie non plus ne le savait plus, répondit Madeleine en haussant les épaules ; il faut que ce soit moi qui *exhume* tant d'attraits.

La servante de madame Dutertre, ayant frappé à la porte, entra et dit à sa maîtresse :

— Monsieur désirerait parler à Madame... Il est à l'atelier; il fait demander si Madame est chez elle.

— Il te sait ici, dit tout bas Sophie à Madeleine avec un soupir.

— Fais-lui dire de venir, reprit à demi-voix la marquise.

— Prévenez M. Dutertre que je suis chez moi, dit Sophie à la servante, qui sortit.

Madeleine, s'adressant alors à son amie d'une voix pénétrée, lui tendit les bras et lui dit :

— Et maintenant... adieu, Sophie... annonce à ton mari qu'il est délivré de M. Pascal.

— Tu pars... déjà?.. reprit Sophie avec tristesse; et quand te reverrai-je?..

— Je ne sais... un jour peut-être. Mais j'entends les pas de ton mari... je te laisse.

Puis elle ajouta en souriant :

— Seulement je veux, cachée derrière cette portière abaissée, jouir de ton triomphe.

Et, faisant signe à Antonine de l'accompagner, elle se retira derrière la portière baissée du salon voisin, au moment où M. Dutertre entrait dans la chambre à coucher de sa femme. Pendant quelques instants, les yeux de Charles errèrent comme s'il cherchait une personne qu'il s'était attendu à rencontrer, et il ne s'aperçut pas de la métamorphose de Sophie, qui lui dit :

— Charles, nous sommes sauvés... voici le désistement de M. Pascal...

— Grand Dieu! serait-il vrai? s'écria Dutertre en parcourant les papiers que sa femme venait de lui remettre; puis, son regard se relevant et s'arrêtant sur Sophie, il remarqua seulement alors sa toilette si coquette, si agaçante. Après un moment de silence causé par la surprise et l'admiration, il s'écria :

— Sophie! que vois-je? cette toilette si charmante, si nouvelle! c'est donc pour fêter le jour de notre délivrance?

— Charles, reprit Sophie en souriant et en rougissant tour à tour, cette toilette n'est pas nouvelle... il y a quelques années... si tu te le rappelles... je te plaisais ainsi...

— Si je me le rappelle! s'écria Dutertre, sentant se réveiller en lui mille tendres et voluptueux souvenirs, ah! c'était le beau temps de nos brûlantes amours, et cet heureux temps, il renaît, il existe... Je te revois comme par le passé... ta beauté brille à mes yeux d'un éclat tout nouveau... Je ne sais quel est ce prestige... mais cette élégance... cette coquetterie... cette grâce... ta rougeur... tout, jusqu'à cette douce senteur d'iris que nous aimions tant, tout me transporte et m'enivre... Jamais, non, jamais, je ne t'ai vue plus jolie, ajouta Dutertre d'une voix passionnée en baisant avec ardeur les belles mains de Sophie. Oh! oui, c'est toi, c'est bien toi, je te retrouve, maîtresse adorée de mon *premier amour!*

— Maintenant, petite fille, il est, je crois, fort à propos de nous retirer, dit tout bas Madeleine à Antonine, sans pouvoir s'empêcher de sourire.

Et toutes deux, s'éloignant sur la pointe du pied et quittant le salon, dont la marquise ferma discrètement la porte, se trouvèrent dans le cabinet de M. Dutertre, qui donnait sur le jardin.

— Tout à l'heure, Madeleine, dit Antonine à la marquise, vous ne m'avez pas laissé achever ce que je venais vous dire?

— Eh bien! parle, mon enfant.

— M. Frantz est ici.

— Lui... ici! dit la marquise en tressaillant sans pouvoir cacher un sentiment douloureux. Et pourquoi, et comment... M. Frantz est-il ici?

— Sachant par moi que vous deviez vous trouver ici ce matin, reprit Antonine, M. Frantz est venu pour vous remercier de toutes vos bontés pour nous... Il attend dans le jardin... et, tenez, le voilà!..

Ce disant, la jeune fille montra Frantz, qui, en effet, était assis sur un banc du jardin.

Madeleine jeta un long et dernier regard sur son *blond archange,* sans pouvoir retenir une larme qui roula dans ses yeux; puis, baisant Antonine au front, elle lui dit d'une voix légèrement altérée :

— Adieu, mon enfant.

— Comment! Madeleine, s'écria la jeune fille stupéfaite d'un si brusque départ, vous vous en allez sans vouloir voir M. Frantz? Mais c'est impossible... mais...

La marquise mit son doigt sur ses lèvres en faisant signe à Antonine de garder le silence; puis s'éloignant, non sans que ses yeux se tournassent encore une fois du côté du jardin, elle disparut.

. . . .

Deux heures après, la marquise de Miranda quittait Paris en laissant ce billet pour l'archiduc :

» *Monseigneur,*

« *Je vais vous attendre à Vienne ; venez achever de me séduire* *.

« Madeleine. »

* On trouvera la conclusion de cette aventure dans le dernier de ces sept récits : LA GOURMANDISE (*le docteur Gasterini*). E. S.

FIN DE LA LUXURE.

LES SEPT
PÉCHÉS CAPITAUX

LA PARESSE

Un peintre voudrait-il représenter dans sa plus charmante expression la paresseuse douceur du *far niente*?.. Nous allons tenter de lui offrir un modèle...

Florence de Luceval, mariée depuis six mois, n'a pas encore dix-sept ans; elle est blanche et rose, avec de beaux cheveux blonds. Quoique d'une taille svelte et élancée, la jeune femme est un peu grasse; mais ce léger embonpoint est si merveilleusement réparti, qu'il devient un nouvel attrait.

La pose de Florence, enveloppée d'un peignoir de mousseline blanche, est pleine de nonchalance et d'abandon; à demi étendue dans un moelleux fauteuil à dossier renversé, où repose indolemment sa tête charmante, elle allonge et croise ses petits pieds, chaussés de mignonnes pantoufles, sur un épais coussin, tandis que, du bout de ses doigts effilés, elle effeuille une rose sur ses genoux.

La jeune femme, placée ainsi auprès d'une fenêtre ouverte donnant sur un jardin, laisse errer ses grands yeux bleus demi-clos à travers des jeux d'ombre et de lumière, que produisent les rayons dorés du soleil perçant çà et là l'obscurité bleuâtre d'une allée ombreuse... A l'extrémité de cette voûte de verdure, deux vasques de marbre blanc épanchent de l'une dans l'autre une eau cristalline; le murmure lointain de cette cascade, le gazouillement des oiseaux, la chaleur de l'atmosphère, la limpidité d'un ciel d'été, la senteur embaumée de plusieurs massifs d'héliotropes et de chèvrefeuilles du Japon, plongent la jeune femme dans l'extase d'une béatitude contemplative...

Ainsi mollement étendue, laissant sa pensée s'engourdir à demi comme son corps, il lui semble qu'un fluide énervant l'enveloppe, la pénètre, et elle s'abandonne à ce délicieux anéantissement de tout son être.

Pendant que cette incurable paresseuse cédait ainsi au charme de son indolence habituelle, la scène suivante se passait dans une pièce voisine.

M. *Alexandre de* Luceval venait d'entrer dans la chambre à coucher de sa femme. C'était un jeune homme de vingt-cinq ans environ, brun, sec, nerveux; l'activité, la pétulance de son caractère, se trahissaient dans ses moindres gestes; il appartenait à cette classe de gens qui, doués ou affligés d'un besoin de locomotion incessant, ont, comme on le dit vulgairement, *du salpêtre dans les veines,* et ne peuvent rester une minute en place, ou sans agir, de ci, de là, pour le moindre motif; ce personnage semblait être en dix endroits à la fois, et résoudre à la fois deux problèmes : celui du mouvement perpétuel et celui de l'*ubiquité*.

Deux heures de l'après-midi sonnaient. M. de Luceval, levé dès l'aube (il dormait quatre ou cinq heures au plus), avait déjà parcouru la moitié de Paris à pied ou à cheval. Au moment où il se présentait dans la chambre à coucher de madame de Luceval, une des femmes de celle-ci s'y trouvait.

— Eh bien ! lui dit son maître d'une voix brève, précipitée, qui lui était naturelle, Madame est-elle rentrée ? est-elle prête ?

— Madame la marquise n'est pas sortie, Monsieur, reprit la suivante, mademoiselle Lise.

— Comment !.. ce matin, Madame n'est pas sortie à onze heures?

— Non, Monsieur, puisque Madame ne s'est levée qu'à midi et demi.

— Allons, encore cette course remise ! dit M. de Luceval en frappant du pied avec impatience.

Puis il reprit :

— Enfin, Madame est habillée, au moins?

— Oh! non, Monsieur... Madame est encore en peignoir... Madame ne m'avait pas dit qu'elle dût sortir.

— Où est-elle ?.. s'écria M. de Luceval en frappant du pied; où est-elle?

— Dans le petit salon du jardin, Monsieur.

Quelques secondes après, M. de Luceval entrait bruyamment dans le boudoir où la paresseuse était indolemment étendue dans son fauteuil; elle s'y trouvait si bien... si bien... qu'elle n'eut pas le courage de tourner la tête pour voir qui entrait.

— Vraiment, Florence, lui dit M. de Luceval, c'est insupportable...

— Quoi !.. mon ami? lui demanda-t-elle languissamment sans bouger, et les yeux toujours attachés sur le jardin.

— Vous me demandez quoi? comme si vous ignoriez que nous devions sortir ensemble à deux heures...

— Il fait trop chaud...

— Votre voiture est attelée.

— Faites-la dételer; pour un empire... je ne bougerais...

— Voilà déjà autre chose maintenant! Mais vous savez bien qu'il est indispensable que nous sortions ensemble... d'autant plus indispensable, que vous n'êtes pas sortie ce matin comme vous le deviez...

— Je n'ai pas eu le courage de me lever.

— Vous aurez du moins celui de vous habiller, et sur l'heure...

— Mon ami... n'insistez pas...

— Ah çà! Florence, c'est une plaisanterie!

— Pas du tout.

— Mais, encore une fois, les achats que nous avons à faire sont de toute nécessité ; il faut que la corbeille de mariage de ma nièce soit enfin complétée... et elle le serait depuis une semaine... sans votre incroyable apathie...

— Vous avez très-bon goût, mon ami... occupez-vous de cette corbeille; il me faudrait courir de boutique en boutique, monter, descendre, rester debout pendant des heures; cela m'épouvante, rien que d'y songer.

— Allez, Madame, à dix-sept ans, une paresse pareille, c'est honteux, c'est monstrueux, c'est une véritable maladie... Dès demain je consulterai *le docteur* GASTERINI.

— Ah! la bonne idée, dit Florence en riant. Ce cher docteur, il est si spirituel, que ce sera une consultation très-amusante.

— Je parle sérieusement, Madame; il doit y avoir quelque chose à faire pour vous guérir de cette inconcevable apathie...

— J'espère bien être incurable; car, tenez... tout à l'heure, avant votre arrivée, vous n'avez pas idée du bien-être dont je jouissais... là... regardant pour ainsi dire sans voir... écoutant cette cascade... et ne me donnant pas même la peine de penser.

— Et vous osez avouer cela!..

— Pourquoi pas?

— Non... non... je ne crois point que l'on puisse rencontrer dans ce monde une seconde créature d'une apathie comparable à la vôtre.

— Cependant, vous m'avez parlé bien des fois de votre cousin *Michel,* qui, selon vous, ne me cède en rien en paresse... C'est peut-être pour cela qu'il n'a pas encore pris la peine de venir vous voir depuis notre mariage...

— Oh! certes... vous vous valez tous deux... et encore je ne sais si votre indolence ne l'emporte pas sur la sienne... Mais voyons, Florence, ne plaisantons pas... habillez-vous et sortons, je vous en conjure.

— Et moi, à mon tour, mon cher Alexandre, je vous en conjure, chargez-vous de ces commissions, et je vous promets d'aller ce soir me promener avec vous, en calèche découverte, au bois de Boulogne... Il fera nuit, je n'aurai que la peine de mettre un mantelet et un chapeau.

Comment! mais c'est le jour de réception de madame de Saint-Prix; voilà deux fois qu'elle est venue vous voir, et vous n'avez pas encore mis les pieds chez elle... Vous me ferez donc le plaisir d'y venir ce soir.

— M'habiller... faire une toilette... ma foi! non, c'est trop ennuyeux.

— Madame... il ne s'agit pas de ce qui est ennuyeux ou amusant; il est des devoirs de société à remplir... et vous viendrez chez madame de Saint-Prix...

— La société se passera de moi comme je me passe d'elle... Le monde me fatigue, je n'irai pas chez madame de Saint-Prix...

— Vous irez...

— Non... et quand je dis non... c'est non.

— Morbleu! Madame...

— Mon ami, je vous l'ai dit souvent... je me suis mariée pour quitter le couvent... pour dormir ma grasse matinée, pour me lever tous les jours à l'heure qu'il me plairait... pour ne plus prendre de leçons, pour jouir du délice de ne rien faire, pour être, en un mot, ma maîtresse.

— Mais c'est parler et raisonner comme un enfant... comme un enfant gâté...

— Soit...

— Ah! votre tuteur m'avait prévenu... Pourquoi ne l'ai-je pas cru? Mais j'étais à mille lieues de m'imaginer qu'un caractère comme le vôtre pouvait exister. Je me disais... chez une jeune fille de seize ans... cette apathie, cette paresse, n'est autre chose que l'ennui... que le dégoût que cause la vie monotone du couvent... Une fois dans le monde, les devoirs et les plaisirs de la société... le soin de sa maison, les voyages, triompheront de son indolence, et...

— C'est pourtant vrai, cela! dit madame de Luceval en interrompant son mari avec un accent de reproche; sous le prétexte que vous aviez encore à parcourir les trois quarts du globe... vous avez eu la barbarie de me proposer de voyager le lendemain de notre mariage...

— Mais, Madame, les voyages...

— Ah! Monsieur, rien qu'en m'en parlant, vous me donnez le frisson!.. Un voyage, bon Dieu!.. un voyage! c'est-à-dire tout ce qu'il y a de plus pénible, de plus fatigant au monde! Des nuits passées en voiture ou dans d'horribles auberges; des promenades, des courses sans fin, pour aller voir les prétendues beautés du pays... ou les curiosités de la route. Tenez, Monsieur, je vous en ai déjà supplié... ne me parlez plus de voyages... je les ai en horreur!

— Ah! Madame... Madame... si j'avais pu prévoir!

— Je comprends... je n'aurais pas le bonheur d'être madame de Luceval...

— Dites que je n'aurais pas le malheur d'être votre mari.

— Après six mois de mariage... c'est gracieux...

— Eh! morbleu! Madame, vous me poussez à bout... aussi. Il n'y a pas sur la terre un être plus malheureux que moi... car, enfin, il faut bien que j'éclate.

— Allons, éclatez... mais tout doucement... j'abhorre le bruit.

— Eh bien! Madame... je vous dirai... *doucement*... qu'il est du devoir d'une femme de se mêler de sa maison, et que vous ne vous occupez nullement de la vôtre; sans moi, je ne sais comment elle irait.

— Cela regarde votre intendant. D'ailleurs vous avez de l'activité pour deux; il faut bien que vous l'employiez à quelque chose.

— Je vous dirai encore... *tout doucement,* Madame, que j'avais rêvé une vie délicieuse... Je m'étais réservé de parcourir, une fois marié, les pays les plus curieux, me disant : Au lieu de voyager seul, j'aurai une compagne charmante; fatigues, hasards, périls même, nous partagerons tout avec courage.

— Ah! mon Dieu! murmura Florence en levant ses beaux yeux au ciel, oser avouer cela... encore!

— Quel bonheur! me disais-je, reprit M. de Luceval emporté par l'amertume de ses regrets, quel bonheur... de parcourir ainsi... les contrées les plus intéressantes... l'Égypte...

— L'Égypte?..

— La Turquie.

— Ah! mon Dieu!.. la Turquie?..

— Et même, si vous aviez été la femme que j'avais malheureusement rêvée, nous aurions pu pousser... jusqu'au Caucase...

— Au Caucase?.. s'écria Florence en se levant cette fois tout à fait sur son séant; car, jusqu'alors, à chacune des énumérations géographiques de son mari, elle s'était progressiment soulevée du fond de son fauteuil. Est-il possible ! ajouta-t-elle en joignant ses jolies mains avec effroi, au Caucase !

— Eh morbleu !.. Madame... *lady Stanhope,* madame la duchesse *de Plaisance,* et tant d'autres, n'ont pas reculé devant de pareils voyages.

— Au Caucase !.. voilà donc ce qui m'était réservé ! voilà ce que vous complotiez en sournois, Monsieur, lorsque, toute confiante, je vous donnais innocemment ma main... à la chapelle de l'Assomption. Ah ! c'est maintenant que je puis juger du cruel égoïsme de votre caractère.

Et l'indolente retomba dans son fauteuil en répétant :

— Au Caucase !

— Oh ! je le sais bien, reprit de Luceval avec amertume, vous n'êtes pas de ces femmes capables de faire la plus petite concession aux moindres désirs de leurs maris.

— Une petite concession !.. Mais, Monsieur, proposez-moi donc tout de suite un voyage de découvertes à Tombouctou, ou dans la mer Glaciale !..

— Madame, la courageuse femme d'un peintre éminent, madame *Biard,* a eu le courage, elle, d'accompagner gaiement son mari au pôle nord. Oui, ajouta M. de Luceval d'un ton de récrimination courroucé, entendez-vous, Madame... au *pôle nord ?*

— Je n'entends que trop, Monsieur... Allez ! vous êtes le plus méchant... ou le plus fou des hommes.

— Madame !

— Mais... mon Dieu ! Monsieur, qui vous retient ?.. Vous avez la passion, la monomanie des voyages... le repos vous donne des vertiges. Voyagez ! allez au Caucase, allez au *pôle nord,* partez, courez... nous y gagnerons tous deux... je ne vous affligerai plus du spectacle de ma *monstrueuse* indolence... et vous ne m'irriterez plus les nerfs par cette agitation continuelle qui vous empêche de rester un moment en place, ou d'y laisser les autres. Vingt fois par jour vous entrez chez moi pour le seul plaisir d'aller et de venir ; ou, mieux encore... car c'est à n'y pas croire... vous vous imaginez d'accourir m'éveiller à cinq heures du matin, pour me proposer des promenades à cheval... ou de me conduire à l'école de natation. N'avez-vous pas été jusqu'à m'engager à faire un peu de gymnastique ?.. De la gymnastique ! il n'y a que vous au monde pour avoir des idées pareilles! Aussi, Monsieur, je vous le répète, vos propositions sauvages, vos allées, vos venues, ce bruit, ce mouvement perpétuel, cette incessante activité dont vous êtes possédé, me causent au moins autant d'ennuis que ma paresse vous en cause ; après tout, il ne faut pas croire que seul vous ayez à vous plaindre... et puisque nous en sommes enfin à nous dire nos vérités... je vous déclare à mon tour, Monsieur, qu'une pareille vie m'est insupportable, et que, si cela doit durer ainsi, il me sera impossible d'y résister.

— Qu'entendez-vous par là, Madame ?

— J'entends par là, Monsieur, que nous serions bien sots de nous contraindre et de nous mutuellement gêner ; vous avez vos goûts, j'ai les miens ; vous avez votre fortune, j'ai la mienne : vivons comme bon nous semblera, et, pour l'amour du ciel, vivons surtout en repos.

— En vérité, Madame, je vous admire, c'est exorbitant. Ah! vous croyez que je me suis marié pour ne pas vivre à ma guise ?

— Eh! mon Dieu! Monsieur, vivez comme il vous plaira, mais laissez-moi vivre comme il me plaît.

— Il me plaît, à moi, Madame, de vivre avec vous... c'est pour cela que je vous ai épousée, je pense ? c'est donc à vous d'accepter mon genre de vie... Oui, Madame, j'ai le droit de l'exiger... et j'aurai l'énergie de l'obtenir.

— Monsieur de Luceval, ce que vous dites là est parfaitement ridicule.

— Ah! ah! dit le mari avec un sourire sardonique, vous croyez ?

— Du dernier ridicule, Monsieur.

— Alors le Code civil est du dernier ridicule ?

— Eh mais !.. sans le connaître, je ne répondrais pas que non, puisque vous l'invoquez au sujet de cette discussion.

— Apprenez, Madame, que le Code civil déclare formellement que la femme est tenue, obligée, forcée de suivre son mari...

— Au Caucase ?

— Partout où il lui plaît de l'emmener... Madame, pourvu qu'il y ait sécurité pour elle.

— Monsieur, je ne suis pas en humeur de plaisanter ; sans

cela, votre interprétation du Code civil m'amuserait beaucoup.

— Je parle sérieusement, Madame, très-sérieusement.

— Voilà justement le comique de la chose.

— Madame !.. prenez garde ; ne me poussez pas à bout.

— Allons, menacez-moi tout de suite du *pôle nord,* et que cela finisse.

— Je ne vous menacerai pas, Madame; mais rappelez-vous bien une chose : c'est que le temps de la faiblesse est passé; aussi, lorsqu'il me conviendra de partir en voyage, et ce moment-là est peut-être plus prochain que vous ne le pensez, je vous avertirai huit jours à l'avance, afin que vous ayez le temps de faire vos préparatifs, et, bon gré mal gré, lorsque les chevaux de poste seront arrivés, il vous faudra monter en voiture.

— Ou sinon, le commissaire, et un bon *de par la loi, suivez votre mari,* je suppose, Monsieur?

— Oui, Madame... Vous avez beau rire... vous me suivrez *de par la loi...* car vous sentez bien qu'il faut et qu'il existe des garanties à l'endroit d'une chose aussi sérieuse, aussi sainte, que le mariage. Après tout, les goûts, le bonheur, la tranquillité d'un honnête homme, ne peuvent pas être soumis au premier caprice d'une enfant gâtée !

— Un caprice !.. c'est curieux... J'ai les voyages en horreur, la moindre fatigue m'est insupportable; et parce qu'il vous plaît de continuer la tradition du *Juif errant,* je serai forcée de vous suivre?

— Oui, Madame... et je vous prouverai que...

— Monsieur de Luceval, je hais la discussion; c'est un véritable travail, et des plus fastidieux... Aussi, pour me résumer, je vous déclare que je ne vous accompagnerai dans aucun de vos voyages, ne fût-ce que pour aller d'ici à Saint-Cloud ; vous verrez si je manque à ma résolution.

Et Florence se replongea dans son fauteuil, croisa ses petits pieds l'un sur l'autre, laissa retomber languissamment ses mains sur les accoudoirs du siége, renversa sa tête en arrière, et ferma à demi ses yeux... comme si elle avait à se reposer d'une fatigue accablante.

— Madame ! s'écria M. de Luceval, il n'en sera pas ainsi.. je ne supporterai pas ce dédaigneux silence...

Quoi qu'il en dit, quoi qu'il en eût, le mari de Florence parla longtemps sans pouvoir arracher d'elle la moindre parole. Désespérant de vaincre ce silence obstiné, il sortit furieux.

M. de Luceval était parfaitement sincère dans ses prétentions. Égoïste ingénu, touriste effréné, il n'admettait pas que sa femme n'eût point, ainsi que lui, la passion des voyages, ou que du moins elle n'agît pas comme si elle les eût aimés. Il l'admettait d'autant moins, qu'en épousant Florence il s'était persuadé qu'une enfant de seize ans, orpheline et sortant du couvent, n'aurait aucune volonté, et serait au contraire ravie de voyager, proposition qu'il avait délicatement ménagée à sa femme comme une surprise délicieuse.

Telle fut l'erreur de M. de Luceval : son notaire lui avait parlé d'une orpheline de seize ans, d'une figure charmante, riche de plus d'un million, qui, placé chez son tuteur, banquier renommé, rapportait quatre-vingt mille livres de rente. M. de Luceval remercia son notaire et la Providence, vit la jeune fille, la trouva ravissante, en devint amoureux, bâtit follement sa vie à venir sur le sable mouvant d'un cœur de seize ans... se maria... et, au réveil, il avait la bonhomie de s'étonner de la perte de ses illusions; il avait la simplicité de croire que le droit, que l'obsession, que les menaces, que la force, que la *loi*... pouvaient quelque chose sur la volonté d'une femme qui se retranche dans une résistance passive.

. . . .

M. de Luceval avait quitté Florence depuis peu de temps, lorsque mademoiselle Lise, la femme de chambre, entra dans le salon d'un air effaré, et dit à sa maîtresse :

— Ah! mon Dieu! Madame.

— Eh bien... qu'y a-t-il, Mademoiselle?

— Une dame, qui s'appelle madame d'Infreville, est en bas dans un fiacre...

— Valentine!.. dit vivement la jeune femme avec un accent de surprise et de joie, il y a des siècles que je ne l'ai vue... qu'elle monte...

— Oh! Madame, c'est impossible.

— Comment?

— Cette dame a fait demander par le portier la femme de chambre de madame la marquise; on est venue me prévenir, je suis descendue ; alors cette dame, qui était toute pâle, m'a dit : « Mademoiselle, priez madame de Luceval de se donner la peine de descendre... j'ai à lui parler pour une chose fort importante... vous lui direz mon nom... madame d'Infreville... Valentine d'Infreville... »

A peine mademoiselle Lise achevait-elle ces mots, qu'un valet de chambre entra, après avoir frappé, et dit à Florence :

— Madame la marquise peut-elle recevoir madame d'Infreville ?

— Comment ? demanda Florence, fort surprise de ce brusque revirement dans la résolution de son amie, madame d'Infreville est donc là ?..

— Oui, Madame.

— Priez-la d'entrer, dit madame de Luceval en se levant pour aller au-devant de son amie, qu'elle embrassa avec effusion, et avec qui elle demeura seule.

II

Valentine d'Infreville avait trois ans de plus que madame de Luceval, et formait avec celle-ci un contraste frappant, quoiqu'elle fût aussi fort jolie ; grande, très-brune, très-mince sans être maigre, elle avait de beaux yeux, pleins de feu, aussi noirs que ses longs et épais cheveux ; ses lèvres rouges, estompées d'un léger duvet, ses narines roses, dilatées et palpitantes à la moindre émotion, l'excessive mobilité de ses traits, son geste vif, le timbre un peu viril de sa voix de contralto, tout annonçait chez cette jeune femme un caractère ardent et passionné ; elle avait connu Florence au couvent du

Sacré-Cœur, où elles s'étaient intimement liées. Valentine était sortie de cette retraite pour se marier, une année avant sa compagne, qu'elle vint cependant maintes fois visiter au couvent; mais, peu de temps avant son union avec M. de Luceval, Florence, à sa grande surprise, n'avait plus revu son amie, et leurs relations s'étaient dès lors bornées à une correspondance assez rare du côté de madame d'Infreville, absorbée, disait-elle, par des soins de famille; les deux compagnes se retrouvaient donc en suite d'un intervalle de six mois environ.

Madame de Luceval, après avoir tendrement embrassé son amie, remarqua sa pâleur, son agitation, et s'adressant à elle avec inquiétude :

— Mon Dieu! Valentine, qu'as-tu donc? Ma femme de chambre m'avait dit d'abord que tu désirais me parler, mais que tu ne voulais pas monter chez moi...

— Tiens, Florence, j'ai la tête perdue... je suis folle.

— De grâce, explique-toi.. tu m'effrayes.

— Florence, veux-tu me sauver d'un grand malheur?

— Parle, parle... Ne suis-je pas ton amie, quoique tu m'aies bien délaissée depuis six mois?

— J'ai eu tort... j'ai été oublieuse, ingrate... et pourtant je viens m'adresser à toi.

— C'est la seule manière de te faire pardonner.

— Florence... Florence... toujours la même !

— Voyons, vite, que puis-je faire?

— Tu as ici... ce qu'il faut pour écrire?..

— Oui, là, sur cette table...

— Écris ce que je vais te dicter... Je t'en supplie, cela peut me sauver...

— Ce papier est à mon chiffre... est-ce indifférent?

— C'est au contraire à merveille, puisque c'est toi qui m'écris...

— Maintenant, Valentine, dicte, je t'attends.

Madame d'Infreville dicta ce qui suit d'une voix altérée, en s'interrompant de temps à autre, vaincue par l'émotion :

« J'ai été si heureuse de notre bonne et longue journée d'hier, ma chère Valentine, journée qui ne l'a cédé d'ailleurs en rien à celle de mercredi, qu'au risque de te paraître égoïste et importune, je viens encore te demander celle de dimanche... »

— Celle de dimanche? répéta Florence fort intriguée par ce début.

Madame d'Infreville poursuivit sa dictée :

« Notre programme sera le même. »

— Souligne PROGRAMME, ajouta la jeune femme avec un sourire amer, c'est une plaisanterie ; puis elle reprit :

« Notre *programme* sera le même : déjeuner à onze heures, promenade dans ton joli jardin, travail de tapisserie, musique et causerie jusqu'à sept heures ; puis le dîner, et ensuite quelques tours d'allées au bois de Boulogne, en voiture découverte... si le temps est beau, et tu me ramèneras chez moi à dix heures, comme hier.

« Réponds-moi par un oui ou par un non, tâche surtout que ce soit UN OUI, et tu rendras bien heureuse ta chère

« FLORENCE. »

— *Et tu rendras bien heureuse ta chère Florence,* répéta madame de Luceval en écrivant, puis elle ajouta, en souriant à demi : Ce qu'il y a de cruel à toi, Valentine, c'est de me dicter de pareils *programmes,* qui ne me donnent que des désirs et des regrets ; enfin... l'heure des reproches ou des explications viendra tout à l'heure, et je me vengerai... Est-ce tout, ma chère Valentine?

— Mets mon adresse sur ce billet... cachette-le, et fais-le porter à l'instant chez moi...

Madame de Luceval s'apprêtait à sonner ; une réflexion la retint, elle dit à son amie, avec un certain embarras :

— Valentine... je t'en supplie, ne prends pas ce que je vais te dire pour une indiscrétion...

— Explique-toi.

— Si je ne me trompe... le but de cette lettre... est de faire... supposer à... quelqu'un que nous avons depuis quelque temps passé nos journées ensemble...

— Oui... oui... c'est cela ; ensuite?..

— Eh bien ! je crois prudent de te prévenir que mon mari est malheureusement doué d'une si prodigieuse activité que, quoiqu'il soit presque toujours hors de la maison, il trouve encore le moyen d'être presque toujours chez moi, et d'y venir huit à dix fois par jour... de sorte que si, par hasard, son témoignage pouvait être invoqué... il ne manquerait pas de dire qu'il ne t'a jamais vue ici !

— J'avais prévu ce danger; mais de deux dangers il faut choisir le moindre.... Envoie, je te prie, cette lettre à l'instant par quelqu'un de tes gens... ou plutôt... non... il pourrait parler... Fais-la mettre à la poste... Elle arrivera chez moi toujours à temps.

Madame de Luceval sonna.

Un valet de chambre entra.

Elle allait lui remettre la lettre; mais elle changea d'idée et lui dit :

— Baptiste est-il là ?

— Oui, madame la marquise... il est à l'antichambre.

— Faites-le monter.

Le domestique sortit.

— Florence... pourquoi ce domestique plutôt qu'un autre ? demanda madame d'Infreville.

— Mon valet de chambre sait lire... je le crois passablement curieux, et il pourrait trouver singulier que je t'écrive, toi étant là... Le valet de pied que j'ai fait demander ne sait pas lire; il est assez niais, et il n'y a aucune indiscrétion à craindre de sa part.

— Tu as raison... cent fois raison, Florence. Dans mon trouble, je n'avais pas réfléchi à cela.

— Madame la marquise m'a fait demander ? dit Baptiste en entrant dans le salon.

— Vous connaissez bien la marchande de fleurs qui a sa boutique aux Bains-Chinois ? dit Florence.

— Oui, madame la marquise.

— Allez-y, vous m'achèterez deux gros bouquets de violettes de Parme...

— Oui, Madame.

Et le domestique s'en allait.

— Ah !... j'oubliais, dit madame de Luceval en le rappelant, vous mettrez cette lettre à la poste...

— Madame n'a pas d'autres commissions?
— Non.

Et Baptiste sortit.

Madame d'Infreville comprit l'intention de son amie, qui avait eu la précaution de donner comme accessoire la commission principale.

— Merci... merci, ma chère Florence, lui dit-elle avec effusion. Ah! fasse le ciel que ton bon vouloir ne me soit pas inutile!...

— Je l'espère... je le désire... mais...

— Florence, écoute-moi... Ma seule manière de te prouver ma reconnaissance du grand service que tu viens de me rendre, est de me mettre à ta discrétion, de ne te rien cacher... J'aurais dû peut-être commencer par là... et d'abord te dire le but de cette lettre, au lieu de surprendre ainsi cette preuve de ton dévouement et de ton amitié; mais... je te l'avoue... j'ai craint ton blâme et un refus... en t'apprenant... que...

Et après un moment d'hésitation douloureuse, Valentine dit résolûment, tout en rougissant jusqu'aux yeux :

— Florence... j'ai un amant.

— Valentine, je m'en doutais...

— Oh! je t'en prie... ne me juge pas sans m'entendre...

— Ma pauvre Valentine... je ne pense qu'à une chose... à la confiance que tu me témoignes.

— Ah!... sans ma mère, reprit Valentine avec angoisse, je ne serais pas descendue à la ruse, au mensonge, j'aurais supporté toutes les conséquences de ma faute... car j'ai du moins le courage de mes actions... mais, dans le triste état de santé où se trouve ma mère... un éclat la tuerait... Ah! Florence... si je suis coupable..... je suis bien malheureuse, dit madame d'Infreville, en pleurant et en se jetant au cou de son amie.

— Valentine, je t'en conjure, calme-toi, dit la jeune femme en partageant l'émotion de sa compagne, confie-toi à ma sincère affection. Parle, épanche ton cœur dans un cœur ami, c'est du moins une consolation.

— Je n'ai d'espoir que dans ton attachement. Oui, Florence, je crois, je sais que tu m'aimes, cette conviction me donne seule la force de te faire un aveu pénible; et, tiens, il en est un autre dont je veux tout de suite débarrasser mon cœur. Si je suis venue, après une longue séparation, te demander le grand service que tu m'as rendu, c'est moins encore peut-être parce que je comptais aveuglément sur ton amitié, que parce que, de toutes les femmes de ma connaissance, tu étais la seule chez qui mon mari ne fût jamais venu. Maintenant, écoute-moi : lorsque j'ai épousé M. d'Infreville, tu te trouvais encore au couvent; tu étais toute jeune fille, et la réserve m'empêchait de te confier bien des choses, de te dire que je m'étais mariée... sans amour.

— Comme moi... murmura Florence.

— Ce mariage plaisait à ma mère, et m'assurait une grande fortune... Je cédai malheureusement à l'influence maternelle, et, je l'avoue.... je me laissai aussi éblouir par les avantages d'une haute position. J'épousai donc M. d'Infreville... sans savoir, hélas ! à quoi je m'engageais... et à quel prix je vendais ma liberté. Quoique j'aie le droit de me plaindre de mon mari, ma faute devrait m'interdire toute récrimination... Cependant il faut bien que, sans excuser ma faiblesse, tu en comprennes pour ainsi dire la fatalité.... M. d'Infreville est un homme valétudinaire, parce que, dans sa jeunesse, il s'est livré à tous les excès; morose... parce qu'il regrette le passé ; impérieux et dur, parce qu'il n'a pas... ou qu'il n'a plus de cœur. Je n'ai jamais été à ses yeux qu'une pauvre fille sans fortune, qu'il avait daigné épouser pour s'en faire une sorte de garde-malade ; pendant longtemps j'acceptai ce rôle... je l'accomplis religieusement, rôle pénible, honteux, parce que les soins que je donnais à mon mari ne partaient pas du cœur... mais trop tard, hélas ! j'avais reconnu combien ma conduite avait été vile...

— Valentine...

— Non, non, Florence, ce n'est pas trop sévère... J'ai épousé M. d'Infreville sans amour, je l'ai épousé parce qu'il était riche... je lui ai vendu mon âme et mon corps; c'est une honte, te dis-je.

— Encore une fois, Valentine... tu t'accuses à tort... tu auras songé moins à toi qu'à ta mère.

— Et ma mère songeait bien moins encore à elle qu'à moi... En me poussant à ce mariage, va, Florence, la richesse de M. d'Infreville a rendu ma déférence filiale trop facile... Enfin, je me résignai d'abord à mon sort... Au bout de quelque temps de mariage... mon mari, jusqu'alors trop souffrant pour sortir de chez lui, éprouva une grande amélioration dans sa santé, grâce à mes soins peut-être; mais, de ce moment, ses habitudes changèrent... je ne le vis presque plus, il vivait hors de chez lui, et bientôt j'appris qu'il avait une maîtresse.

— Ah! pauvre Valentine!

— Une fille connue de tout Paris; mon mari l'entretenait d'une manière splendide, et si ouvertement, que j'ai appris ce scandale par le bruit public. Je hasardai quelques remontrances à M. d'Infreville, non par jalousie, grand Dieu! mais je le priai, par convenance pour moi, de ménager du moins les apparences. La modération même de mes reproches irrita mon mari; il me demanda, avec le plus insolent dédain, de quel droit je me mêlais de sa conduite. Il me rappela durement que je lui devais un sort auquel je n'aurais jamais pu prétendre, et que m'ayant épousée sans dot, il devait se croire à l'abri de mes récriminations.

— C'est odieux!.. c'est infâme!

— Mais, Monsieur, lui dis-je, puisque vous manquez si ouvertement à vos devoirs, que diriez-vous donc si j'oubliais les miens?

« — Il n'y a pas de comparaison à faire entre vous et moi, me répondit-il. Je suis le maître; c'est à vous d'obéir; vous me devez tout, je ne vous dois rien; ayez le malheur de manquer à vos devoirs, et je vous mets sur le pavé, vous et votre mère, qui vit de mes bienfaits... »

— Ah! c'est trop d'insolence... et de cruauté...

— J'eus une bonne et honnête inspiration; j'allai trouver ma mère, bien résolue de me séparer à tout jamais de mon mari... et de ne pas retourner chez lui. « Et moi? que deviendrai-je, me dit ma mère, souffrante, infirme comme je le suis? La misère pour moi c'est la mort... et puis, ma pauvre enfant... une séparation est impossible : ton mari est dans son droit, tant qu'il n'entretient pas sa maîtresse là où tu habites; la loi est pour lui, et comme il a besoin de toi, comme il est accoutumé à tes bons soins, il ne voudra pas entendre parler de séparation, et te forcera de rester avec lui; fais donc contre fortune bon cœur, ma pauvre enfant; cette maîtresse ne durera pas toujours ; patiente, tôt ou tard ton mari te reviendra ; ta résignation le touchera ; d'ailleurs, il est d'une si faible santé, que son caprice pour cette créature sera certainement le dernier ; alors tout reprendra comme par le passé ; crois-moi, mon enfant, en pareil cas, une honnête femme souffre, attend et espère. »

— Comment !.. ta mère a osé te...

— Ne l'accuse pas, Florence..... Elle avait si peur de la misère !... moins pour elle que pour moi, je le répète ; et puis son langage n'était-il pas, après tout, celui de la raison, du droit, du fait, et en tout conforme à l'opinion du monde?

— Hélas !.. il n'est que trop vrai...

— Eh bien ! soit, me dis-je avec amertume, une fière et légitime révolte m'est interdite... le mariage ne doit plus être pour moi qu'un dégradant servage... j'accepte... J'aurai la bassesse de l'esclave ; mais aussi j'aurai sa ruse, sa perfidie... son manque de foi ; après tout, la dégradation de l'âme a du bon ; elle bannit tout scrupule... anéantit tout remords... De ce moment je fermai les yeux, et, au lieu de lutter contre le courant qui m'entraînait à ma perte, je m'y abandonnai...

— Que veux-tu dire ?..

— C'est maintenant, Florence, que j'ai besoin de toute l'indulgence de ton amitié... Jusqu'ici... je méritais quelque intérêt peut-être... mais cet intérêt va cesser...

L'entretien des deux amies fut alors interrompu par la femme de chambre de madame de Luceval.

— Que voulez-vous? lui demanda Florence.

— Madame, c'est une lettre qu'un commissionnaire vient d'apporter de la part de Monsieur.

— Donnez.

— Voici, Madame.

Après avoir lu, Florence dit à son amie :

— Peux-tu disposer de ta soirée et dîner avec moi? M. de Luceval me fait savoir qu'il ne dînera pas ici.

Après un moment de réflexion, madame d'Infréville répondit :

— J'accepte, ma chère Florence.

— Madame d'Infreville dînera avec moi, dit madame de Luceval à la femme de chambre ; et faites dire à ma porte que je n'y suis absolument pour personne.

— Oui, Madame, répondit mademoiselle Lise.

Et elle sortit.

III

Nous quitterons un instant les deux amies pour nous occuper de M. de Luceval. Celui-ci, ainsi qu'il venait de le faire savoir à sa femme, ne devait pas dîner chez lui.

Voici pourquoi :

Il avait, nous l'avons dit, quitté madame de Luceval très-furieux, très-décidé à user de ses droits et à lui faire subir ses volontés et ses fantaisies pérégrinatoires.

Il n'était encore qu'à quelques pas de sa demeure, lorsqu'il fut abordé par un homme de quarante-cinq ans environ, d'un extérieur distingué, mais dont les traits fatigués, flétris, portaient l'empreinte et les rides d'une vieillesse précoce ; sa physionomie, dure, froide et hautaine, prit, à l'aspect de M. de Luceval, une expression de courtoisie banale, et, le saluant avec une extrême politesse, il lui dit :

— C'est à monsieur de Luceval que j'ai l'honneur de parler ?

— Oui, Monsieur...

— J'allais chez vous, Monsieur, pour vous faire à la fois des excuses et des remerciements.

— Avant de recevoir les uns et les autres, pourrai-je du moins savoir, Monsieur ?..

— Qui je suis?.. Pardon, Monsieur, de ne pas vous l'avoir dit plus tôt... Je suis M. d'Infreville, et mon nom... ne vous est pas inconnu, je pense?..

— En effet, Monsieur, répondit M. de Luceval en paraissant se remémorer quelque circonstance, nous avons des amis communs... et je me félicite de la bonne fortune qui me met à même de vous connaître personnellement, Monsieur... Mais nous ne sommes pas éloignés de chez moi, et si vous voulez bien m'accompagner... je me mettrai tout à vos ordres.

— Je serais d'abord désolé, Monsieur, de vous donner la peine de retourner chez vous... Puis, s'il faut tout vous dire, ajouta M. d'Infreville en souriant, je craindrais de rencontrer madame de Luceval.

— Et pourquoi cela, Monsieur?

— J'ai eu de si grands torts envers elle, Monsieur... qu'il faudra que vous soyez assez bon pour faire agréer mes excuses à madame de Luceval avant que j'aie l'honneur de lui être présenté.

— Pardon, Monsieur, dit le mari de Florence de plus en plus surpris, je ne vous comprends pas...

— Je vais m'expliquer plus clairement, Monsieur... Mais nous voici aux Champs-Élysées; si vous le voulez bien, nous causerons en marchant.

— Comme il vous plaira, Monsieur.

Et M. de Luceval, qui mettait aussi dans sa marche l'activité dont il était possédé, commença d'arpenter le terrain à pas précipités, accompagné ou plutôt suivi de M. d'Infreville, qui, débile et usé, avait grand'peine à se tenir au niveau de son agile interlocuteur; néanmoins, continuant l'entretien, il reprit d'une voix déjà un peu haletante :

— Il est vrai, Monsieur, lorsque tout à l'heure j'ai eu l'honneur de vous dire mon nom... et d'ajouter que sans doute il ne vous était pas inconnu, vous m'avez répondu qu'en effet nous avions des amis communs... et je... Mais, pardon... j'ai une grâce à vous demander, dit M. d'Infreville en s'interrompant tout essoufflé.

— De quoi s'agit-il, Monsieur?

— Je vous prierais de marcher un peu moins vite... je n'ai pas la poitrine très-forte... et, vous le voyez, je suis haletant.

— C'est au contraire à moi, Monsieur, de vous prier d'excuser la précipitation de ma marche; c'est une mauvaise habitude dont il est difficile de se défaire... d'ailleurs, si vous le désirez, nous pouvons nous asseoir; voici des chaises...

— J'accepte, Monsieur, dit M. d'Infreville en se laissant tomber sur un siège, j'accepte avec grand plaisir.

Les deux interlocuteurs commodément établis, M. d'Infreville reprit :

— Permettez-moi de vous faire observer, Monsieur, que mon nom doit vous être connu par un autre intermédiaire que celui de nos amis communs.

— Par quel intermédiaire, Monsieur?

— Mais... par celui de madame de Luceval.

— Ma femme?

— Sans doute, Monsieur, car, quoique je n'aie pas eu jusqu'ici l'honneur de lui être présenté, ainsi que je viens de vous le dire (et c'est ce dont je venais un peu tard m'excuser auprès de vous), ma femme étant intimement liée avec madame de Luceval, nous ne sommes pas, grâce à elles, étrangers l'un à l'autre; leur intimité a commencé au couvent; elle a toujours continué, puisque ces dames se voient presque journellement, et...

— Pardon, Monsieur, dit M. de Luceval en interrompant son interlocuteur et le regardant avec une nouvelle surprise, il y a sans doute quelque erreur?

— Quelque erreur?

— Ou quelque confusion de noms.

— Comment cela, Monsieur?

— Je quitte rarement madame de Luceval; elle reçoit fort peu de monde, et je n'ai jamais eu le plaisir de voir chez elle madame d'Infreville.

Le mari de Valentine parut ne pas croire à ce qu'il entendait, et reprit d'une voix oppressée :

— Vous dites, Monsieur?..

— Que je n'ai jamais eu l'honneur de voir madame d'Infreville chez ma femme...

— C'est impossible, Monsieur... ma femme est sans cesse chez la vôtre !

— Je vous répète, Monsieur, que jamais je n'ai vu madame d'Infreville chez madame de Luceval.

— Jamais!.. s'écria le mari de Valentine, avec une telle

expression de stupeur, que M. de Luceval le regarda tout surpris, et reprit :

— Aussi, Monsieur, vous faisais-je observer qu'il y avait sans doute confusion de noms... lorsque vous me disiez que ma femme recevait journellement la vôtre.

M. d'Infreville devint livide ; de grosses gouttes de sueur coulèrent de son front chauve. Un sourire amer et courroucé contracta ses lèvres blafardes ; puis se dominant et voulant, aux yeux d'un étranger, prendre, comme on dit, la chose en homme de bonne compagnie, il reprit d'un ton sardonique :

— Heureusement... cela se passe *entre maris*, Monsieur... et nous devons avoir un peu de compassion les uns pour les autres... Après tout... chacun son tour, car l'on ne sait pas ce qui peut arriver...

— Que voulez-vous dire, Monsieur?

— Ah !.. ma vague défiance n'était que trop fondée... murmura M. d'Infreville avec une rage concentrée, que ne me suis-je informé plus tôt de la vérité !.. Oh! les femmes !.. les misérables femmes !

— Encore une fois, Monsieur, veuillez vous expliquer...

— Monsieur, reprit M. d'Infreville d'un ton presque solennel, vous êtes un galant homme, je me confie à votre loyauté, certain que votre témoignage ne me fera pas défaut lorsqu'il s'agira de confondre et de punir une infâme... Car, maintenant, je devine tout... Oh! les femmes !.. les femmes !..

M. de Luceval, craignant que les exclamations de son compagnon n'attirassent l'attention d'autres personnes assises non loin d'eux, tâchait de le calmer, lorsque, par hasard, il aperçut le valet de pied chargé par l'amie de Valentine de mettre une lettre à la poste.

Ce garçon, un peu niais, un peu flâneur, s'en allait dandinant, tenant la missive à sa main. M. de Luceval, le voyant porteur d'une lettre sans doute écrite par Florence après la vive explication du matin, céda à un invincible mouvement de curiosité. Il appela le valet de pied, qui accourut, et lui dit :

— Où allez-vous?

— Monsieur, je vas acheter des violettes pour madame la marquise, et mettre cette lettre à la poste.

il la montra à son maître.

Celui-ci la prit, jeta les yeux sur l'adresse, ne put retenir un mouvement de surprise; puis, se remettant, il dit au domestique en le congédiant du geste :

— C'est bien... je me charge de cette lettre.

Le valet de pied s'étant éloigné, M. de Luceval dit au mari de Valentine :

— Excusez-moi, Monsieur... mais j'ai obéi à je ne sais quel pressentiment qui ne m'a pas trompé... Cette lettre de ma femme est adressée à madame d'Infreville...

— Mais alors, s'écria le mari de Valentine avec une lueur d'espoir, vous voyez donc bien que, du moins... ma femme et la vôtre sont en correspondance...

— Il est vrai, Monsieur; mais je l'apprends aujourd'hui pour la première fois.

— Monsieur... je vous adjure... je vous somme d'ouvrir cette lettre... elle est adressée à ma femme... je prends sur moi toute la responsabilité...

— Voici cette lettre, Monsieur, lisez-la, répondit M. de Luceval non moins intéressé à connaître la vérité que M. d'Infreville.

Celui-ci, après avoir lu le billet, s'écria :

— Lisez, Monsieur... c'est à devenir fou... car, dans cette lettre, votre femme, rappelant à la mienne qu'elles ont passé toute la journée d'hier ensemble, journée non moins agréable, ajoute-t-elle, que celle de mercredi, l'invite à revenir dimanche...

— Et moi je vous jure sur l'honneur, Monsieur, reprit M. de Luceval après avoir à son tour lu la lettre de Florence avec ébahissement, je vous jure qu'hier ma femme s'est levée à midi... que je l'ai décidée, à grand'peine, à sortir en voiture avec moi vers les trois heures; nous sommes ensuite rentrés pour dîner, et, après dîner, deux personnes de nos amies sont venues passer la soirée avec nous... Quant à la journée de mercredi, je me rappelle parfaitement que je suis venu plusieurs fois chez ma femme, et je vous affirme de nouveau sur l'honneur, Monsieur, que madame d'Infreville n'a pas passé la journée chez nous.

— Mais enfin, cette lettre, Monsieur, comment l'expliquez-vous ?

— Je ne l'explique pas, Monsieur, je me borne à vous dire ce qui est... J'ai autant que vous à cœur, croyez-le bien, de pénétrer ce mystère.

— Oh! je me vengerai! s'écria M. d'Infreville avec une fureur concentrée. Maintenant, je n'ai plus de doute! Ayant appris que depuis quelque temps ma femme s'absentait parfois des journées entières, cela m'a donné de vagues soupçons.... Je lui ai demandé la cause de ces absences, elle m'a répondu qu'elle allait souvent passer ses journées auprès d'une de ses amies de couvent nommée madame de Luceval... Ce nom était si honorable, la chose si possible, l'accent de ma femme si sincère, que je la crus comme un sot... Cependant, je ne sais quelle méfiance instinctive, jointe au désir de faire auprès de vous, Monsieur, une démarche convenable, m'a décidé à venir vous trouver, et vous voyez ce que je découvre... Oh! la misérable! l'infâme!..

— De grâce, calmez-vous, dit M. de Luceval en tâchant d'apaiser le courroux de son interlocuteur; l'animation de notre entretien attire les yeux sur nous... on nous regarde; prenons un fiacre... et allons à l'instant chez moi, Monsieur, car il faut que ce mystère s'éclaircisse; je frémis de penser que ma femme, par une complaisance indigne, s'est rendue peut-être complice d'un odieux mensonge... Venez, Monsieur, venez... Je compte sur vous, comptez sur moi; c'est un devoir pour les honnêtes gens de s'entr'aider, de se soutenir en de si funestes circonstances; il faut que justice se fasse, il faut confondre les coupables.

— Oh! oui, Monsieur, union et vengeance... vengeance implacable! murmura M. d'Infreville.

Et son émotion augmentant sa faiblesse, il fut obligé de s'appuyer sur le bras de son compagnon, pour gagner, tout tremblant de colère, une voiture où tous deux montèrent.

Ce fut environ une heure après cette rencontre fortuite et fâcheuse des deux maris, que Florence reçut un billet de M. de Luceval qui lui annonçait qu'il ne dînerait pas chez lui.

Pendant que l'orage conjugal s'amasse de plus en plus menaçant, nous retournerons auprès des deux jeunes amies, restées seules par suite du départ de la femme de chambre qui venait d'apporter la lettre de M. de Luceval.

IV

Lorsque, après le départ de la femme de chambre, madame de Luceval et madame d'Infreville se trouvèrent seules, celle-ci dit à son amie :

— Tu m'as proposé de finir la journée ici : j'ai accepté ton offre, ma bonne Florence, autant pour rester auprès de toi que pour donner, en cas de malheur, quelque apparence de vérité à mon mensonge...

— Mais, ma lettre ?..

— Je serai censée m'être croisée avec elle... et être venue chez toi après la lettre envoyée.

— C'est juste...

— Maintenant, mon amie... je réclame toute ton indulgence, peut-être aussi ta compassion pour ce qui me reste à te confier...

— Compassion ! indulgence ! est-ce que tout cela ne t'est pas assuré d'avance, pauvre Valentine ?.. Malheureuse comme tu l'étais en ménage, froissée, humiliée, dégradée, qui ne te plaindrait? Mais voyons, je t'écoute...

— Je ne sais si je t'ai dit que nous occupions le premier étage de l'hôtel de M. d'Infreville; des fenêtres de ma chambre à coucher on plonge directement dans un petit jardin dépendant du rez-de-chaussée de la maison voisine. Trois mois environ avant que j'eusse découvert que mon mari avait une maîtresse, et alors qu'il était encore très-souffrant, le jardin et le rez-de-chaussée dont je te parle, inhabités depuis quelque temps, subirent de grands changements; le genre de vie que je menais alors me retenait presque constamment chez moi, la mauvaise santé de mon mari l'empêchant de sortir. C'était au commencement de l'été. Retirée dans ma chambre, pour être plus *chez moi* lorsque M. d'Infreville n'avait pas besoin de mes soins, je travaillais souvent auprès de ma fenêtre ouverte. La saison était magnifique. Je remarquai ainsi les changements que l'on faisait au jardin voisin; ils étaient singuliers, mais ils annonçaient autant de goût que d'originalité; peu à peu, dans mon triste désœuvrement, ma curiosité s'éveilla... Je voyais chaque jour les ouvriers exécuter ces travaux, sans apercevoir jamais le nouvel habitant du rez-de-chaussée : j'assistai de la sorte à la transformation d'un jardin assez maussade en un lieu délicieux; une serre remplie de plantes rares, et communiquant à l'une des pièces de l'appartement, fut appuyée au mur du midi; le mur qui lui faisait face disparut sous une grotte de pierres rocheuses entremêlées d'arbustes. De l'un des côtés de ce rocher, une cascade retombait dans un large bassin, et répandait partout la fraîcheur... Enfin, une galerie de bois rustique, recouverte en chaume et espacée par des arceaux, dissimulait l'autre pan de muraille dont était entouré ce jardin, qui fut bientôt tellement encombré de fleurs, que, de ma fenêtre, il ressemblait à un gigantesque bouquet... Tu comprendras tout à l'heure pourquoi j'entre dans ces détails.

— Mais ce ravissant séjour, au milieu de Paris, c'était un petit paradis!

— C'était charmant, en effet, car les murailles disparaissaient sous les plus riants aspects. Une volière dorée, remplie d'oiseaux magnifiques, s'éleva au milieu d'une pelouse de gazon; une sorte de *verandah* indienne, formant une légère galerie couverte, fut construite devant les fenêtres du rez-de-chaussée, et meublée de sofas, de coussins turcs et d'épais tapis; on y transporta aussi un piano. Cette galerie à jour, au besoin abritée par des stores, offrait pour l'été une retraite pleine d'ombre et de fraîcheur.

— En vérité, c'est un conte des *Mille et une Nuits!* Quelle imagination ne fallait-il pas pour rassembler tant de merveilles de goût et de bien-être dans un si petit espace!... Et l'*inventeur* ne paraissait pas?

— Il ne parut que lorsque tous ces arrangements furent terminés...

— Et déjà tu n'avais pas été assez curieuse pour tâcher de savoir quel était ce mystérieux voisin? Moi, je te l'avoue... je n'aurais pas résisté à la tentation.

Valentine sourit tristement et reprit :

— Le hasard avait voulu que la sœur d'un vieux maître d'hôtel de M. d'Infreville fût l'unique servante de ce mystérieux voisin. Renseignée par son frère, cette femme avait même indiqué à son maître cet appartement et ce jardin ; un jour, cédant à ma curiosité, je demandai à notre maître d'hôtel s'il savait qui devait venir habiter le rez-de-chaussée de la maison voisine ; il me dit que sa sœur était au service de ce nouveau locataire. J'appris ainsi sur lui certains détails qui déjà n'excitèrent que trop mon intérêt.

— Vraiment! Et qui était-il, ma chère Valentine?

— Il n'y avait pas au monde, disait-on, d'âme meilleure et plus généreuse que la sienne. Pour t'en donner un exemple entre plusieurs, lorsqu'à la mort d'un oncle dont il héritait de biens assez considérables, il voulut prendre plusieurs domestiques, cette vieille servante, dont je t'ai parlé et qui avait été sa nourrice, lui dit, les larmes aux yeux, que jamais elle ne pourrait s'habituer à voir chez lui d'autres serviteurs qu'elle. En vain il lui promit qu'elle serait au-dessus de tous et considérée comme femme de confiance, elle ne voulut entendre à rien... Lui, dans sa bonté parfaite, n'insista pas, et, malgré sa nouvelle fortune, il garda uniquement à son service cette vieille servante... Cela te semble puéril, peut-être, ma chère Florence, mais...

— Que dis-tu?... au contraire... je trouve ce sentiment d'une délicatesse touchante. Souvent il n'en faut pas davantage pour juger sûrement d'un caractère.

— Aussi, de ce moment je jugeai notre voisin bon et généreux... J'appris aussi, avant de l'avoir connu, qu'il se nommait MICHEL RENAUD...

— Ah!... mon Dieu!... s'écria madame de Luceval, Michel Renaud?

— Sans doute... Mais qu'as-tu donc, Florence?

— Voilà qui est étrange...

— Achève...

— Est-il fils du général Renaud mort dans les dernières guerres de l'empire?

— Oui... Tu le connais?

— Il est cousin de M. de Luceval.

— Michel!!!

— Et il ne se passe presque pas de jour que mon mari ne me parle de lui...

— De Michel?

— Sans doute... Mais je ne l'ai jamais vu ; car, bien qu'il ait été prévenu du mariage de M. de Luceval avec moi, comme tous les membres de sa famille... il n'est pas encore venu nous voir... Cela ne m'étonne guère... car mon mari n'a jamais eu que peu de relations avec lui...

— En vérité, ce que tu m'apprends me confond... Michel... le cousin de ton mari?.... Et comment, et à quel propos M. de Luceval te parle-t-il donc si souvent de Michel?...

— Hélas! ma pauvre Valentine, à cause d'un défaut qui m'est, à ce qu'il paraît, commun avec M. Michel Renaud, défaut qui fait mon bonheur, défaut qui devrait être la sécurité de mon mari, et qui fait son désespoir ; mais les hommes sont si aveugles!

— De grâce, explique-toi.

— Tu le sais, au couvent, j'étais signalée comme une incurable paresseuse... Que de remontrances! que de punitions j'ai subies pour ce cher défaut!

— Il est vrai.

— Eh bien! mon défaut a pris des proportions incroyables... si incroyables, qu'il est devenu presque une qualité.

— Que veux-tu dire?

— Figure-toi que, loin de vouloir les imiter, j'éprouve la plus grande compassion pour ces malheureuses femmes que leur fol amour jette dans le tourbillon de ses fêtes : tristes plaisirs dont la seule pensée me donne le frisson; car, hélas! n'est-ce pas, Valentine, on en a vu, de ces infortunées, de ces martyres volontaires, aller chaque jour jusque dans trois ou quatre bals ou soirées, sans compter les spectacles!... or, pour peu qu'elles soient coquettes avec cela... c'est à faire frémir... Courir chez ses couturières, chez ses marchandes de modes, chez sa fleuriste; s'habiller, se déshabiller, essayer des robes, se faire tirailler les cheveux, s'emprisonner dans un corset, faire trois toilettes par jour... danser, valser, galoper, polker. Non, vois-tu, Valentine, il faut avoir des membres d'acier, des tempéraments d'acrobate pour se résigner à de tels exercices... et cela, tous les jours, tous les soirs, toutes les nuits, pendant quatre à cinq mois de l'année!... Ah! ma chère Valentine, qu'il y a loin de cette furie de *délassements*, dont un seul suffirait à me harrasser, au délicieux repos que je goûte dans ce fauteuil, où je passe ma vie, trouvant d'inépuisables jouissances dans l'indolente contemplation du ciel, des arbres, du soleil ! L'hiver arrive-t-il ? je me trouve tout aussi heureuse de me dorloter au coin de mon feu, ou sous mon édredon, en entendant grésiller le givre à mes carreaux. Que te dirai-je ? je savoure enfin en toute saison le suprême bonheur *de ne rien faire*; rêvant, songeant... tantôt éveillée... tantôt à demi endormie, lisant parfois quelques poëtes, parce qu'il y a, pour ainsi dire, après chaque vers, un long repos pour la pensée... Je suis enfin capable, faut-il t'avouer cette énormité ? de rester toute une journée couchée sur l'herbe... tantôt OCCUPÉE à dormir, tantôt à regarder passer les nuages, à écouter le vent dans la feuillée, le bourdonnement des insectes... le murmure de l'eau ; en un mot, ma pauvre Valentine, jamais sauvage rêveuse et paresseuse n'a ressenti plus délicieusement que moi la béatitude infinie d'une vie libre, oisive et indolente; aussi, personne n'est plus que moi religieusement reconnaissante envers le bon Dieu, qui nous a douées de félicités si simples et si faciles... Mais, Valentine, reprit la jeune femme en regardant son amie avec surprise, qu'as-tu donc? Ces regards inquiets... cette émotion que tu contiens à peine... Valentine, encore une fois, je t'en supplie, réponds-moi...

Après un moment de silence, madame d'Infreville, passant sa main sur son front, reprit d'une voix légèrement altérée :

— Écoute... la fin de mon récit, Florence; tu devineras... ce que je ne puis... ce que je n'ose te dire... en ce moment...

— Alors, parle... parle... je t'en prie...

— La première fois que je vis Michel, reprit Valentine, il était sous cette espèce de galerie couverte dont je t'ai parlé... Il y passait sa vie durant l'été; cachée derrière ma persienne, je pus l'examiner à loisir; je ne crois pas que l'on puisse imaginer des traits plus beaux que les siens... A demi couché sur un divan turc, vêtu d'une longue robe de chambre de soie de l'Inde... il fumait un narguilèh dans une attitude de nonchalance tout orientale... le regard fixé sur son jardin encombré de fleurs, il semblait écouter avec ravissement le murmure de la cascade et le gazouillement des beaux oiseaux de sa volière... puis il prit un livre, qu'il déposait de temps à autre comme pour songer à ce qu'il venait de lire... Deux de ses amis survinrent... L'un passe à juste titre pour un des hommes les plus éminents, les plus célèbres de ce temps-ci, c'était M. ***.

— Certes, il n'est pas de personnage plus illustre et plus justement considéré.

— Je le connaissais de vue et de réputation ; sa très-haute position, la différence d'âge qui existait entre Michel et lui, me firent trouver sa visite, chez ce jeune homme inconnu, presque extraordinaire.

— En effet, cette visite me semble flatteuse pour notre cousin.

— Michel l'accueillit avec une affectueuse familiarité. Il me parut que M. *** le traitait sur le pied d'une égalité parfaite; un long entretien commença ; éloignée ainsi que j'étais, je ne pouvais rien entendre. Pour compenser cet empêchement, et, toujours cachée par mes persiennes, je pris une lorgnette de théâtre, et j'étudiai curieusement la physionomie de Michel pendant cette conversation ; je distinguais jusqu'au mouvement de ses lèvres; je trouvais un singulier attrait dans cet examen, et, sans deviner le sujet de l'entretien, je m'aperçus facilement qu'une discussion animée s'était élevée entre M. *** et Michel... D'abord, celui-ci parut être énergiquement combattu ; mais bientôt je vis à l'expression du visage de M.*** qu'il se laissait peu à peu convaincre par Michel... mais non sans résistance. Parfois, cependant, un signe d'assentiment spontané témoignait de l'avantage que prenait Michel, et qui finit par lui rester ; je ne puis te peindre le charme des traits de ton cousin pendant ce long entretien ; à leur mobilité, à ses gestes, je voyais qu'il employait tour à tour une chaleureuse éloquence, une fine raillerie, ou de graves raisonnements pour répondre à ses interlocuteurs et les ramener à son opinion ; ceux-ci marquaient leur adhésion tantôt par un sourire, tantôt par leur air convaincu ou entraîné. Cet entretien dura longtemps ; lorsqu'il fut terminé, les amis de Michel prirent congé de lui, avec un redoublement de cordialité ; il fit mine de vouloir se lever pour les accompagner, mais eux le forcèrent gaiement à rester étendu sur son divan, semblant lui dire qu'ils savaient trop combien il en coûterait à sa paresse pour se déranger. J'ai su depuis que M. ***, ayant à prendre une résolution très-importante, était venu, ainsi que cela lui arrivait souvent, consulter Michel, dont le tact était exquis et le jugement aussi élevé que solide... Que te dirai-je, mon amie? Dès ce premier jour, qui me permettait déjà d'apprécier Michel, quoique jamais je ne lui eusse parlé... j'éprouvai pour lui un intérêt qui ne devait, hélas! que prendre trop de place dans ma vie...

Et la jeune femme resta un moment silencieuse.

A mesure que Valentine parlait, Florence s'intéressait d'autant plus à ce récit et au héros de ce récit, qu'elle lui trouvait de nombreux points de contact avec son caractère, avec ses goûts, avec ses penchants à elle... M. de Luceval, en lui parlant de la paresse incurable de son *cousin Michel*, en manière d'épouvantail, ne lui avait jamais rien dit de ce qui pouvait excuser ou poétiser cette disposition morale et physique à l'indolence.

Florence comprit alors la surprise, et peut-être même le sentiment de jalousie involontaire que Valentine n'avait pu dissimuler, alors que son amie lui développait ingénument sa théorie de la paresse et les délices qu'elle y trouvait...

Sans doute, madame d'Infreville ne pouvait être aucunement jalouse de madame de Luceval; c'eût été de la folie. Florence ne connaissait pas Michel Renaud, et elle se montrait trop sincère amie pour vouloir le connaître plus tard, dans quelque sournois dessein de rivalité.

Néanmoins Valentine, ombrageuse comme toutes les natures violentes et passionnées, ne pouvait vaincre une sorte d'envie vague et inquiète, mêlée de récriminations contre elle-même. Hélas! elle songeait à tous les éléments de sympathie et de bonheur qui se rencontraient dans l'étrange conformité de caractère qu'elle remarquait entre Florence et Michel Renaud.

V

Madame de Luceval, après être restée un moment muette et pensive comme son amie, dit à Valentine :

— Je comprends parfaitement que les divers incidents de cette première journée où tu voyais notre cousin Michel aient fait sur toi une vive impression ; tu le trouvais d'une rare beauté, son esprit était éminent, puisqu'il semblait exercer de l'influence sur l'un des hommes les plus considérables de ce temps-ci ; enfin, ce que tu savais de la délicate déférence de Michel pour sa vieille nourrice te prouvait qu'il avait un généreux cœur... Hélas ! il n'en fallait pas tant, pauvre Valentine, pour t'intéresser profondément dans la triste situation où tu te trouvais.

— Enfin... Florence... si tu ne l'excuses pas... tu conçois du moins comment ce sentiment a pu naître dans mon cœur?

— Non-seulement je le conçois, mais je le l'excuse. Abreuvée de chagrins, d'humiliations par ton mari, ta position était si cruelle ! Comment n'aurais-tu pas cherché à t'en distraire ou à t'en consoler?

— Je n'ai pas besoin de te dire que, toute la nuit, je pensai malgré moi à Michel... Le lendemain, dès que cela me fut possible, je courus à ma persienne, la journée était superbe ; Michel la passa comme la veille, dans la galerie, couché sur son divan, fumant, rêvant, lisant, et jouissant, comme il me l'a dit plus tard, *du bonheur de se sentir vivre ;* ce jour-là, je vis entrer chez lui un homme vêtu de noir, et portant sous son bras un large portefeuille. Je ne sais pourquoi, et, toujours grâce à ma lorgnette, je devinai quelque homme d'affaires ; en effet, il tira de son portefeuille plusieurs papiers ; il se préparait à les lire à Michel, lorsque celui-ci les prit et les signa sans même les parcourir ; après quoi l'homme d'affaires prit dans sa poche un paquet de billets de banque qu'il remit à ton cousin, en paraissant le prier de les compter, ce dont celui-ci se garda bien, témoignant ainsi sa confiance aveugle en cet homme.

— De tout ceci, il ressort, dit Florence, que notre cher cousin est fort insouciant de ses affaires.

— Hélas ! que trop... malheureusement pour lui.

— Est-ce que sa fortune?..

— Tu sauras tout... Prête-moi encore quelques moments d'attention. Pendant cette journée, qui se passa comme l'autre dans une complète indolence, la nourrice de Michel lui apporta une lettre ; il la lut ! Ah ! Florence, jamais je n'ai vu la compassion se peindre d'une manière plus touchante sur une figure humaine ! Ses yeux se remplirent de larmes ; il ouvrit le meuble où il avait serré les billets de banque, et en donna un à sa nourrice. Le premier mouvement de cette digne femme fut de sauter au cou de Michel. Tu ne peux t'imaginer avec quelle délicieuse émotion il parut recevoir ces caresses presque maternelles.

— Bon et généreux cœur ! dit Florence attendrie.

— Le soleil était couché depuis longtemps, lorsque je pus m'enfermer chez moi, reprit Valentine, et revenir à ma chère fenêtre... Je cherchais Michel des yeux, lorsque je vis une jeune femme entrer dans la galerie... et courir à lui.

— Ah ! pauvre Valentine !

— Je reçus au cœur un coup violent... C'était stupide, c'était fou, car je n'avais aucun droit sur Michel... mais cette impression fut involontaire. Aussitôt je quittai ma croisée... je me jetai dans un fauteuil, et, cachant ma figure dans mes mains... je pleurai longtemps... puis je tombai dans une douloureuse rêverie ; au bout de deux heures, je crois, j'entendis soudain un prélude de piano, et bientôt deux voix, d'un ravissant accord, commencèrent à chanter le duo si passionné de Mathilde et d'Arnold dans *Guillaume Tell*.

— C'était Michel !

— Oui... c'était lui... et... cette femme !

Il est impossible d'accentuer la manière dont Valentine prononça ces mots : *Et... cette femme !*

Après un instant de pénible silence, elle reprit :

— La nuit était calme, sonore ; ces deux voix vibrantes, pleines de passion, semblaient s'élever vers le ciel comme un chant de bonheur et d'amour : pendant quelque temps j'écoutai malgré moi... mais, à la fin, cela me fit tant de mal, que, sans avoir le courage de m'éloigner, je couvris mes oreilles de mes mains ; puis rougissant de cette faiblesse ridicule et voulant... chercher dans la douleur même je ne sais quel charme amer... j'écoutai de nouveau ; le chant avait cessé... Je me rapprochai de la persienne... les fleurs du jardin embaumaient l'air... la fraîcheur de la nuit était délicieuse... pas un souffle de vent n'agitait les arbres... une lueur affaiblie comme celle d'une lampe d'albâtre perçait à travers la transparence des stores baissés de la galerie... Le plus grand silence régna pendant quelques instants, puis j'entendis crier le sable des allées sous les pas de Michel et de cette femme ; la nuit était assez claire, je les distinguai tous deux. Ils se promenaient lentement et se tenant tendrement enlacés... je refermai brusquement ma fenêtre, mes forces étaient à bout ; je passai une nuit affreuse. Ah ! Florence, que de passions nouvelles, violentes, terribles, éveillées en deux jours ! L'amour, le désir, la jalousie, la haine, le remords, oui... le remords... car, de ce moment, je sentis qu'une force irrésistible m'entraînait à ma perte... et que je succomberais dans la lutte ; tu connais l'énergie, l'ardeur de mon caractère... Cette énergie, cette ardeur... je les portai dans ce malheureux amour... Que te dirai-je ?.. Longtemps je résistai vaillamment... mais lorsque l'indigne et brutale conduite de mon mari m'eut exaspérée, je me crus dégagée de tous liens... et je m'abandonnai en aveugle à la passion dont j'étais dévorée.

— Au moins, tu as été heureuse, Valentine... bien heureuse...

— Ce furent d'abord les joies du ciel, quoique parfois flétries, malgré moi, par le ressouvenir de cette femme, dont Michel s'était d'ailleurs depuis longtemps séparé. C'était une cantatrice célèbre, actuellement, je crois, en Italie... Je le trouvai tel que je l'avais rêvé, esprit à la fois remarquable et charmant, cœur excellent, délicatesse exquise, enjouement et bonne humeur inaltérables... tendresse passionnée, grâce, égards, prévenances... il réunissait tout... Et cependant, cette liaison durait à peine depuis deux mois, qu'en adorant toujours Michel, j'étais la plus malheureuse des créatures...

— Pauvre Valentine! comment cela? D'après ce que tu viens de me dire, Michel devait réunir toutes les qualités désirables pour te rendre heureuse?

— Oui, répondit Valentine en soupirant; mais toutes ces qualités étaient chez lui paralysées par un vice incurable, par...

Et madame d'Infreville tressaillit et s'arrêta court.

— Valentine, pourquoi t'interrompre? lui demanda Florence en la regardant avec surprise. Pourquoi cette réticence? Parle, je t'en conjure. N'as-tu pas en moi toute confiance?

— Ne t'en donnais-je pas une preuve par mes aveux?

— Si, oh! si, mais achève.

— Après tout, reprit madame d'Infreville en suite d'un moment d'hésitation, ma réticence, tu vas la comprendre. Eh bien! tout ce qu'il y avait de bon, d'excellent, d'élevé, de tendre chez Michel, était gâté par une apathie incurable.

— Mon défaut! dit madame de Luceval, et tu craignais de me dire cela...

— Non... non, Florence, ton indolence à toi est charmante.

— M. de Luceval n'est pas du tout de cet avis, dit la jeune femme en souriant à demi.

— Ton indolence n'a du moins, ni pour ton mari, ni surtout pour toi, aucune fâcheuse conséquence, reprit Valentine; ton indolence fait tes délices, et personne n'en souffre... Mais elle a eu chez Michel des suites fatales : d'abord il a laissé ses intérêts de fortune aller comme ils purent, ne voulant jamais prendre la peine de s'en occuper. Un homme d'affaires infidèle, encouragé par cette incurie, non content de le voler indignement, l'a jeté dans des opérations fructueuses pour lui, ruineuses pour Michel, trop indolent pour vérifier ses comptes. Que te dirai-je? A cette heure, je ne sais s'il lui reste de quoi vivre de la manière la plus humble...

— Pauvre garçon! mon Dieu! que c'est triste! Mais comment ton influence n'a-t-elle pu vaincre cette funeste paresse?

— Mon influence! reprit Valentine en souriant avec amertume, quelle influence peut-on prendre sur un caractère pareil? Raisonnements, inquiétudes, avertissements, prières, tout échoue devant cette inertie satisfaite et sereine, car, chez

Michel, jamais un mot dur ou brusque; oh! non, il recule devant l'impatience ou la colère comme devant une fatigue; toujours calme, souriant et tendre, il répond aux remontrances les plus sages, aux supplications les plus désolées, par une plaisanterie ou par un baiser... C'est en se jouant ainsi de mes conseils, de mes prières, qu'il est arrivé à une position qui m'épouvante pour lui; car ayant pu vivre jusqu'à présent dans cette incurie, dans cette oisiveté qu'il prise avant toute chose, une fois sa ruine accomplie, il sera incapable de trouver en lui assez de courage, assez d'énergie, pour sortir d'une si funeste position.

— Tu as raison... Valentine... cela est plus grave que je ne le pensais.

— Grave... oui... bien grave, reprit la jeune femme en tressaillant, car tu ne sais pas l'horrible idée qui m'obsède comme un spectre...

— Que veux-tu dire?

— Michel est un homme d'un esprit trop juste pour se faire illusion sur l'avenir; il sait bien que, son dernier louis dépensé, il n'a rien à attendre de personne et encore moins de lui-même.

— A quoi pense-t-il donc alors?

— A quoi? dit Valentine en frémissant.

Puis, ses lèvres tremblèrent, et elle ajouta d'une voix altérée:

— Il pense à se tuer...

— Grand Dieu!.. il t'a dit?..

— Oh! non, reprit Valentine avec un redoublement d'amertume et d'affliction; non, il s'est bien gardé de me dire cela... Un tel aveu m'eût amené... ce que l'on appelle une *scène* de ma part, des larmes, des désolations infinies... Non, non, il ne m'a pas avoué que, par paresse, il se tuerait... comme jusqu'ici il a vécu pour la paresse... mais un jour il lui est échappé de me dire en riant, comme la chose la plus simple du monde... *Heureux morts!.. Eternels paresseux!*

— Ah! Valentine... cette idée est horrible!

— Et c'est pourtant, vois-tu, avec cette idée que je vis, dit la malheureuse femme en fondant en larmes. Et cette terreur qui plane sur toutes mes pensées, sur toutes mes actions, je suis obligée de la dissimuler devant lui, car s'il me voyait triste, préoccupée, sais-tu ce qu'il me dirait avec son tendre et gracieux sourire : « Ma pauvre Valentine, à quoi bon la tristesse? Ne sommes-nous pas jeunes et amoureux? Ne pensons qu'au bonheur... Je t'aime autant qu'il m'est possible d'aimer... je t'aime comme je puis et comme je sais aimer; accepte-moi tel que je suis... sinon, si involontairement je t'ai chagrinée, si je ne te plais plus... laisse-moi, cherche mieux, et restons amis... A mon sens, l'amour ne doit être que joie, félicité, tendresse... et repos!.. Ce doit être un beau lac, toujours frais et calme, où se reflètent les plus riantes félicités de la vie. Pourquoi l'assombrir, le troubler par des inquiétudes inutiles? Ne peut-on s'aimer *tranquillement?* Va, mon ange, jouissons en paix de notre jeunesse; celui qui a vécu en sa vie dix jours d'un bonheur complet, radieux, doit être content et mourir en disant : *Merci Dieu!!!* Nous avons vécu cent et plus de ces jours-là, ma Valentine!.. et nous en vivrons mille et davantage, s'il te plaît... car je t'adore. Ne suis-je pas trop paresseux pour être inconstant? Et puis, pourrais-je, sans effroi, songer à la peine de chercher de nouvelles amours?.. » Oui, ajouta Valentine avec une animation douloureuse et croissante, pendant que Florence semblait profondément pensive. Oui, voilà comment Michel envisage l'amour! Ces alternatives de joie et de larmes, ces vagues angoisses, ces jalousies folles, mais terribles, qui, incriminant le passé... l'avenir même... bouleversent et martyrisent le cœur... oui, ces violences, ces tumultes inséparables de la passion... font sourire Michel... Ce serait pour lui une fatigue de les ressentir; moi, moi seule en suis déchirée... Son indolence... je ne puis dire son indifférence, car, après tout, il m'aime comme il sait et comme il peut aimer, ainsi qu'il le dit lui-même... son indolence en amour me navre... me révolte... me fait bondir... mais je me contiens, mais je souffre, parce que, malgré moi, je l'adore tel qu'il est; et ce n'est pas tout : Michel ne semble pas se douter des remords, des transes, des effrois qui m'assiégent chaque jour; car, pour passer des heures, quelquefois même des journées avec lui, il me faut entasser mensonges sur mensonges... me mettre presque à la discrétion de mes gens, trouver toujours de nouveaux prétextes à mes fréquentes sorties, vivre dans une agitation continuelle, et quand je rentre... ah! Florence, quand je rentre, si tu savais quel poids affreux j'ai sur le cœur... lorsque, après une longue absence, je mets la main au marteau de ma porte, en me disant : *tout est peut-être découvert!* Et quand je me retrouve face à face avec mon mari... autre martyre! affronter son regard... tâcher de lire sur ses traits s'il a le moindre soupçon, trembler, mais trembler en dedans à ses questions les plus insignifiantes; paraître tranquille, indifférente, quand je suis bourrelée d'angoisses... Et puis, dernière douleur, dernière bassesse... avoir l'air souriant, empressé même, avec mon mari que j'abhorre... Oui... il faut bien que je le flatte, puisque j'ai peur de lui... puisque j'espère écarter ses soupçons en me composant une physionomie avenante et gaie... Comprends-tu, Florence? quelquefois il faut que je sois gaie... Comprends-tu? gaie! pendant que j'ai la mort dans l'âme... Tiens, Florence... c'est l'enfer qu'une vie pareille; elle brûle, elle use, elle tue... et pourtant il me serait impossible d'y renoncer.

— Ah! Valentine... s'écria madame de Luceval en se jetant dans les bras de son amie; merci... à toi .. ma tendre amie... merci... tu m'as sauvée!

Madame d'Infreville, aussi stupéfaite du mouvement que des paroles de Florence, reçut son embrassement avec autant d'émotion que de surprise.

VI

Madame de Luceval avait en effet, depuis quelques moments, écouté son amie avec un redoublement d'intérêt et de curiosité; aussi, ne pouvant résister à son émotion, s'était-elle jetée dans les bras de Valentine, en s'écriant :

— Merci... merci à toi, ma tendre amie... tu m'as sauvée!

Madame d'Infreville, après ce moment d'effusion, regarda la jeune femme avec le plus grand étonnement et lui dit :

— Mon Dieu !.. Florence... explique-toi... de quoi me remercies-tu?.. de quoi t'ai-je sauvée?..

— En effet, reprit madame de Luceval en souriant à demi, je dois te paraître folle, mais si tu savais... quel service tu me rends!..

— Moi?..

— Oh! certainement, un grand, un immense service.. ajouta Florence avec un mélange d'émotion, de malice et d'ingénuité difficile à rendre. Figure-toi que d'abord, en te sachant un amant, je t'ai enviée... comme je t'enviais au couvent quand j'étais petite fille et que je t'ai vue mariée... et puis, pourquoi te le cacher? je trouvais dans le caractère de notre cousin Michel tant de rapports avec mes goûts et ma manière d'être, que je me disais : « Combien ce qui désespère cette pauvre Valentine... me séduirait... me ravirait, au contraire... moi qui n'ai jamais aimé... Voilà justement comment je comprendrais l'amour : *de la paresse à deux;* et il me semble que je serais bien heureuse d'avoir aussi... un petit Michel. »

— Florence... que dis-tu?..

— Laisse-moi donc achever... et pour ne te rien cacher... comme je pressens l'approche de grands orages entre mon mari et moi... comme il me devient de plus en plus insupportable... j'entrevoyais vaguement dans l'avenir... (si, comme toi, je finissais par être poussée à bout) la nécessité de chercher peut-être un jour des consolations... à une union si mal assortie.

— Ah! Florence! s'écria Valentine avec un accent de tendresse alarmée, prends garde... si tu savais...

— Si je savais, reprit madame de Luceval en interrompant son amie, si je savais?.. Mais justement, et, grâce à toi, maintenant *je sais;* et après ce que tu viens de me dire, grand Dieu! ajouta la jeune femme avec une expression d'épouvante naïve et presque comique, à cette heure que je vois ce qu'il en coûte d'angoisses, d'agitation, de peines, de démarches, de tourments, pour avoir un amant, je te jure bien que jamais je n'en aurai! Et je crois, Dieu me pardonne! que j'aimerais encore mieux aller au *pôle nord* ou au *Caucase* avec mon mari... que de me lancer dans les tribulations amoureuses! j'y mourrais à la peine. Un amant! juste ciel! que de fatigues! Cette fois encore, je t'en réponds, ma paresse me servira de vertu; dame... chacun est vertueux selon ses moyens, et pourvu qu'on le soit, c'est l'essentiel. N'est-ce pas, Valentine?

Florence fit, en disant ces mots, une petite mine à la fois si sérieuse et si drôle, que son amie, malgré ses cruelles préoccupations, ne put s'empêcher de sourire pendant que madame de Luceval ajoutait :

— Ah! pauvre Valentine!.. je te plains... je te plains doublement... car, tu as raison... c'est un véritable enfer qu'une pareille vie !

— Oui... oui... un enfer... et, crois-moi, Florence... ma bien-aimée Florence, persiste dans ta résolution, reste fidèle à tes devoirs... si pesants qu'ils te semblent! Ah! que mon malheur te serve de leçon, je t'en conjure, ajouta Valentine d'une voix suppliante, attendrie; ce serait pour moi un éternel remords que de t'avoir donné de mauvaises idées ou un méchant exemple... Toute ma vie je me reprocherais comme un crime la confiance que j'ai eue en toi. Florence, mon amie, ma tendre amie... que du moins ce nouveau chagrin me soit épargné... jure-moi...

— Sois donc tranquille, Valentine, je suis encore plus de ton avis que toi-même, s'il est possible... Mais, penses-y donc.

Moi, paresseuse comme je le suis ; moi qui ne puis seulement quitter mon fauteuil pour faire une visite, aller me jeter dans un tel tourbillon ! et surtout avec un mari comme le mien, qui vient chez moi dix fois par jour... entreprendre de tromper un pareil homme ! mais ce serait un travail qui me donne le vertige rien qu'en y songeant. Non, non, la leçon est bonne, elle portera ses fruits, je t'en réponds. Mais parlons de toi... je ne vois pas que, jusqu'ici, heureusement, les soupçons de ton mari aient été éveillés.

— Tu te trompes... je le crains, sans en avoir pourtant la certitude.

— Comment cela ?

— Mon mari, je te l'ai dit, vit presque toujours hors de chez lui. Il sort le matin après le déjeuner... dîne le plus souvent chez cette fille qu'il entretient, et où il reçoit ses amis. Il la conduit ensuite au spectacle... rentre chez elle, où l'on joue fort gros jeu, m'a-t-on dit, et il n'est guère de retour chez lui avant trois ou quatre heures du matin.

— La belle vie pour un homme marié !

— Soit confiance... soit indifférence, il me fait peu de questions sur l'emploi de mon temps. Il y a deux jours, se trouvant subitement indisposé, il est rentré vers les deux heures de l'après-midi ; je le croyais absent pour toute la journée, car il m'avait dit qu'il dînerait dehors ; aussi je ne revins de chez Michel qu'à dix heures du soir.

— Mon Dieu ! que tu as dû être saisie en apprenant le retour de ton mari ! J'en frissonne rien que d'y penser... Et l'on a un amant !

— J'ai été si épouvantée, que mon premier mouvement a été de ne pas monter chez moi et de ressortir pour ne jamais revenir.

— C'est à quoi je me serais résolue... et encore, je ne sais... non, décidément je serais morte de peur.

— Enfin, je rassemblai tout mon courage, je montai : le médecin était là. M. d'Infreville se trouvait si souffrant, qu'il ne m'adressa que quelques paroles... Je passai la nuit à le veiller avec un hypocrite redoublement de zèle... Lorsqu'il fut plus calme, il me demanda pourquoi je m'étais absentée tout le jour, et où j'étais allée. J'avais médité ma réponse et mon mensonge : je lui dis que j'étais restée toute la journée chez toi, ainsi que cela m'arrivait souvent... puisqu'il me laissait presque toujours seule. Il parut me croire, me dit même qu'il m'approuvait, connaissant de nom M. de Luceval, et qu'il voyait avec plaisir ma liaison avec sa femme. Je me crus sauvée; mais, hier soir, nouvelles craintes; j'ai appris par ma femme de chambre que mon mari l'avait interrogée très-adroitement pour savoir si je m'absentais souvent.

— Mon Dieu!.. toutes tes transes ont dû revenir! Quelle perplexité!.. quelles angoisses!!! Et l'on a un amant!

— Mes inquiétudes devinrent si graves, que je me crus perdue. Voulant sortir à tout prix d'une position intolérable, ce matin je suis allée chez Michel. Prenons un parti extrême, lui ai-je dit, je vais tout avouer à ma mère, lui annoncer que mon mari a de graves soupçons, qu'il ne me reste qu'à fuir. Je puiserai dans mon amour pour vous, Michel, la force de convaincre ma mère. Je ne retournerai pas chez mon mari. Nous quitterons Paris ce soir même, ma mère et moi. Nous irons à Bruxelles; vous viendrez nous y rejoindre. Le peu qui vous reste et mon travail nous suffiront à vivre; nous voyagerons, s'il le faut, pour trouver d'autres ressources; mais, du moins, si pauvre, si tourmentée que soit notre existence, je serai délivrée de cette horrible nécessité de mentir chaque jour, ou de vivre dans de continuelles alarmes. Ces tortures, vous ne les avez jamais soupçonnées, Michel, car je vous les ai cachées... mais je ne puis souffrir plus longtemps.

— Et a-t-il accepté?

— Lui!... s'écria Valentine avec amertume, ah! que j'étais insensée de compter sur une pareille résolution de sa part!.. Il me regardait avec stupeur; cette fuite, cette vie agitée, dure, malheureuse peut-être, épouvantait sa paresse... ou plutôt son affreux égoïsme... Il a traité ma résolution de folie, me disant qu'il ne fallait prendre ces partis extrêmes qu'à la dernière extrémité... qu'après tout, mon mari n'avait tout au plus que des soupçons... et c'est Michel qui m'a donné l'idée de la lettre que je t'ai demandée.

— Après tout, Valentine, il a peut-être raison... d'hésiter à fuir... et cela dans ton intérêt même... Car enfin rien n'est désespéré...

— Florence, un pressentiment me dit que...

Madame d'Infreville ne put achever.

Un nouvel incident interrompit cet entretien.

La nuit était presque venue.

L'on touchait à la fin des derniers beaux jours de l'automne ; le salon où se tenaient les deux jeunes femmes n'était plus éclairé que par la clarté crépusculaire qui succède au coucher du soleil.

La porte de l'appartement s'ouvrit brusquement.

MM. de Luceval et d'Infreville apparurent aux regards stupéfaits de Florence et de Valentine.

Celle-ci, saisie d'effroi, s'écria :

— Je suis perdue !

Et, accablée de honte à l'aspect de M. de Luceval qui accompagnait M. d'Infreville, elle cacha son visage dans son mouchoir.

Florence, se rapprochant de son amie, comme pour la protéger, dit impérieusement à M. de Luceval :

— Que voulez-vous, Monsieur ?

— Vous convaincre de mensonge et d'une indigne complicité, Madame ! s'écria M. de Luceval d'une voix menaçante.

— J'avais appris que, depuis quelque temps, madame d'Infreville passait des journées presque entières hors de chez elle, Madame, ajouta l'autre mari en s'adressant à Florence pendant que son amie, agitée d'un tremblement convulsif, continuait de cacher son visage entre ses mains ; hier, j'ai demandé à madame d'Infreville où elle avait passé la journée. Elle m'a répondu qu'elle l'avait passée chez vous. Cette lettre de vous, Madame (et il la montra), écrite de complicité avec ma femme, et destinée à me rendre dupe d'un mensonge infâme, est tombée entre les mains de M. de Luceval. Il m'a juré sur l'honneur, et je le crois, qu'il n'avait jamais vu ici madame d'Infreville. Je ne suppose pas, Madame, que vous puissiez soutenir plus longtemps ce qui est le contraire de toute vérité.

— Oui, Madame ! s'écria M. de Luceval, il faut que votre déclaration porte le dernier coup à une femme coupable ; ce sera l'une des punitions de votre odieuse complicité.

— Tout ce que j'ai à vous déclarer, Monsieur, répondit résolûment Florence, c'est que madame d'Infreville est et sera toujours ma meilleure amie... et plus elle sera malheureuse, plus elle devra compter sur ma tendre affection.

— Comment ! Madame, s'écria M. de Luceval, vous osez.

— J'oserai bien plus, Monsieur, j'oserai dire à M. d'Infreville que sa conduite envers sa femme a toujours été celle d'un homme sans cœur et sans honneur.

— Assez, Madame ! dit M. de Luceval exaspéré. Assez !

— Non, Monsieur, ce n'est pas assez, reprit Florence, j'ai encore à rappeler à monsieur d'Infreville qu'il est chez moi, et, comme il sait maintenant dans qu'elle estime je le tiens, il comprendra que sa présence n'est plus convenable ici.

— Vous avez raison, Madame, j'en ai trop entendu, dit M. d'Infreville avec un sourire sardonique.

Puis, prenant rudement sa femme par le bras, il lui dit :

— Suivez-moi, Madame.

La malheureuse créature, anéantie, éperdue, se leva machinalement, cachant toujours son visage entre ses mains, tant sa honte était écrasante, puis elle murmura :

— Oh ! ma mère ! ma mère !

— Valentine, je ne te quitte pas ! s'écria Florence en s'élançant vers son amie ; mais M. de Luceval, poussé à bout, saisit violemment sa femme à bras-le-corps, et la contint en disant:

— C'est me braver avec trop d'audace.

M. d'Infreville profita de ce moment pour entraîner Valentine, qui, d'une voix entrecoupée par les sanglots, jeta ces derniers mots à travers le mouchoir qui couvrait sa figure.

— Florence... adieu !

Et elle disparut avec M. d'Infreville.

Madame de Luceval, pâle d'indignation et de douleur, resta un moment contenue par son mari, qui ne lui rendit la liberté de ses mouvements que lorsque Valentine eut quitté le salon.

La jeune femme dit alors d'une voix calme :

— Monsieur de Luceval, vous avez porté brutalement la main sur moi... de ce jour tout est à jamais rompu entre nous.

— Madame !

— Vous avez votre volonté, Monsieur, j'aurai la mienne, et je vous le prouverai.

— Et votre volonté, Madame, dit M. de Luceval d'un ton sardonique, me ferez-vous du moins la grâce de me la signifier ?

— Certainement.

— Voyons, Madame.

— La voici : nous nous séparerons à l'amiable, sans bruit sans scandale.

— Ah! Madame arrange cela ainsi?

— J'ai ouï dire que très-souvent cela s'arrangeait ainsi.

— Et à dix-sept ans à peine, Madame pourra courir le monde à son gré.

— Courir le monde! Dieu m'en préserve, Monsieur : vous savez que tel n'est pas mon goût...

— Il ne s'agit pas de plaisanter, Madame! s'écria M. de Luceval, je vous demande si vous êtes réellement assez folle pour vous imaginer qu'à dix-sept ans à peine... vous pouvez vous passer la fantaisie de vivre seule... lorsque vous êtes en puissance de mari?

— Je ne compte pas du tout vivre seule... Monsieur.

— Et avec qui Madame vivra-t-elle?

— Valentine est malheureuse; je me retirerai auprès d'elle et de sa mère. Grâce à Dieu! ma fortune est indépendante de la vôtre, Monsieur...

— Vous retirer auprès de cette malheureuse! une femme que son mari va chasser ce soir de sa maison... et bien il fera!... une femme qui mérite le mépris de tous les honnêtes gens... Et c'est auprès d'une pareille créature que vous voulez vivre!... Mais oser seulement avouer un pareil projet, c'est à vous faire enfermer, Madame.

— Monsieur de Luceval, je suis horriblement fatiguée des événements de cette journée; vous m'obligerez de me laisser tranquille; j'ajouterai seulement que si quelqu'un mérite le mépris des honnêtes gens, c'est M. d'Infreville, car ce sont ses indignes traitements qui ont poussé sa femme à sa perte. Quant à Valentine, ce qu'elle mérite et ce qu'elle devra toujours attendre de moi, c'est la plus tendre compassion.

— Mais c'est inouï! mais c'est à vous faire enfermer, vous dis-je!

— Voici mes derniers mots, monsieur de Luceval : l'on ne m'enfermera pas, j'aurai ma liberté, vous aurez la vôtre, et de ma liberté... j'userai.

— Oh!... nous verrons cela, Madame!

— Vous le verrez, Monsieur.

VII

Quatre ans environ se sont écoulés depuis les événements que nous avons racontés.

L'hiver sévit rudement, le froid est âpre, le ciel gris et morne.

Une femme s'avance rapidement dans la rue de Vaugirard, s'arrêtant çà et là, pour consulter du regard les numéros des maisons, comme si elle eût cherché une adresse.

Cette femme, vêtue de deuil, paraît âgée de vingt-deux ou vingt-trois ans; grande, svelte, très-brune, elle a de grands yeux noirs, pleins d'expression et de feu; ses traits sont beaux, quoique un peu fatigués; sa physionomie, vive et mobile, révèle tour à tour une tristesse amère, ou une inquiétude pleine d'impatience; sa démarche saccadée, quelquefois brusque, décèle aussi une vive agitation.

Lorsque cette jeune femme eut parcouru à peu près la moitié de la rue de Vaugirard, elle interrogea de nouveau du regard les numéros du côté impair, et étant arrivée en face du numéro 57, elle s'arrêta, tressaillit, et porta la main sur son cœur, comme pour en comprimer les battements; après être restée quelques moments immobile, elle se dirigea vers la porte cochère, puis fit une nouvelle pause avec une hésitation marquée; mais ayant aperçu des écriteaux annonçant plusieurs appartements à louer dans cette maison, elle entra résolûment et s'arrêta devant la loge du portier.

— Vous avez, Monsieur, lui dit-elle, des appartements à louer?

— Oui, Madame... le premier, le troisième, et deux chambres séparées.

Le premier serait sans doute trop cher pour moi... le troisième me conviendrait mieux : de quel prix est-il?

— Six cents francs, Madame... au dernier mot... il est tout fraîchement décoré... il n'y a plus que les papiers à poser...

— Et de combien de pièces se compose-t-il?

— Une cuisine donnant sur l'entrée, une petite salle à manger, un salon et une belle chambre à coucher avec un grand cabinet, où l'on peut mettre un lit pour une domestique. Si... Madame veut monter... elle verra par elle-même.

— Avant toute chose... je désire savoir qui habite cette maison. Je suis veuve, je vis seule, vous comprenez pourquoi je vous fais cette question...

— C'est tout simple, Madame... la maison est d'ailleurs des plus tranquilles : le premier est vacant comme je vous l'ai dit; le second est occupé par un professeur à l'école de Droit, homme bien respectable, ainsi que sa dame... ils n'ont pas d'enfants... le troisième est l'appartement que je propose à Madame, et le quatrième, de deux petites pièces et d'une entrée, est loué par un jeune homme... quand je dis jeune homme... c'est une manière de parler, car M. Michel Renaud doit avoir de vingt-six à vingt-huit ans.

Au nom de Michel Renaud, la jeune femme, malgré le grand empire qu'elle avait sur elle-même, rougit et pâlit tour à tour; un sourire douloureux contracta ses lèvres, et ses grands yeux noirs semblèrent briller plus ardents sous leurs longues paupières.

Dominant pourtant son émotion, elle reprit d'une voix calme et d'un air indifférent :

— L'appartement du troisième est donc immédiatement au-dessous de celui... de... ce Monsieur?

— Oui, Madame...

— Et... ce Monsieur est-il marié?

— Non, Madame...

— Encore une fois, il ne faut pas vous étonner des questions que je vais vous adresser, mais je dois vous dire que j'ai horreur du bruit au-dessus de ma tête, et que je redoute fort la mauvaise compagnie; or, je désirerais savoir si mon futur voisin n'a pas, comme tant d'autres jeunes gens, des habitudes bruyantes... et de ces connaissances un peu légères... qu'il me serait fort désagréable de rencontrer sur l'escalier en sortant de chez moi ou en y rentrant.

— Lui! s'écria le portier avec un air de récrimination;

M. Michel Renaud recevoir des *demoiselles*... Ah! Madame! ah! Madame!

Et il joignit les mains.

Une lueur de joie et d'espérance éclaircit un instant la triste physionomie de la jeune femme, qui reprit avec un demi-sourire.

— Je suis loin de vouloir calomnier les mœurs de ce Monsieur, et l'étonnement que vous cause ma question me paraît rassurant.

— M. Michel Renaud, Madame, est rangé comme il n'y en a pas... Tous les jours que le bon Dieu ait, dimanches et fêtes, il sort de chez lui à trois heures et demie, ou quatre heures du matin au plus tard, ne rentre qu'après minuit... et ne reçoit jamais de visites...

— Je le crois... il faudrait qu'elles fussent singulièrement matinales... dit la jeune femme, qui parut très-vivement frappée de ces détails. Comment? tous les jours ce Monsieur se lève aussi matin?

— Oui, Madame, été comme hiver, rien ne l'arrête.

— Mais... reprit la jeune femme, comme si elle ne pouvait pas croire à ce qu'elle entendait, c'est donc un prodige d'activité que ce Monsieur?

— Je ne pourrais pas vous dire, Madame; tout ce que je sais, c'est qu'il est aussi matinal qu'un coq de village.

— Et, sans indiscrétion... Monsieur, reprit la jeune femme de plus en plus stupéfaite de ce qu'elle apprenait, quelle est donc la profession de ce Monsieur qui sort chaque jour de chez lui à trois ou quatre heures du matin, et qui ne rentre qu'après minuit?

— Vous m'en demandez là, Madame, plus que je n'en sais... Ce qu'il y a de certain, c'est que ce locataire-là ne sera pas gênant pour vous...

— Assurément, je ne pouvais rencontrer un voisinage plus à mon goût, mais... franchement, il est impossible que vous ne connaissiez pas la profession de votre locataire?

— Que voulez-vous que je vous dise, Madame? Depuis trois ans que M. Renaud demeure ici... il ne lui est venu qu'une lettre... adressée à M. Michel Renaud tout court, et il ne reçoit âme qui vive.

— Mais il n'est pas muet?

— Ma foi, Madame, il n'en vaut guère mieux. Quand il sort, je suis couché; quand il rentre... idem... le matin, il me dit : *Cordon, s'il vous plaît!* et le soir, en prenant sa lumière : *Bonsoir, monsieur Landri!* (c'est mon nom.) Voilà toutes nos causeries... Ah! si pourtant, j'oubliais...

— Qu'oubliez-vous?

— La veille du terme il me dit, le soir, en déposant ses soixante francs sur ma table : « Je mets là l'argent du terme, monsieur Landri... » Le lendemain soir, je lui dis : « La quittance est à côté de votre bougeoir, M. Renaud. » Il la prend, me dit : « Merci, M. Landri. » Et en voilà pour trois mois...

— Il est impossible en effet d'être moins communicatif... et... la simple curiosité ne vous a pas donné l'envie de tâcher de pénétrer le secret de cette existence vraiment assez mystérieuse? N'a-t-il pas quelqu'un qui le sert?

— Non, Madame... il fait lui-même son ménage... c'est-à-dire qu'il fait son lit, cire ses bottes, bat ses habits et balaye sa chambre...

— Lui!.. ne put s'empêcher de s'écrier la jeune femme, avec un nouvel accent de stupeur; puis, se reprenant, elle ajouta : Comment... ce... Monsieur prend tant de peine...

— Dame! reprit le portier, qui parut surpris de l'ébahissement de la jeune femme, c'est tout simple, tout le monde n'a pas cinquante mille livres de rentes, et quand on n'a pas de quoi se faire servir, il faut se servir soi-même.

— C'est très-juste, Monsieur, dit la jeune femme en deuil, en reprenant son sang-froid. Mais êtes-vous quelquefois entré chez... ce Monsieur?

— Deux fois Madame.

— Et il n'y a rien d'extraordinaire dans son appartement?

— Ma foi! non, Madame... il n'habite qu'une des deux pièces... l'autre n'est pas seulement meublée...

— Et... dans sa chambre... rien n'a pu vous faire deviner... quelle était sa profession?

— Mon Dieu, c'est une chambre comme toutes les chambres, Madame... meublée en noyer... et très-propre... un lit, une commode, une table, et quatre chaises, voilà tout.

— En vérité, Monsieur, reprit la jeune femme, sentant bien que ses questions et surtout ses étonnements devaient sembler étranges, je m'aperçois un peu tard que je suis d'une indiscrétion rare; mais, vous la comprendrez, car je suis certaine que depuis que vous avez des locataires dans cette maison, vous n'en avez pas eu un pareil à... ce Monsieur.

— Pour ce qui est de cela, Madame, c'est la pure vérité... Mais, comme M. Michel Renaud paye son terme rubis sur l'ongle, comme il n'y a pas de locataire moins gênant... vu qu'il ne reçoit pas un chat, je me dis : Ma foi ! qu'il soit ce qu'il voudra... Maintenant, Madame veut-elle voir l'appartement?

— Certainement, car, après tout, je trouverai difficilement, je crois, une demeure plus à ma convenance

VIII

Pendant que cette locataire en *expectative* commençait son ascension, sur les pas du portier, une autre scène, assez curieuse, se passait dans la maison mitoyenne, dont le rez-de-chaussée était occupé par un café.

Ce café, assez peu fréquenté d'ailleurs, ne possédait, à ce moment, qu'un seul consommateur, assis devant une table, sur laquelle étaient une carafe d'eau, du sucre et un verre d'absinthe.

Ce personnage, qui venait d'entrer depuis quelques instants à peine, était un homme de trente ans au plus, maigre, nerveux, au teint hâlé, aux traits fortement accentués... au geste prompt; il prit plusieurs journaux les uns après les autres, il eut l'air de les parcourir, en fumant son cigare; mais évidemment sa pensée n'était pas à ce qu'il lisait, si toutefois même il lisait; il semblait en proie à une tristesse profonde, mêlée, çà et là, de sourdes irritations, qui se manifestaient par la brusquerie de ses mouvements; ce fut ainsi qu'il rejeta violemment sur la table de marbre le dernier journal qu'il venait de parcourir.

Après un moment de réflexion, il appela le garçon d'une voix brève et dure.

Le garçon, homme à cheveux gris, accourut.

— Garçon !.. versez-moi un verre d'absinthe, dit l'homme au cigare.

— Mais, Monsieur... votre verre est encore plein.

— C'est juste. Et notre homme vida son verre, que le garçon remplit de nouveau.

— Dites-moi, reprit l'homme au cigare, ce café dépend de la maison numéro 59, n'est-pas?

— Oui, Monsieur.

— Voulez-vous gagner cent sous? lui dit l'homme au cigare. Et comme le garçon le regardait tout ébahi, il reprit :

— Je vous demande si vous voulez gagner cent sous?

— Moi... Monsieur... mais...

— Voulez-vous, oui ou non?

— Je le veux bien, Monsieur, que faut-il faire ?

— Parler.

— Parler de quoi, Monsieur?

— Répondre à quelques questions.

— C'est bien facile... si je sais...

— Êtes-vous dans ce café depuis longtemps?

— Oh !.. depuis sa fondation, Monsieur... depuis dix ans.

— Vous habitez cette maison?

— Oui, Monsieur, je couche au cinquième.

— Vous connaissez tous les locataires?

— De nom... et de vue, oui, Monsieur, mais voilà tout... Je suis seul de garçon ici... et je n'ai guère le temps de voisiner.

Après un moment d'hésitation pénible, pendant lequel les traits de l'homme au cigare exprimèrent une douloureuse angoisse, il dit au garçon, d'une voix légèrement altérée :

— Qui habite le quatrième?

— Une dame, Monsieur.

— Une dame... seule?

Et son angoisse parut redoubler en attendant la réponse du garçon.

— Oui, Monsieur, reprit celui-ci, une dame seule...

— Veuve?

— Pour cela, Monsieur, je l'ignore; elle s'appelle madame Luceval; voilà tout ce que je peux vous dire.

— Vous sentez bien, mon cher, que si je vous promets cent sous... c'est pour que vous me disiez quelque chose...

— Dame! Monsieur, on dit ce que l'on sait.

— Bien entendu. Voyons, franchement, que pense-t-on dans la maison de cette dame? Comment l'appelez-vous?

Évidemment le consommateur faisait cette question pour dissimuler le léger tremblement de sa voix, et prendre le temps de vaincre son émotion croissante.

— Cette dame, je vous l'ai dit, Monsieur, se nomme madame Luceval... et il faudrait être bien malin pour jaser sur son compte... car on ne la voit jamais...

— Comment?

— Dame! Monsieur, il n'est jamais plus de trois heures et demie ou quatre heures du matin lorsqu'elle sort de chez elle... été comme hiver; et moi qui ne me couche pas avant minuit, je l'entends toujours rentrer après moi...

— Allons donc, c'est impossible... s'écria l'homme au cigare avec autant de stupeur que la femme en deuil en avait manifesté en apprenant les habitudes incroyablement matinales de M. Michel Renaud. Comment! reprit-il, cette dame sort ainsi tous les matins avant quatre heures?

— Oui, Monsieur, je l'entends fermer la porte...

— C'est à n'y pas croire, se dit l'homme au cigare.

Et, en suite d'un moment de réflexion, il reprit:

— Et que peut faire cette femme ainsi toujours hors de chez elle?

— Je l'ignore, Monsieur.

— Mais que pense-t-on de cela dans la maison?

— Rien, Monsieur...

— Comment, rien! on trouve cela tout naturel?

— Dans les premiers temps que madame Luceval a logé ici... voilà bientôt quatre ans, sa manière de vivre a semblé assez drôle, et puis on a fini par ne plus s'en occuper... car, ainsi que je vous l'ai dit, Monsieur, on ne la voit jamais; ça fait qu'on l'oublie... quoiqu'elle soit jolie à plaisir...

— Allons... si elle est jolie, mon cher, dit l'homme au cigare avec un sourire sardonique, et comme si les mots lui eussent brûlé les lèvres, allons..... il y a quelque amant, hein? -

Et il jeta un sombre et ardent regard sur le garçon, qui répondit :

— J'ai entendu dire que cette dame ne recevait jamais personne, Monsieur.

— Mais le soir... lorsqu'elle revient à une heure aussi avancée de la nuit... elle ne rentre pas seule, j'imagine?

— J'ignore, Monsieur, si quelqu'un la conduit jusqu'à la porte... mais ce qu'il y a de certain, c'est qu'il ne court pas, je vous le répète, le plus petit bruit sur son compte...

— Une véritable vertu, alors?

— Dame!... Monsieur... ça en a bien l'air, et je suis sûr que toute la maison en jurerait comme moi.

Cette fois encore il y eut une complète analogie entre ce que parut ressentir l'homme au cigare et la joie qu'avait manifestée la femme en deuil en apprenant par les pudiques dénégations du portier que M. Michel Renaud ne recevait jamais de *demoiselles;* mais les traits de l'interlocuteur du garçon, un moment éclaircis, redevinrent sombres, et il reprit :

— Sait-on au moins quelles sont ses ressources, de quoi elle vit, enfin?

— Encore une chose que j'ignore, Monsieur, quoiqu'il ne soit pas probable qu'elle vive de ses rentes... Eh! eh!.. les rentières ne se lèvent pas si matin, surtout par des temps comme aujourd'hui, où il gèle à pierre fendre... et trois heures et demie sonnaient au Luxembourg lorsque j'ai entendu cette dame sortir ce matin de chez elle.

— C'est étrange... étrange! c'est à croire que je rêve, se dit le personnage; puis il reprit tout haut : Voilà tout ce que vous savez?

— Voilà tout, Monsieur, et je vous certifie que personne, dans la maison, n'en sait davantage...

L'homme au cigare resta un moment pensif, puis, après quelques moments de silence, pendant lesquels il but son verre d'absinthe à petites gorgées, il jeta sur la table une pièce d'or étrangère, et dit au garçon :

— Payez-vous... et gardez cent sous pour vous... ils ne vous ont pas coûté beaucoup à gagner, je l'espère?

— Monsieur, je ne vous les demandais pas... et... si vous...

— Je n'ai qu'une parole... Payez-vous, reprit l'homme au cigare avec hauteur.

Le garçon alla au comptoir changer la pièce d'or, pendant que le consommateur semblait profondément rêveur. Ayant reçu la monnaie qui lui revenait, il sortit du café.

Au même instant, la jeune femme dont nous avons parlé quittait la maison mitoyenne, et venait en sens inverse de l'homme au cigare.

Lorsqu'ils passèrent à côté l'un de l'autre, leurs regards se rencontrèrent par hasard.

L'homme s'arrêta une seconde, comme si la vue de cette femme lui eût rappelé un vague souvenir; puis, croyant que sa mémoire le trompait, il continua son chemin vers le haut de la rue de Vaugirard, tandis que la jeune femme descendait la même rue.

IX

L'homme au cigare et la jeune femme en deuil, après avoir passé à *contre-bord* l'un de l'autre, comme disent les marins, continuèrent leur chemin chacun de son côté, pendant une dizaine de pas, au bout desquels l'homme au cigare, semblant revenir à sa première pensée, se retourna pour regarder encore la femme en deuil.

Celle-ci, à ce moment même, se retournait aussi; mais voyant l'homme qu'elle avait remarqué faire le même mouvement, elle détourna brusquement la tête, et continua sa route d'un pas un peu hâté...

Cependant, alors qu'elle allait traverser la rue pour entrer dans le jardin du Luxembourg, elle ne put s'empêcher de regarder de nouveau derrière elle; aussi vit-elle de loin... l'homme au cigare debout à la même place et la suivant des yeux... Assez impatientée d'avoir été pour ainsi dire surprise deux fois en flagrant délit de curiosité, elle rabaissa vivement son voile noir, et, activant encore sa marche, elle entra au Luxembourg.

L'homme au cigare, après un moment d'hésitation, revint sur ses pas, les précipita, atteignit bientôt la grille, et aperçut de loin la jeune femme se diriger du côté de la grande allée de l'Observatoire.

Un de ces instincts singuliers, qui souvent nous avertissent de ce que nous ne pouvons voir, donna à la jeune femme la presque certitude qu'elle était suivie; elle hésita longtemps avant de se résoudre à s'assurer de la chose; elle allait céder à cette tentation, lorsqu'elle entendit derrière elle une marche assez pressée, puis quelqu'un passa à ses côtés...

C'était l'homme au cigare; il fit une vingtaine de pas devant lui, puis il revint en ligne directe vers la jeune femme. Celle-ci obliqua subitement à gauche; son *poursuivant* fit la même manœuvre, s'approcha résolument, et, ôtant son chapeau, il lui dit avec une courtoisie parfaite :

— Madame... je vous demande mille pardons de vous aborder ainsi...

— En effet... Monsieur... je n'ai pas l'honneur de vous connaître.

— Madame... permettez-moi une question...

— En vérité, Monsieur... je ne sais...

— Cette question, Madame... je n'aurais pas à vous l'adresser... si j'étais assez heureux pour que votre voile fût relevé...

— Monsieur...

— De grâce, Madame, ne croyez pas qu'il s'agisse d'une impertinente curiosité... je suis incapable d'un pareil procédé; mais tout à l'heure, en passant auprès de vous, dans la rue de Vaugirard, il m'a semblé vous avoir déjà rencontrée; et comme c'était lors d'une circonstance fort extraordinaire...

— Mon Dieu! Monsieur, reprit la femme en deuil, en interrompant l'étranger, s'il faut vous l'avouer, j'ai cru aussi...

— M'avoir déjà rencontré?

— Oui, Monsieur.

— Au Chili?

— Il y a huit mois environ.

— A quelques lieues de Valparaiso?

— A la tombée du jour.

— Au bord d'un lac encaissé de rochers? Une bande de bohémiens attaquait une voiture... où vous étiez, Madame.

— L'arrivée d'un convoi de voyageurs, montés sur des mulets dont on entendait les sonnettes depuis quelques instants, a fait fuir ces bandits. Ce convoi qui venait de Valparaiso nous croisa.

— A peu près comme je vous ai croisée tout à l'heure dans la rue de Vaugirard, Madame, dit l'homme au cigare en souriant; et pour plus de sûreté, un des voyageurs et trois hommes de l'escorte proposèrent aux personnes de la voiture de les accompagner jusqu'au plus prochain village.

— Et ce voyageur... Monsieur... c'était vous. Maintenant, je me le rappelle parfaitement, quoique je n'aie eu le plaisir de vous voir que pendant quelques instants, car la nuit vient vite au Chili...

— Et elle était fort noire lorsque nous sommes arrivés au village de... de Balaméda... si j'ai bon souvenir, Madame...

— Je ne me rappelais pas le nom de ce village... Monsieur; mais ce dont je me souviens et me souviendrai toujours, c'est de votre extrême obligeance... car, après nous avoir escortés jusqu'au village, vous avez dû rejoindre en toute hâte votre convoi... qui se dirigeait vers le nord... il me semble?

— Oui, Madame...

— Et vous l'avez, je l'espère, Monsieur, rejoint sans accident, sans mauvaise rencontre? Nous avions cette double crainte : les chemins sont affreux à travers ces précipices... et ces bohémiens pouvaient être restés dans ces rochers.

— J'ai atteint le convoi le plus paisiblement du monde, Madame; il n'en a coûté à ma mule que de hâter un peu sa marche.

— En vérité, Monsieur... avouez qu'il est fort singulier de renouer dans le jardin du Luxembourg une connaissance faite au milieu des solitudes du Chili?

— Fort singulier, en effet, Madame... Mais voici qu'il commence à neiger; me permettez-vous de vous offrir mon bras et un appui sous ce parapluie... j'aurai l'honneur de vous conduire, si vous le désirez, jusqu'à la prochaine place des fiacres !

— Je crains, Monsieur, d'abuser de votre complaisance, reprit la jeune femme en acceptant néanmoins l'offre de l'étranger ; il est dit qu'au Chili comme ici je mettrai toujours votre courtoisie à l'épreuve.

Ce disant, tous deux se dirigèrent, en se tenant par le bras, vers la place de fiacres située proche de l'une des galeries du théâtre de l'Odéon. Il ne restait qu'une seule voiture ; la jeune femme y monta ; son compagnon, par discrétion, semblait hésiter à monter après elle.

— Eh bien ! Monsieur, lui dit-elle avec affabilité, qu'attendez-vous ? Il ne se trouve pas d'autres voitures sur cette place... ne profiterez-vous pas de celle-ci ?

— Je n'osais, Madame, vous demander cette faveur, répondit-il en montant avec empressement.

Puis il ajouta :

— Quelle adresse vais-je donner au cocher, Madame ?

— Veuillez seulement, reprit la jeune femme avec un léger embarras, me faire conduire à l'extrémité de la rue de Rivoli, vers la place de la Concorde... J'attendrai sous les arcades que la neige ait cessé ; quelques affaires m'appellent dans ce quartier.

L'ordre donné au cocher, la voiture se dirigea vers la rive droite de la Seine.

— Savez-vous, Monsieur, reprit la jeune femme, que je trouve notre rencontre de plus en plus singulière ?

— Tout en reconnaissant, Madame, la singularité de cette rencontre, elle me semble encore, je vous l'avoue, plus agréable qu'étrange.

— Allons, Monsieur, entre nous pas de ces galanteries, cela est bon pour les gens qui n'ont rien de mieux à se dire, et je vous avoue que si vous êtes disposé à satisfaire ma curiosité, je ne vous aurai pas adressé la moitié de mes questions lorsque arrivera le moment de nous séparer.

— Il ne fallait pas me dire cela, Madame ; vous me rendrez très-diffus... dans l'espoir que votre curiosité...

— M'inspirera le désir de vous rencontrer une seconde fois, si vous ne m'avez pas tout dit aujourd'hui, Monsieur ? Est-ce là votre pensée ?

— Oui, Madame.

La femme en deuil sourit mélancoliquement, et reprit :

— Mais, pour procéder par ordre, qu'alliez-vous faire au nord du Chili? Je revenais de ces contrées désertes, lorsque je vous ai rencontré il y a huit mois ; et comme je sais que les voyageurs qui se rendent dans ce pays sont fort rares, vous comprendrez et vous excuserez ma question, si toutefois elle vous semble indiscrète...

— Avant de vous répondre, Madame, il faut absolument que je vous dise quelques mots de mon caractère, sans cela vous me prendriez pour un fou.

— Comment cela, Monsieur?

— Je dois donc vous déclarer, Madame, que je suis possédé, dévoré d'un besoin d'activité, de locomotion, qui, depuis quelques années surtout, ne me permet pas de rester un mois dans le même endroit. En un mot, j'ai la passion, la monomanie, la rage des voyages.

— Ah! Monsieur.

— Quoi donc, Madame?

— En vérité, les singularités s'accumulent dans notre rencontre.

— Pourquoi cela?

— Ce besoin invincible d'agitation, de mouvement, cette aversion du repos, j'éprouve cela comme vous, Monsieur, et, comme vous encore, depuis quelques années, j'ai trouvé dans les voyages d'utiles distractions...

Et la jeune femme étouffa un soupir.

— Oh! n'est-ce pas, Madame, que cette vie errante, aventureuse, est une belle et curieuse vie?... N'est-ce pas qu'une fois que l'on a senti son charme, toute autre existence est impossible?

— Oui, vous avez raison, Monsieur, reprit tristement la jeune femme; au milieu de cette vie active, l'on trouve du moins l'oubli! Reste-t-on au contraire inactif, si l'on a des souvenirs fâcheux, ils nous assiègent et nous dominent bien plus sûrement ; aussi, ai-je le repos en horreur.

— Que dites-vous, Madame? Ainsi que moi, vous auriez horreur de ces existences calmes, mornes, engourdies, qui ressemblent à celle de l'huître sur son banc ou du colimaçon dans sa carapace?

— Ah! Monsieur, n'est-il pas vrai? le mouvement, l'action, jusqu'au vertige, car le vertige vous enlève à de tristes réalités!

— Tandis que la torpeur, l'immobilité, c'est la mort

— C'est pis que la mort, Monsieur, car l'on doit avoir conscience de cette espèce de léthargie de l'âme et du corps.

— Et pourtant, Madame, s'écria le compagnon de la jeune femme, cédant à de secrets sentiments qu'il pouvait à peine contenir, n'y a-t-il pas des personnes... que dis-je? ce ne sont plus des êtres animés, qui resteraient des mois, des années entières, attachées au même lieu, dans une sorte d'extase contemplative, goûtant ce qu'ils appellent le charme du *far niente*?

— S'il y a de ces gens-là... Monsieur!... s'écria la femme en deuil avec une douloureuse vivacité, de ces gens qu'une incurable indolence cloue pour la vie au même endroit... et qui ont l'audace de vous vanter les béatitudes de leur apathie... misérable apathie qui paralyse toute énergie, toute résolution généreuse... funeste paresse, morale et physique, qui aboutit toujours au plus cruel, au plus impitoyable égoïsme? Oui... oui, Monsieur... il y a de ces gens-là... je ne le sais que trop!

— Vous aussi, Madame?...

— Comment?

— Auriez-vous été aussi à même... de connaître tout ce qu'il y a d'intraitable chez ces caractères dont la force d'inertie finit par triompher des volontés les plus tenaces?

Et la femme en deuil et l'étranger se regardèrent un moment avec une sorte de stupeur, tant ils paraissaient frappés de l'étrange coïncidence de leur destinée.

X

La jeune femme rompit la première le silence, et dit en soupirant :

— Tenez, Monsieur... laissons ce sujet... il éveille en moi de trop douloureux souvenirs.

— Oui... oui... laissons ce sujet, Madame; car, moi aussi, j'ai de pénibles souvenirs, et, ces souvenirs, je les fuis comme une honte, comme une lâcheté... car il est honteux, il est lâche de sentir souvent sa pensée occupée de ceux que l'on hait, que l'on méprise!... Ah! Madame... pour votre repos, ne connaissez jamais ce mélange de regrets, d'aversion et d'amour qui rend parfois la vie à jamais misérable.

La jeune femme écoutait son compagnon avec une stupéfaction profonde et croissante. En parlant de lui, il semblait aussi parler d'elle; mais la réserve qu'elle devait nécessairement apporter dans ses relations avec un inconnu l'empêchant de correspondre ainsi qu'elle l'aurait pu aux dernières confidences qu'elle venait d'entendre, elle reprit donc, autant pour dissimuler ses propres sentiments que pour tâcher de satisfaire sa curiosité de plus en plus éveillée :

— Vous parlez, Monsieur, d'aversion et d'amour... Comment peut-on aimer ce que l'on hait?... Une contradiction pareille est-elle donc possible?

— Eh! mon Dieu! Madame, reprit l'étranger avec amertume et entraîné malgré lui par le courant de ses pensées, n'est-ce pas une énigme, un abîme sans fond que le cœur humain? Depuis que le monde est monde, on a, je crois, parlé de l'attrait inexplicable que les caractères les plus opposés exercent parfois les uns sur les autres... Souvent, ce qui est faible cherche ce qui est fort; ce qui est impétueux et violent cherche ce qui est doux et timide. Qui opère ces rapprochements? Est-ce le besoin de contraste? est-ce le charme d'une certaine difficulté à vaincre? On ne sait. Pourquoi ces personnes d'un caractère complétement opposé au nôtre ont-elles cependant sur nous un empire inexplicable? oh! oui, bien inexplicable, car on les maudit, on les prend en pitié, en dédain... en aversion... et pourtant... l'on ne peut se passer d'elles, ou, si l'on s'en passe... on les regrette au moins autant qu'on les hait... et lorsque l'on se met à rêver l'impossible... tout ce que l'on désirerait au monde serait d'avoir sur elles assez d'influence pour les transformer... pour leur donner nos goûts, nos penchants, qu'on leur reproche si cruellement de ne pas avoir. Mais, hélas! ce sont là des rêves... qui ne servent jamais qu'à faire momentanément oublier de trop tristes réalités.

En prononçant ces derniers mots, l'étranger ne put retenir une larme et resta pensif.

La jeune femme se sentit de plus en plus émue; elle l'avait été déjà par l'accent douloureux et sincère de son compagnon, pendant qu'il parlait de ces contrastes qui engendrent pour ainsi dire certaines attractions; cette fois encore, l'étranger semblait être l'écho de ses propres pensées à elle... Cette conformité de situation l'intéressait vivement; aussi, voulant, sans livrer elle-même son secret, tâcher de pénétrer plus avant dans le secret de l'étranger, elle lui dit :

— J'ai, comme vous, Monsieur, souvent entendu parler de ces contradictions; elles me paraissent d'autant plus incompréhensibles, que la seule chance de bonheur probable... devrait se trouver dans une complète harmonie de caractère...

Mais soudain la jeune femme s'arrêta, rougit, regrettant ses paroles qui pouvaient passer (et c'était bien loin de sa pensée) pour une sorte d'avance faite à l'étranger, lui et elle s'étant déjà plusieurs fois exclamés sur l'identité de leurs penchants. Cette crainte fut vaine; le tour de l'entretien avait jeté le compagnon de la jeune femme dans une préoccupation visible.

A ce moment, la voiture s'arrêta devant les dernières arcades de la rue de Rivoli, et le cocher étant venu ouvrir la portière :

— Comment! dit l'étranger en sortant de sa rêverie et regardant sa compagne avec surprise, déjà?

Puis, faisant signe au cocher de refermer la portière, il dit:

— Madame... excusez-moi... j'ai bien mal profité des derniers instants... de l'entretien que vous avez bien voulu m'accorder... mais, involontairement, j'ai subi l'influence de certains souvenirs... Vous ne me refuserez pas, je l'espère, un dédommagement en me permettant de vous revoir... et d'avoir l'honneur de me présenter chez vous...

— Pour plusieurs raisons, Monsieur, ce que vous me demandez là est impossible...

— Madame... je vous en conjure, ne me refusez pas; il y a, ce me semble, dans notre destinée, tant de points de contact... j'aurais encore tant de choses à vous dire sur les causes de ce voyage au Chili, que vous avez désiré connaître; notre rencontre est enfin si extraordinaire... que toutes ces raisons vous décideront, je n'en doute pas, à m'accorder la grâce que je sollicite... Je n'oserais pas insister au nom du petit service que j'ai été assez heureux pour vous rendre autrefois, et dont vous voulez bien vous souvenir...

— Je ne suis point ingrate, Monsieur, croyez-le... Je ne vous cache pas que j'aurais grand plaisir à vous revoir... et pourtant, peut-être, devrai-je renoncer à cet espoir.

— Ah! Madame... que dites-vous?

— Voici ce que je puis vous proposer, Monsieur : Nous sommes aujourd'hui lundi...

— Eh bien, Madame?..

— Trouvez-vous jeudi... ici... sous ces arcades, à midi...

— J'y serai, Madame... j'y serai...

— Si au bout d'une heure je ne suis pas venue... c'est qu'il sera plus que probable, Monsieur, que nous ne devrons jamais nous revoir.

— Et pourquoi cela, Madame?

— Il m'est impossible de vous en dire davantage, Monsieur... mais, quoi qu'il arrive, soyez du moins persuadé que j'ai été très-heureuse de pouvoir vous remercier d'un service dont je me souviendrai toujours.

— Comment! Madame... il se peut que je ne vous voie plus... je vous quitte, et j'ignore même jusqu'à votre nom?..

— Si nous ne devons plus nous rencontrer, Monsieur... à quoi bon savoir mon nom? Si, au contraire, nous nous retrouvons ici jeudi... je vous dirai qui je suis... et, si vous le désirez, nous pourrons continuer des relations commencées si loin d'ici... et renouées par une rencontre bien imprévue.

— Je vous remercie, du moins, Madame, de cet espoir... si incertain qu'il soit; e n'insisterai pas davantage. A jeudi donc, Madame.

— A jeudi, Monsieur.

Et tous deux se séparèrent.

XI

Le lendemain de l'entrevue des deux voyageurs qui s'étaient rencontrés au Brésil, la scène suivante se passait dans la maison de la rue de Vaugirard, 57, au quatrième étage.

Trois heures trois quarts du matin venaient de sonner dans le lointain.

Un homme jeune et d'une beauté remarquable écrivait à la lueur d'une petite lampe.

Avons-nous besoin de dire que ce personnage était M. Michel Renaud, cet excellent, mais silencieux locataire qui sortait régulièrement de chez lui chaque matin avant quatre heures, et ne rentrait jamais qu'après minuit.

Michel Renaud écrivait donc à la lueur de sa lampe, alignant, sur un de ces gros registres adoptés dans le commerce, une foule de chiffres et d'indications qu'il transcrivait au net, d'après d'autres cahiers assez mal en ordre; il s'occupait, en un mot, d'écritures de commerce.

Deux ou trois fois cet aride et fastidieux labeur appesantit les yeux et les mains de Michel; mais il surmonta bravement ces velléités de somnolence, ramena la couverture de laine dont il avait enveloppé ses jambes et ses pieds afin de se réchauffer, souffla dans ses doigts raidis par le froid, et reprit son travail; il n'y avait pas de feu dans cette petite chambre; l'atmosphère y était glaciale, et les carreaux opaques scintillaient de dessins bizarres formés par la gelée..

Malgré cè qu'il y avait de pénible dans cette occupation accomplie durant une rude nuit d'hiver, la physionomie de Michel exprimait autant de satisfaction que d'heureuse quiétude.

Lorsque le dernier quart de trois heures eut sonné, le jeune homme quitta sa table; puis, la figure affectueuse et souriante comme celle de quelqu'un qui s'apprête à présenter un bonjour amical, il alla vers sa cheminée avec empressement, et, du manche de son couteau de buis, il frappa deux petits coups sur le mur mitoyen qui séparait la maison qu'il habitait de la maison voisine.

Presque aussitôt deux autres coups lui répondirent.

Michel sourit alors avec une expression de satisfaction aussi grande que si on lui eût adressé les paroles du monde les plus agréables. Il s'apprêtait sans doute à y répondre, car déjà il levait le manche de son couteau, lorsqu'un petit coup léger, presque mystérieux, suivi de deux autres plus sonores, arrivèrent à son oreille.

Michel rougit, ses yeux s'animèrent, il semblait éprouver un délicieux sentiment; on eût dit qu'il recevait une faveur aussi douce qu'inattendue, ce fut donc avec l'expression d'une reconnaissance exaltée qu'il répondit par plusieurs battements aussi précipités que les violentes pulsations de son cœur.

Cette *batterie* d'une passion désordonnée se fût sans doute prolongée pendant quelques secondes avec une furie croissante, si elle n'eût été subitement arrêtée net par un petit coup sec et bref qui retentit de l'autre côté de la muraille, comme une interruption impérative.

Michel obtempéra respectueusement à cet ordre, et suspendit la trop vive manifestation de son allégresse.

Bientôt après, quatre coups bien distincts, lents, prolongés comme le tintement d'une horloge, et accentués comme un signal, venant encore de l'autre côté de la muraille, mirent un terme à ce mystérieux entretien digne des abords d'une loge de francs-maçons.

— Elle a raison, se dit Michel, voici bientôt quatre heures...

Et il s'occupa diligemment de ranger ses registres, de tout mettre en ordre avant de sortir de chez lui et de faire, comme on dit, *son ménage*.

Durant ces préparatifs, nous conduirons le lecteur au quatrième étage de la maison voisine, numéro 59, dans l'appartement de madame de Luceval, séparé, nous l'avons dit, de celui de Michel Renaud par un mur assez épais.

Cette jeune femme, âgée alors de vingt et un ans passés, était toujours charmante; mais son embonpoint avait un peu diminué.

Florence s'occupait, ainsi que son voisin, de faire ses préparatifs de départ.

Une lampe à réflecteur, très-basse et très-ardente, pareille à celle dont se servent les enlumineurs qui travaillent le soir, éclairait une grande table sur laquelle se voyaient pêle-mêle plusieurs belles lithographies à demi coloriées, des couleurs pour l'aquarelle étendues sur une palette de faïence, et plus loin, parmi des bandes de tapisserie commencées, des cahiers de papier de musique destinés à la copie de partitions; plusieurs de ces cahiers étaient déjà remplis.

La chambre, pauvrement meublée, était de la plus extrême propreté; sur le petit lit, déjà soigneusement fait par Florence, l'on voyait son manteau et son chapeau.

Tout en rangeant allégrement dans différents casiers ses aquarelles coloriées, ses copies de musique et ses tapisseries, la jeune femme soufflait vaillamment dans ses jolis doigts rosés par le froid, qui régnait avec autant d'intensité dans cet appartement que dans celui du voisin; car, dans cette chambre, il n'y avait pas non plus de feu.

Notre paresseuse devait trouver un grand changement entre sa vie présente et sa vie passée, lorsqu'elle se rappelait le confort et le luxe de l'hôtel de Luceval, si favorable au développement de cette indolence dont elle faisait ses délices.

Et pourtant, Florence semblait aussi heureuse que lorsque, plongée dans un moelleux fauteuil, les pieds sur le velours, elle jouissait de son cher *far niente*, regardant nonchalamment, après avoir dormi sa grasse matinée, le soleil jouer dans le feuillage de son riant jardin, ou écoutant le murmure de la cascade mêlé au gazouillement des oiseaux.

Oui, cette frileuse, cette dormeuse, qui autrefois passait des matinées entières à se dorloter, à se pelotonner comme une caille dans son nid, sous la tiède et pénétrante chaleur de l'édredon, ou à se chauffer à la braise ardente de son foyer, en entendant *le grésil tinter sur la vitre sonore,* ainsi que dit le grand poëte... qu'elle lisait au fond d'un somptueux appartement; oui, cette indolente, qui regardait comme une fatigue de sortir dans une élégante voiture doucement suspendue, notre *paresseuse,* en un mot, ne paraissait pas le moins du monde regretter ses splendeurs évanouies : ce fut au contraire en fredonnant gaiement qu'elle visita les ressorts de ses petits *socques,* et qu'elle tira de son fourreau un léger parapluie, prête à braver neige, bise et froidure.

Ces derniers préparatifs de départ terminés, Florence jeta un coup d'œil sur la glace de sa cheminée, passa le plat de sa main sur ses épais bandeaux de cheveux blonds, aussi luisants, aussi lustrés, malgré cette toilette matinale, que si une femme de chambre eût passé une heure à la coiffure de la jeune femme; puis... il faut avouer cette faiblesse, madame de Luceval étendit et, comme on dit vulgairement, *détira* ses deux bras, en renversant un peu son buste en arrière et laissant tomber avec langueur sa tête charmante sur son épaule gauche.

Alors Florence poussa un petit gémissement, plein de douceur et de câlinerie, qui semblait dire :

— Ah! qu'il me serait doux de rester dans un bon lit, bien chaud, au lieu de sortir à quatre heures du matin, par ce vilain froid noir !

Il est impossible de peindre la grâce indolente de ce mouvement, et la gentille petite moue qui, étouffant un léger bâillement, renfla pendant un instant les lèvres vermeilles de cette jolie créature.

Mais bientôt, se reprochant sans doute ce paresseux regret et ce trop grand attachement à son réduit, bien froid cependant, Florence mit à la hâte son chapeau, s'enveloppa de son manteau, attacha ses socques à ses petits pieds, prit bravement son parapluie, alluma un modeste *rat-de-cave,* éteignit sa lampe, et, légère... descendit rapidement ses quatre étages. A ce moment, quatre heures du matin sonnaient au Luxembourg.

—Mon Dieu!.. déjà quatre heures, murmura la jeune femme en arrivant au bas de l'escalier.

Puis, de sa voix douce et fraîche, elle dit :

— Le cordon! s'il vous plaît.

Et bientôt elle referma sur elle la porte de sa maison.

L'on touchait à la fin de décembre.

La nuit était très-noire.

Une bise glaciale soufflait dans la rue déserte, faiblement éclairée çà et là par les lanternes du gaz.

Lorsque madame de Luceval fut sortie, elle toussa légèrement et en manière de signal.

Un *hum!.. hum!..* plus mâle lui répondit.

Mais la nuit était si profonde, que c'est à peine si Florence put apercevoir Michel qui, sorti de chez lui depuis quelques instants et posté de l'autre côté de la rue, venait de répondre ainsi à l'appel de sa *voisine*.

Alors tous deux, sans s'être adressé une parole, commencèrent de marcher parallèlement l'un à l'autre.

Celui-ci sur le trottoir de gauche.

Celle-là sur le trottoir de droite.

Une demi-heure avant que Michel Renaud eût quitté sa demeure, un fiacre s'était arrêté à peu de distance du numéro 57.

Une femme, enveloppée d'une pelisse, était dans cette voiture et avait dit au cocher :

— Lorsque vous verrez un monsieur sortir de cette maison, vous le suivrez au pas jusqu'à ce que je vous dise de vous arrêter...

Le cocher ayant, grâce à la clarté de ses lanternes, vu Michel sortir, et bientôt prendre le trottoir, le suivit en se maintenant au milieu de la chaussée au pas de son cheval.

La femme, restée dans la voiture qui cheminait lentement, ne quittait pas Michel du regard, et ainsi, toujours occupée de ce qui se passait sur le trottoir de gauche, elle n'avait pu encore apercevoir sur le trottoir de droite madame de Luceval.

Celle-ci venait à peine de fermer la porte de sa maison, lorsqu'un homme enveloppé d'un vaste manteau, hâtant le pas comme quelqu'un qui craint de se trouver en retard, arriva rapidement par le haut de la rue de Vaugirard.

Cet homme n'avait donc pu ni entendre le signal échangé entre Florence et Michel, ni apercevoir celui-ci, caché qu'il était par le fiacre qui cheminait lentement au milieu de la chaussée.

L'homme au manteau commença donc de suivre pas à pas madame de Luceval, de même que la femme restée dans la voiture ne quittait pas Michel du regard.

XII

Michel et Florence, occupés l'un de l'autre, quoique séparés par la largeur de la chaussée, ne prêtèrent aucune attention à ce fiacre qui cheminait lentement dans une direction semblable à la leur, rien n'étant plus commun que de voir, à cette heure matinale, des fiacres regagner au pas leur domicile.

Au moment où les deux *voisins*, toujours suivis à leur insu, entraient dans la rue de Tournon, l'angle de cette rue était obstrué par un embarras de ces charrettes de maraîchers qui, entrant par toutes les barrières, se rendent de grand matin à la Halle.

La femme tapie dans le fiacre, le voyant s'arrêter devant cet encombrement, et craignant de perdre de vue la personne qu'elle suivait, dit au cocher de lui ouvrir la portière, le paya, descendit, et, hâtant le pas, se remit sur les traces de Michel; mais, en arrivant vers le milieu de la rue de Tournon, elle remarqua pour la première fois l'homme au manteau qui marchait à peu près de front avec elle. D'abord elle ne s'inquiéta pas de cet incident; cependant ayant, à la lueur d'une lanterne, vu qu'une femme précédait cet homme de quelques pas, et que cette femme cheminait parallèlement à Michel Renaud, elle commença de trouver ceci fort singulier; dès lors son attention se partagea malgré elle entre Michel, madame de Luceval, et l'homme qui marchait à quelque distance de celle-ci.

Michel et Florence, bien encoqueluchonnés pour se garantir du froid, celle-ci dans son chapeau et dans son manteau, celui-là dans son paletot et dans un large *cache-nez* de laine qui lui montait presque jusqu'aux yeux, ne s'apercevait pas encore de ce qui se tramait derrière eux, tâchaient d'échanger un regard lorsqu'ils passaient sous la lueur d'un bec de gaz, et se dirigeaient allégrement vers le carrefour auquel aboutit la rue Dauphine.

L'homme au manteau, tout *encapé* (comme disent les Espagnols) dans les larges plis de son vêtement, et profondément absorbé, remarqua tardivement qu'une femme suivait un homme sur le trottoir opposé à celui où lui-même suivait Florence; il y avait à cette heure trop peu de passants, pour qu'après quelques minutes d'attention il pût se méprendre sur la manœuvre de la femme à la pelisse; mais combien il fut surpris, lorsque l'ayant entrevue à la clarté d'un magasin de liquoriste matinalement ouvert, il crut reconnaître, à sa taille élevée, à sa démarche légère et à son chapeau de deuil, la femme que la veille il avait reconduite en fiacre rue de Rivoli; car l'on a sans doute déjà nommé les deux voyageurs du Chili.

Cette nouvelle rencontre, cette coïncidence dans leur double poursuite, après leur entrevue du jour précédent, était trop extraordinaire pour ne pas donner à l'homme au manteau le désir d'éclaircir à l'instant ses soupçons; aussi, sans quitter pour ainsi dire Florence du regard, il traversa rapidement la rue, et, s'approchant de la femme à la pelisse :

— Madame... un mot, de grâce!..

— Vous! Monsieur, s'écria-t-elle, c'était donc vous?

Et tous deux restèrent un instant stupéfaits.

L'homme, prenant la parole le premier, s'écria :

— Madame, d'après ce qui se passe... et dans notre intérêt commun, il faut que nous ayons à l'instant une explication sincère.

— Je le crois, Monsieur.

— Eh bien ! Madame... je...

— Rangez-vous... prenez garde à cette charrette, s'écria la femme à la pelisse, en interrompant son interlocuteur et lui montrant une voiture de laitière qui s'avançait au grand trot, effleurant le trottoir en dehors duquel l'homme au manteau était resté.

Celui-ci se gara prestement; mais, pendant ce temps, Florence et Michel, arrivés au carrefour, venaient de disparaître, grâce à l'avance qu'ils avaient prise durant les quelques mots échangés entre les deux poursuivants.

La femme à la pelisse, s'apercevant la première de la disparition de Michel, s'écria avec un accent de dépit douloureux :

— Je ne le vois plus ! je l'ai perdu !

Ces mots rappelèrent à l'autre personnage que sa poursuite devait être aussi déçue; en effet, il se retourna vivement et ne vit plus Florence.

— Madame, s'écria-t-il, marchons vite jusqu'au carrefour... peut-être est-il encore temps de les rejoindre... Venez, prenez mon bras.

— Courons, Monsieur, courons, dit la jeune femme en s'attachant au bras de son compagnon; et tous deux s'élancèrent vers le carrefour.

Arrivés à cette place où aboutissent quatre ou cinq rues étroites et sombres, ils ne trouvèrent personne, et reconnurent combien il serait vain de pousser plus loin leurs recherches.

Après s'être un instant reposés de la précipitation de leur course, nos deux personnages gardèrent un moment le silence, songeant pour ainsi dire à loisir au rapprochement singulier de leur destinée :

Puis l'homme au manteau s'écria :

— En vérité, Madame, c'est à se demander si l'on rêve ou si l'on veille.

— Il n'est que trop vrai, Monsieur... je ne puis croire à ce que je vois, à ce qui se passe...

— Je vous le répète, Madame... il y a dans ce qui nous arrive depuis hier quelque chose de tellement inexplicable, que notre réserve mutuelle ne saurait durer plus longtemps.

— Je le pense comme vous, Monsieur; veuillez me donner

votre bras... je suis glacée... l'émotion... la surprise... je ne me sens pas bien... mais en marchant cela se dissipera.

— Où irons-nous, Madame?

— Peu m'importe, Monsieur, gagnons le pont Neuf... les quais.

Et tous deux, descendant la rue Dauphine, eurent en marchant l'entretien suivant:

— Je dois d'abord, Monsieur, reprit la jeune femme, vous faire connaître mon nom... cela est de peu d'intérêt, sans doute, mais enfin il faut que je vous apprenne qui je suis... Je m'appelle Valentine d'Infreville... je suis veuve...

— Grand Dieu!.. s'écria l'homme au manteau et s'arrêtant pétrifié, vous!..

— Que voulez-vous dire?

— Vous... madame d'Infreville!

— Pourquoi cet étonnement, Monsieur? mon nom ne vous est donc pas étranger?

— Après tout, reprit l'homme au manteau en sortant de l'espèce d'étourdissement où le jetait cette révélation, il n'est pas étonnant que je ne vous aie point reconnue, Madame... ni au Chili, ni ici, car, la première fois que je vous ai vue... il y a quatre ans de cela, je n'ai pu distinguer vos traits, que vous cachiez dans vos deux mains... puis l'indignation que je ressentais...

— Que dites-vous, Monsieur... il y a quatre ans? Vous m'aviez déjà vue... avant notre rencontre au Chili?

— Oui, Madame...

— Et où cela?

— En vérité, maintenant, je n'ose vous rappeler...

— Encore une fois, chez qui m'avez-vous vue, Monsieur?

— Chez ma femme...

— Votre femme?

— Chez madame de Luceval...

— Comment... vous êtes?..

— Monsieur de Luceval...

Valentine d'Infreville, à son tour, resta pétrifiée de cette rencontre, qui éveillait en elle de cruels souvenirs; aussi reprit-elle avec accablement:

— Vous dites vrai, Monsieur; la première et seule fois que nous nous sommes rencontrés... chez madame de Luceval, il a dû vous être aussi impossible de distinguer mes traits qu'à moi de distinguer les vôtres... Je me cachais le visage, écrasée de honte ; et maintenant encore, ajouta Valentine en baissan la tête comme pour se soustraire aux regards de M. de Luceval, bien que des années se soient passées depuis cette funeste soirée... je remercie Dieu... qu'il fasse nuit.

— Croyez-le, Madame, c'est à regret que je vous ai rappelé de si pénibles souvenirs... bien pénibles aussi pour moi... car, entraîné par l'animosité de M. d'Infreville, qui vous accablait... j'ai...

Mais Valentine l'interrompit, et lui dit avec un mélange de curiosité, d'inquiétude et de tendre intérêt :

— Et Florence ?

— C'est elle que je suivais tout à l'heure, répondit M. de Luceval d'un air sombre.

— Elle ? comment... cette femme c'était...

— C'était madame de Luceval.

— Mais... pourquoi la suivre ?

— Vous ignorez donc ?

— Parlez, Monsieur, parlez...

— Nous sommes séparés, séparés de corps et de biens, répondit M. de Luceval en étouffant un soupir douloureux, il l'a fallu...

— Et Florence, où demeure-t-elle ?

— Rue de Vaugirard.

— Ah ! mon Dieu ! dit Valentine en tressaillant, cela est étrange.

— Qu'avez-vous, Madame ?

— Florence demeure rue de Vaugirard, et à quel numéro

— Au numéro 59.

— Et Michel demeure au numéro 57 ! s'écria Valentine.

— Michel ! s'écria à son tour M. de Luceval, Michel Renaud ?

— Oui... votre cousin... Il demeure au quatrième, numéro 57. Hier, lorsque je vous ai rencontré... je venais de m'en assurer.

— Et ma femme demeure au même étage que lui ! dit M. de Luceval.

Puis il ajouta, en sentant le bras de Valentine trembler convulsivement et s'appuyer pesamment sur le sien :

— Mon Dieu ! Madame, qu'avez-vous ?.. Vous faiblissez.

— Pardon, Monsieur... le saisissement... le froid... Je ne sais ce que j'éprouve... mais je puis à peine me soutenir, et, je le sens, la tête me tourne.

— Madame... un peu de courage... encore un effort... seulement jusqu'à cette boutique éclairée... là... au coin du quai...

— Je vais tâcher, Monsieur, de me soutenir jusque-là, répondit Valentine d'une voix altérée.

Elle eut en effet la force de se traîner jusqu'à une boutique d'épicier déjà ouverte ; une femme se trouvait au comptoir, elle s'empressa d'accueillir madame d'Infreville, la fit entrer dans l'arrière-boutique, où elle lui prodigua tous les soins possibles.

. . . .

Au bout d'une heure, et il faisait alors grand jour, une voiture ayant été mandée à la porte de la boutique, M. de Luceval reconduisit chez elle madame d'Infreville.

XIII

Madame d'Infreville s'était trouvée si souffrante, si bouleversée, après ces événements de la nuit, que, hors d'état de mettre quelque suite dans ses idées, elle avait prié M. de Luceval, lorsqu'il l'eut reconduite chez elle, de revenir le soir, vers les huit heures, afin d'avoir avec lui un sérieux entretien.

A huit heures, M. de Luceval se rendit chez Valentine, qui demeurait dans un hôtel garni de la Chaussée-d'Antin.

— Comment vous trouvez-vous ce soir, Madame ? dit-il à la jeune femme avec intérêt.

— Mieux, Monsieur... beaucoup mieux, et j'ai à vous demander pardon de ma ridicule faiblesse de ce matin.

— N'était-elle pas concevable, Madame, après tant d'événements étranges?..

— Enfin, Monsieur, à cette heure, j'ai toute ma tête... avantage dont je ne jouissais pas ce matin... aussi ai-je été forcée de vous demander de remettre à ce soir l'entretien si nécessaire que nous devons avoir.

— Me voici, Madame, à vos ordres...

— Permettez-moi, Monsieur, quelques questions... je répondrai ensuite aux vôtres... Vous êtes, m'avez-vous dit, séparé de Florence? Je l'ignorais complétement.

— En effet, Madame, depuis cette triste soirée où je vous ai rencontrée chez ma femme, pour la première fois... ni elle ni moi n'avons eu aucune nouvelle de vous...

— Je vous dirai pourquoi, Monsieur.

— Vous comprendrez, Madame, qu'après la terrible scène qui s'était passée entre vous, M. d'Infreville, ma femme et moi... mon irritation ait été grande; après votre départ... j'eus une violente explication avec Florence... elle me déclara qu'elle voulait se séparer de moi... que je vivrais de mon côté, elle du sien; elle désirait, disait-elle, se retirer auprès de vous et de Madame votre mère, supposant qu'il vous serait désormais impossible de vivre avec M. d'Infreville.

— Vraiment! telles étaient les intentions de Florence?

— Oui, Madame, car elle m'a toujours paru ressentir pour vous la plus tendre amitié.... cependant... ainsi que vous le pensez, je repoussai ce projet de séparation comme une folie; Florence m'affirma que, bon gré mal gré, nous serions séparés; je haussai les épaules... et pourtant cette séparation eut lieu.

— Une telle opiniâtreté de volonté m'étonne.... de la part de Florence... et s'accorde peu avec son indolence habituelle...

— Ah!.. Madame... que vous la connaissez peu... et que je la connais peu moi-même!.. Si vous saviez la force d'inertie d'un pareil caractère!.. Dès avant la scène dont je vous parle... nous avions eu de vifs dissentiments. Je vous l'ai dit : j'ai un goût passionné pour les voyages; le plus doux rêve de ma vie eût été de faire partager ce goût à Florence, car j'étais très-amoureux d'elle... et entreprendre d'intéressants voyages avec une femme aimée, c'eût été pour moi le bonheur idéal... mais Florence, dans son incurable paresse, repoussa toujours mes projets; sans doute, j'eus des torts... je le reconnus, mais il n'était plus temps : je la traitai trop en enfant, je fis trop le maître, le mari... et quoique l'aimant à l'idolâtrie, je crus de son intérêt et de ma dignité de me montrer sévère, impérieux; et puis, enfin, que vous dirai-je? vif, emporté comme je le suis, son apathie railleuse me mettait hors de moi... Le lendemain du jour où je vous vis chez Florence, elle alla chez vous; on lui dit que vous étiez partie dans la nuit, avec madame votre mère... et M. d'Infreville; elle ne put savoir de quel côté vous vous étiez dirigée, son chagrin fut profond... J'en eus tellement pitié... que je reculai de quelque temps un projet de voyage que j'avais arrêté; plus tard, voulant enfin dominer la résistance de ma femme... et lui imposer mes goûts, je lui annonçai ma résolution... Il s'agissait, pour commencer, d'un petit voyage en Suisse... une véritable promenade; je m'attendais à une vive résistance... il n'en fut rien...

— Elle consentit?

« — Vous voulez me faire voyager, me dit-elle, soit... c'est *votre droit*, ainsi que vous le prétendez. Essayez-en, ajouta-t-elle de son air nonchalant; seulement, je dois vous prévenir qu'avant huit jours vous m'aurez ramenée à Paris. »

— Et au bout de huit jours, Monsieur?

— Je la ramenais à Paris.

— Mais comment a-t-elle pu vous contraindre à ce retour?

— Oh! dit M. de Luceval avec amertume, par un moyen bien simple. Nous partons; à la première couchée... je la préviens que nous nous remettrons en route le lendemain à neuf heures... afin de ne pas l'obliger à se lever trop tôt...

— Eh bien?

— Elle est restée quarante-huit heures au lit, dans une mauvaise chambre d'auberge, sous prétexte qu'elle était très-fatiguée, me disant avec un calme indolent qui m'exaspéra : « Vous avez *de par la loi, le droit* de me forcer de vous accompagner, mais la loi ne limite pas, je pense, les heures qu'il m'est permis de passer au lit. » Que répondre à cela, Madame? et surtout que devenir pendant quarante-huit heures dans ce maudit endroit? Vous dire, Madame, mon irritation pendant ces deux mortels jours, est impossible... ne pouvant arracher un mot de ma femme... et réduit à courir cette petite ville dans tous les sens, pour me distraire... Cependant, courroucé comme je l'étais, je tins bon. « Elle se lassera plus tôt que moi, me dis-je ; elle aime le luxe, le bien-être, toutes ses aises ; deux ou trois séances pareilles, dans de mauvaises auberges... auront raison de son entêtement. »

— Je ne sais si vous aviez calculé juste, Monsieur.

— Vous allez le voir, Madame... Au bout de ces deux mortels jours, nous repartons, nous arrivons, vers les trois heures de l'après-midi, à un relais situé dans un misérable village... La route était remplie de poussière, Florence avait les cheveux quelque peu poudreux ; elle descend de voiture, ordonnant à sa femme de chambre de venir la peigner pour lui ôter cette poussière. On conduit ma femme dans une chambre délabrée. Là, répugnant de se coucher dans un lit sordide, elle se fait apporter un vieux fauteuil, s'y établit, et me déclare que, se trouvant de plus en plus lasse, elle ne bougera cette fois de quatre jours ; je crus qu'elle plaisantait... elle parlait sérieusement.

— Comment, Monsieur... pendant ces quatre jours ?..

— Je ne perdis courage qu'à la fin du troisième... mais il me fut impossible de résister plus longtemps ! Trois jours, Madame ! trois jours entiers dans un lieu pareil ! cherchant, mais en vain, le moyen de dompter la résistance de ma femme, ne sachant qu'imaginer... Requérir la force ? faire enlever Florence et la remettre en voiture ? quel scandale !.. et il eût fallu sans doute recommencer à chaque relais... la menacer ? la supplier ? peine inutile... Que vous dirai-je, Madame ? le sixième jour après notre départ, nous rentrions à Paris. Peu de temps après notre arrivée, j'appris une déplorable nouvelle... toute la fortune de ma femme était restée placée chez son tuteur, banquier très-connu ; il avait fait faillite, pris la fuite ; Florence se trouvait complétement ruinée... J'eus un moment de joie. Ma femme, désormais sans fortune, se trouvant pour ainsi dire à ma discrétion, se montrerait peut-être plus traitable.

— Je connais Florence, Monsieur, et, si je ne me trompe... votre espoir a dû être trompé.

— Il n'est que trop vrai, Madame : Florence, en apprenant

la perte de sa fortune, loin de manifester aucun regret, parut fort satisfaite. Ses premiers mots furent ceux-ci : « J'espère maintenant, Monsieur, que vous ne vous opposerez plus à notre séparation? — Plus que jamais, lui dis-je, car j'ai pitié de vous, et je ne veux pas vous exposer à la misère. — Monsieur, reprit-elle, avant la perte de mes biens, j'aurais peut-être hésité à me séparer de vous, car je n'ai plus l'espoir de retrouver Valentine, et je ne demandais qu'à vivre en repos, à ma guise; je vous aurais posé certaines conditions; mais à présent, chaque jour, chaque heure, que je passerais dans cette maison, serait pour moi une humiliation et un supplice; ce supplice, je ne veux pas l'endurer; consentez donc à me rendre ma liberté et à reprendre la vôtre. — Mais, malheureuse enfant! lui dis-je, comment vivrez-vous, habituée que vous êtes au luxe, à la paresse? — Je vous ai demandé, en me mariant, dix mille francs en or sur ma dot, me répondit-elle, il me reste une partie de cette somme... cela me suffira. — Mais cet argent une fois dépensé, quelles seront vos ressources? — Peu vous importe, me répondit-elle. — Cela m'importe tellement, que je vous sauverai malgré vous, et, quoi que vous fassiez, je ne me séparerai pas de vous. — Écoutez, Monsieur, me dit-elle d'un ton pénétré, votre intention est généreuse, je vous en remercie; vous avez des qualités, vous êtes l'homme le plus honorable du monde, mais nos caractères, nos penchants, sont et seront toujours en un tel désaccord, que la vie commune deviendrait pour nous intolérable. De plus, et c'est cela surtout qui me décide... je serais à votre charge, puisque je suis ruinée. Or, sache-le bien, il n'est pas de puissance humaine capable de me forcer de vivre avec vous dans une condition pareille. Je vous en supplie donc, monsieur de Luceval, séparons-nous à l'amiable, et je conserverai de vous un bon souvenir. »

— Ah! je la reconnais là... Il n'y a pas de délicatesse plus ombrageuse que la sienne... Ce refus, si pénible qu'il fût pour vous, Monsieur... sortait du moins d'un noble cœur.

— Je pensais comme vous, Madame. Et bien plus... ce qu'il y avait de généreux dans la résolution de Florence, la fermeté de son caractère dans cette circonstance, sa courageuse résignation à un coup imprévu... tout vint augmenter encore l'amour que, malgré moi, je ressentais toujours pour elle;

aussi, dans l'espoir que la réflexion et la crainte d'une vie misérable la ramèneraient à moi... je repoussai plus énergiquement que jamais toute idée de séparation, promettant même à Florence de modeler mes goûts sur les siens. « Cette contrainte, me dit-elle, vous donnerait un vice que vous n'avez pas, l'hypocrisie; vous avez votre tempérament, j'ai le mien, il n'y a rien à faire à cela; toutes les résolutions, tous les raisonnements du monde n'empêcheront jamais que je sois blonde et que vous soyez brun, il en sera toujours ainsi de la disparité de nos caractères; et puis enfin, et surtout, je ne veux pas être à votre charge; c'est tout au plus si j'y consentirais vous aimant d'amour; or, vous le savez, il n'en est rien; une dernière fois, je vous en supplie, séparons-nous en amis. »
Je refusai...

— Et pourtant cette separation...

— Cette séparation eut lieu, Madame... Florence m'y a forcé !

— Et par quel moyen?

— Oh! par un moyen bien simple et parfaitement digne de son indolence... Imaginez-vous, Madame, que, pendant trois mois, elle ne m'a pas une fois adressé la parole, elle n'a pas répondu à une seule de mes questions; pendant ces trois mois enfin, son regard ne s'est pas arrêté une seule fois sur moi.

— Sa ténacité a pu aller jusque-là?

— Oui, Madame; et il vous serait, voyez-vous, impossible de vous figurer ce que j'ai souffert; les accès de colère, de fureur, de désespoir, où me jetait ce mutisme obstiné. Figurez-vous un homme assez insensé pour s'opiniâtrer à vouloir faire parler une statue et à solliciter d'elle un regard. Prières, larmes, offres, menaces, tout fut vain pour lui arracher une seule parole; rien, jamais rien, que l'immobilité, le silence et un dédaigneux sourire. Ah! bien des fois, Madame, j'ai senti mon cerveau s'ébranler, mon esprit s'égarer après des heures entières passées aux pieds de cette implacable créature ou dans les emportements d'une rage folle, pendant que ses traits conservaient leur impassible insouciance.

— Ah! je le comprends, Monsieur, tout se brise devant une telle force d'inertie.

— Que vous dirai-je, Madame? Peu à peu ma santé s'altéra gravement; épuisé par une fièvre lente, ma volonté perdit son énergie, et, convaincu d'ailleurs de l'inutilité de ma persistance, je cédai.

— Mon Dieu ! que vous avez dû souffrir !.. mais lutter plus longtemps eût été inutile.

— Aussi me résignai-je; et voulant autant que possible atténuer l'éclat de cette séparation, je consultai les gens de loi. Ils m'apprirent que l'une des causes qui pouvaient amener une séparation de corps était le refus formel que fait la femme de *réintégrer le domicile conjugal ;* ce moyen, joint surtout à l'incompatibilité absolue d'humeur, malheureusement trop prouvée par le silence obstiné que Florence avait gardé durant trois mois, et par les scènes qui s'étaient passées dans les auberges, lors de mon essai de voyage, ce moyen parut suffisant; il fut convenu que ma femme sortirait un jour de chez moi, et irait s'établir dans un hôtel garni. Je fis alors à Florence les sommations légales; son avoué y répondit : la séparation fut plaidée et prononcée. Ma santé avait été rudement atteinte, les médecins ne virent de salut pour moi que dans un long voyage. Avant mon départ, je remis cent mille francs à mon notaire, le chargeant de les faire accepter à ma femme. En cas de refus de sa part, il devait lui faire savoir qu'il les tiendrait toujours à sa disposition, et, à cette heure, il a encore cette somme entre les mains. Je partis, j'espérais trouver l'oubli dans les voyages... Loin de là, plus que jamais je sentis combien la présence de Florence me manquait... Je parcourus l'Égypte, la Turquie d'Europe et d'Asie... je revins par les provinces illyriennes, et m'embarquai ensuite à Venise pour Cadix, de là je partis pour le Chili, où je vous rencontrai, Madame. Après une excursion dans les Indes occidentales, je fis voile pour le Havre, où j'ai débarqué il y a peu de jours... En arrivant ici, ma première démarche a été de m'enquérir de Florence; après d'assez nombreuses recherches, j'ai appris qu'elle demeurait rue de Vaugirard. Hier, lorsque nous nous sommes reconnus, Madame, je venais de prendre quelques renseignements sur elle, en faisant causer une personne qui habite la même maison qu'elle.

— Et qu'avez-vous appris, Monsieur?

— Sa position de fortune est sans doute bien modeste, car elle loge au quatrième étage, et n'a personne pour la servir : du reste, sa conduite est, dit-on, irréprochable, elle ne reçoit personne... Seulement, par une bizarrerie qui me paraît doublement inexplicable quand je songe à ses anciennes habitudes de bien-être et de paresse... Florence sort tous les jours de chez elle avant quatre heures du matin, et ne rentre qu'après minuit.

— Comme Michel! s'écria Valentine sans pouvoir cacher sa surprise et son inquiétude croissantes. Cela est étrange!

— Que dites-vous, Madame?

— Hier aussi, Monsieur... j'avais appris que M. Michel Renaud, votre cousin, demeurait n° 57, au quatrième étage... que, comme Florence, il ne rentrait jamais qu'après minuit, et qu'il sortait chaque matin avant quatre heures. Impossible de tirer du portier d'autres éclaircissements.

— Que signifie cela? s'écria M. de Luceval. Michel et ma femme demeurant au même étage, dans deux maisons mitoyennes! sortant et rentrant aux mêmes heures!... Quel mystère!

— Florence connaît donc Michel? demanda vivement Valentine.

— M. Renaud est mon cousin, et maintenant je me rappelle que, peu de temps après votre départ de Paris, Madame, il est venu me voir... et m'a prié de le présenter à ma femme, qui l'a reçu plusieurs fois... Mais vous-même, Madame, vous connaissez donc aussi M. Michel Renaud, puisque vous aviez intérêt à le suivre cette nuit?

— Tout à l'heure, Monsieur, je vous dirai tout, reprit Valentine en rougissant, car, autant que vous, j'ai intérêt à pénétrer le mystère de certains rapprochements entre la vie de Florence et celle de Michel.

— Ah! Madame, s'écria M. de Luceval avec une sombre amertume; il faut vous l'avouer... plus d'une fois, durant mes longs voyages, j'ai ressenti les tortures de la jalousie... en pensant... que Florence, désormais libre...

Puis, tressaillant, il s'interrompit, et reprit bientôt d'une voix sourdement courroucée :

— Libre! oh! non, malgré notre séparation, la loi me réserve du moins le droit de me venger, si la femme qui porte encore mon nom était coupable... et cet homme, cet homme! Oh! si j'avais la certitude, je le provoquerais... et lui ou moi...

— De' grâce, calmez-vous, Monsieur, dit madame d'Infreville. Si bizarres que doivent paraître certains rapprochements, rien jusqu'ici n'accuse Florence... Ce matin, elle est sortie de chez elle ainsi que Michel, et quoique la nuit fût sombre et la rue déserte... ils ne se sont pas adressé une parole et se sont toujours tenus éloignés l'un de l'autre... car ce n'est que longtemps après avoir commencé de suivre Michel, que je me suis aperçue qu'une femme marchait parallèlement à lui de l'autre côté de la rue.

— Eh! Madame, cette affectation même n'est-elle pas significative? Ils sortent et rentrent aux mêmes heures : leur logis n'est séparé que par un mur mitoyen où se trouvent peut-être une communication secrète... Puis tout le temps qu'ils sont hors de chez eux, que font-ils? où vont-ils? Sans doute, ils se réunissent, mais où cela?

— Oh! ce mystère, nous le pénétrerons... il le faut... j'ai à cela autant d'intérêt que vous, Monsieur, et, pour vous le faire comprendre, je vais en peu de mots vous dire quelle a été ma vie... ma triste vie... depuis le jour où vous m'avez vue chez vous écrasée de honte sous les justes reproches de M. d'Infreville.

XIV

Après un moment de silence causé par son embarras et par sa confusion, madame d'Infreville reprit courage et dit à M. de Luceval :

— Lorsqu'il y a quatre ans, Monsieur, le mensonge dont Florence s'était rendue coupable par dévouement fut découvert en votre présence, mon mari, quittant votre maison, me ramena chez lui. Là, je trouvai ma mère. « Madame, me dit M. d'Infreville, nous allons partir dans une heure avec votre mère. Je vous conduirai dans une de mes fermes du Poitou; vous y resterez désormais seule avec votre mère : son existence et la vôtre seront assurées à ce prix. Si vous refusez, dès demain je plaide en séparation, et je vous poursuis comme adultère... J'ai des preuves : des lettres, peu nombreuses, mais significatives, saisies par moi dans votre secrétaire. Je vous traînerai sur le banc des accusés, vous et votre complice, et, à la face de tous, vous boirez la honte jusqu'à la lie. Vous irez ensuite en prison avec les femmes de mauvaise vie; après quoi, vous et votre mère serez sur le pavé, où vous mourrez de faim. Si vous voulez échapper à tant de misère et d'infamie, partez pour le Poitou. Ce n'est ni par compassion ni par générosité que je vous fais cette offre, mais parce que je crains le ridicule d'un scandaleux procès. Cependant, si vous me refusez, je braverai ce ridicule; l'infamie dont vous serez couverte me consolera. »

— Ah!.. s'écria M. de Luceval, je comprends toute la violence des ressentiments d'un cœur blessé... mais ce langage est atroce!

— Je devais tout entendre, tout souffrir, tout accepter, Monsieur. J'étais coupable, et j'avais une mère infirme, sans ressources; nous partîmes pour le Poitou... où M. d'Infreville nous laissa : la ferme que nous habitions était isolée au milieu des bois ; son vaste enclos, dont nous ne pouvions sortir, toujours soigneusement fermé. Je suis restée avec ma mère dix-huit mois dans cette prison, sans qu'il me fût permis ou possible d'écrire une lettre et d'avoir la moindre communication avec le dehors... Au bout de ce temps, je fus libre, j'étais veuve... M. d'Infreville, justement irrité, ne m'avait rien laissé ; ma mère et moi nous tombâmes dans une profonde misère. Mes travaux d'aiguille furent insuffisants à soutenir ma mère, et, après une longue agonie... elle mourut...

Valentine essuya une larme qui lui vint aux yeux, garda un moment le silence, et, surmontant son émotion, continua ainsi :

— Dès notre retour à Paris, je m'étais informée de Florence. Je ne pus rien apprendre, sinon que vous étiez en voyage, Monsieur ; je la crus partie avec vous... Dans ma détresse, j'eus le bonheur de rencontrer une de nos anciennes compagnes de couvent ; elle me proposa d'entrer comme institutrice chez sa sœur, dont le mari venait d'être nommé consul à Valparaiso. C'était pour moi une position inespérée ; j'acceptai, je partis avec cette famille. C'est en revenant d'un voyage avec elle dans le nord du Chili que nous nous sommes rencontrés, Monsieur... Quelque temps après mon retour à Valparaiso, des lettres d'Europe m'apprirent qu'une parente éloignée de mon père, bien que je ne la connusse pas, m'avait laissé en mourant une fortune modeste, mais indépendante. Je revins en France pour régulariser cette succession, et, il y a dix jours, j'ai débarqué à Bordeaux. Maintenant, Monsieur, il me reste à aborder une question très-délicate ; mais, si embarrassante qu'elle soit pour moi, je l'aborderai ; la franchise de vos aveux m'en fait un devoir.

Et après un moment d'hésitation pénible, Valentine ajouta, en baissant les yeux et devenant pourpre :

— Le complice de ma faute... était votre cousin, M. Michel Renaud.

— Les quelques mots prononcés tout à l'heure à part vous, à son sujet, Madame, m'avaient donné cette pensée.

— J'ai aimé, oh ! passionnément aimé Michel ; cet amour a survécu à toutes les cruelles épreuves par lesquelles j'ai passé ; l'agitation, le mouvement d'un voyage qui m'intéressait beaucoup, ont pu me distraire parfois de ce fol amour, et apporter quelque adoucissement à mes peines; mais mon affection pour Michel est aussi profonde à cette heure qu'il 'y a quatre ans; vous comprenez, Monsieur, si j'ai dû m'identifier à vos regrets et à vos chagrins, si j'ai dû apprécier tout ce que vous me disiez hier sur l'inexplicable empire que prennent sur nous certains caractères complétement opposés aux nôtres.

— En effet, Madame, le peu de relations que j'ai eues avec mon cousin et ce que j'ai appris de lui m'ont prouvé qu'il était d'une telle indolence, d'une telle apathie, que, dans les premiers temps de mon mariage, je le citais à Florence pour lui faire honte de sa paresse.

— Je les connais tous deux, Monsieur; il est impossible de rencontrer des caractères d'une plus grande similitude.

— C'est ce qui les aura sans doute rapprochés... Leur liaison aura sans doute commencé lors des premières visites de Michel; et pourtant alors, rien dans la conduite de ma femme ne pouvait éveiller chez moi le moindre soupçon... Mais, la ruse aidant, on m'aura trompé. Oh! ils s'aiment, Madame... Ils s'aiment vous dis-je!.. L'instinct de la jalousie ne trompe pas...

— Je devrais partager vos alarmes, Monsieur, et pourtant je doute... Oui, je doute encore, Monsieur; car, si je me croyais oubliée de Michel, j'aurais renoncé à la pensée de le revoir.

— Vous doutez, Madame... Et ce logement seulement séparé par un mur?.. Et ces sorties, ses rentrées aux mêmes heures?

— Permettez, Monsieur... Florence et Michel ne sont-ils pas libres... parfaitement libres? N'était-elle pas légalement séparée de vous? Quel droit, désormais, auriez-vous sur elle?

— Le droit de la vengeance, Madame!

— Et à quoi vous servirait cette vengeance, Monsieur? S'ils s'aiment... les plus rudes épreuves ne feront qu'augmenter leur amour, sans vous donner aucun espoir! Non, non... vous êtes trop généreux pour vouloir faire le mal... pour le mal...

— Ah!.. j'ai tant souffert... Madame!

— Moi aussi, Monsieur... j'ai souffert... Peut-être de plus grandes douleurs encore m'attendent... et pourtant j'aimerais mieux mourir que de chercher à troubler l'amour de Michel et de Florence, si j'étais certaine de leur bonheur.

— Mais pourquoi l'avez-vous suivi cette nuit, Madame, au lieu de l'aborder franchement?

— Parce que, avant de me présenter à lui, je voulais tâcher de pénétrer le mystère de sa vie... Si cette découverte m'eût appris que lui et Florence s'aimaient, jamais ni lui ni elle n'auraient entendu parler de moi... Si, au contraire, j'avais la preuve que Michel est resté fidèle à mon souvenir, ou qu'il est, du moins, libre de tout lien... je lui aurais proposé un mariage qui, peut-être, assurait le repos de sa vie...

— J'ai moins de résignation, Madame.

— Alors, quel était donc votre but en suivant Florence?

— De la surprendre en faute, car son genre de vie me semblait suspect, et alors, armé de ce secret...

— Ah! Monsieur... toujours l'intimidation, toujours la violence! Voyez, hélas! à quoi cela vous a servi!

— Et mes prières... et mes larmes! et mon désespoir dont elle riait, à quoi cela m'a-t-il servi, Madame?

— A rien, sans doute... aussi, croyez-moi, ce qui a déjà été vain le serait encore... Florence vous a donné des preuves de la fermeté de son caractère... la supposez-vous changée? Erreur! Si elle aime... sa volonté puisera de nouvelles forces dans son amour même... et si vous vous vengez... vous n'aurez que le triste triomphe d'avoir fait le mal.

— Du moins, je serai vengé! je tuerai cet homme, ou il me tuera.

— Monsieur... si je vous croyais capable de persister dans de pareils projets... je n'aurais qu'une pensée : prévenir Florence et Michel du danger qui peut les menacer...

— Vous êtes généreuse, Madame, dit M. de Luceval avec une sombre amertume.

— Et vous aussi, vous êtes généreux, Monsieur, lorsque vous ne cédez pas à d'aveugles ressentiments; oui, vous êtes généreux, je n'en veux pour preuve, que votre touchante sollicitude lorsque, avant votre départ, et malgré votre désespoir, vous songiez à subvenir aux besoins de Florence...

— C'était faiblesse de cœur et d'esprit, Madame... les temps sont changés.

— Tout ce que je puis vous dire, Monsieur, c'est que si vous espérez trouver en moi la complice d'une vaine et méchante vengeance, nous devons à l'instant terminer cet entretien... Si, au contraire, vous voulez comme moi arriver à connaître la vérité, afin de savoir si nous pouvons espérer ou si tout espoir doit nous être ravi... comptez sur moi, Monsieur... car, en nous servant mutuellement, nous arriverons sans doute à la découverte de la vérité.

— Et si la vérité est qu'ils s'aiment?

— Avant d'aller plus loin, Monsieur, donnez-moi votre parole d'homme d'honneur... que, si pénible que soit la découverte que nous pouvons faire, vous renoncerez à toute vengeance... et même... à voir Florence.

— Jamais... Madame !.. jamais !.. Aimez à votre manière... j'aime à la mienne.

— Soit, Monsieur, dit Valentine en se levant, nous agirons donc isolément et comme bon nous semblera.

— Mais, Madame, je ne puis pourtant pas.

— Vous êtes libre de vos actions, Monsieur.

— De grâce...

— C'est inutile, Monsieur.

XV

M. de Luceval garda un moment le silence, en proie à la lutte violente de sa jalousie, de sa générosité naturelle, et de sa crainte de voir madame d'Infreville, ainsi qu'elle l'en avait menacé, avertir Florence des dangers qu'elle pouvait courir ; enfin, cette dernière considération, et, il faut le dire, un fonds de sentiments élevés l'emportèrent, et M. de Luceval répondit à Valentine :

— Allons, Madame, vous avez ma parole...

— Bien, bien, Monsieur... et tenez, mes pressentiments me disent que cette bonne résolution nous portera bonheur... Car, enfin, raisonnons seulement sur ce que nous savons...

— Voyons, Madame. Eh! mon Dieu! je ne demande qu'à espérer...

— C'est justement d'espérances que je veux vous parler.

— Mais lesquelles ?

— D'abord, si Michel et Florence s'aimaient : tranchons le mot, s'ils étaient amants, qui les empêcherait de vivre comme mari et femme... dans quelque solitude de province, ou même à Paris, l'endroit du monde où l'on peut vivre le plus à sa guise, et le plus obscurément ?

— Mais ces appartements mitoyens, n'est-il pas probable qu'ils communiquent l'un à l'autre ?

— A quoi bon ces précautions, ce mystère, cette gêne si éloignée du caractère de Michel et de Florence ?

— A quoi bon ? mais à se voir sans scandale, Madame.

— Mais, encore une fois, en changeant de nom et en se donnant pour mari et femme, M. et madame Renaud, je suppose, où eût été le scandale ? qui eût pénétré la vérité ? qui aurait eu intérêt à la découvrir.

— Qui ? mais, tôt ou tard, vous ou moi, Madame...

— Raison de plus, Monsieur : s'ils avaient craint quelque chose, ils auraient changé de nom... c'était plus simple et plus sûr, tandis que, gardant leurs noms, n'étaient-ils pas bien plus faciles à découvrir, ainsi que l'ont prouvé nos recherches? Et puis enfin, Monsieur, s'ils avaient voulu absolument s'entourer de mystère, ne pouvaient-ils pas tout aussi bien cacher ce qu'ils laissent apparaître de leur vie que ce qu'ils en dissimulent, car ils passent la majeure partie de leur temps hors de chez eux.

— Et c'est là ce qui me confond. Où vont-ils ainsi? Florence, qui pouvait à peine se lever à midi... se lève, depuis trois ans... avant quatre heures... du matin, et par des temps aussi détestables que celui de cette nuit.

— Et Michel !.. n'est-ce pas tout aussi surprenant?

— Quel changement! à quoi l'attribuer?

— Je l'ignore... mais ce changement même me fait espérer; oui, tout me fait croire que Michel a enfin vaincu cette apathie... cette paresse qui lui avait été si funeste, et dont je n'avais aussi que trop souffert...

— Ah! si vous disiez vrai, Madame! Si Florence n'était plus cette indolente qui regardait une course en voiture comme une fatigue, et le moindre voyage comme un supplice; si l'existence pénible à laquelle elle a été réduite depuis quatre ans l'avait transformée... avec quel bonheur j'oublierais le passé! combien ma vie pourrait être belle encore! Ah! Madame! tenez, je ne crains plus qu'une chose... maintenant, c'est de follement espérer.

— Pourquoi, follement?

— Vous pouvez espérer... vous! Madame... car du moins vous avez été aimée... tandis que Florence n'a jamais ressenti d'amour pour moi.

— Parce qu'il y avait entre son caractère et le vôtre un complet désaccord. Mais si, comme tout nous le fait supposer, son caractère s'est transformé par les nécessités même de la vie qu'elle mène depuis quatre ans, peut-être ce qui alors lui déplaisait en vous, lui plaira-t-il maintenant? Ne vous a-t-elle pas dit elle-même, au fort de vos dissentiments, qu'elle vous tenait pour un homme aussi généreux qu'honorable?

— Mais notre séparation légale?

— Eh! Monsieur, raison de plus.

— Comment?

— Contrainte... Florence a été intraitable... maîtresse d'elle-même, sa conduite envers vous sera peut-être tout autre.

— Encore une fois, Madame, je crains de me laisser entraîner à de folles espérances... La déception serait trop pénible.

— Espérez, espérez toujours... Monsieur... la déception, si elle vient, ne viendra que trop tôt... Mais, pour changer nos espérances en certitudes, il est urgent de pénétrer le mystère dont s'entourent Florence et Michel... dans ce mystère est certainement le nœud de leurs rapports. Une fois la nature de ces relations connue, nous serons fixés.

— Je suis de votre avis, Madame; mais comment faire?..

— En attendant mieux, revenir au moyen que nous avons employé hier... C'est le plus simple et le meilleur, en un mot, de les suivre... en redoublant de précaution. L'heure à laquelle ils sortent... rend notre entreprise bien facile; si ce moyen est insuffisant... nous aviserons à un autre.

— Peut-être serait-il préférable, afin de ne pas éveiller leurs soupçons, que je les suive seul.

— En effet, Monsieur... et si vous ne réussissez pas... j'essayerai à mon tour.

Deux coups légers, frappés à la porte du salon, interrompirent l'entretien.

— Entrez, dit madame d'Infreville.

Un domestique de l'hôtel se présenta, tenant une lettre à la main.

— C'est une lettre qu'un commissionnaire vient d'apporter pour Madame.

— De quelle part?

— Il ne l'a pas dit, Madame, et il est reparti aussitôt.

— C'est bien! dit Valentine en prenant la lettre.

Puis, s'adressant à M. de Luceval :

— Vous permettez?..

Il s'inclina. Valentine décacheta la lettre, chercha la signature et s'écria bientôt :

— Florence!.. une lettre de Florence!..

— De ma femme! s'écria M. de Luceval.

Et tous deux se regardèrent avec stupeur.

— Mais comment sait-elle votre adresse... Madame?

— Je l'ignore... et je reste confondue.

— Lisez, Madame, lisez, de grâce!...

Madame d'Infreville lut ce qui suit :

« Ma bonne Valentine, j'ai appris que tu étais à Paris...*je ne puis te dire le bonheur que j'aurais à t'embrasser; mais ce bonheur, il me faut l'ajourner et le remettre à trois mois environ, c'est-à-dire aux premiers jours de juin de cette année.

« Si, à cette époque, tu tiens à revoir ta meilleure amie (j'ai la présomption de ne pas douter de ta bonne volonté), tu iras chez M. Duval, notaire à Paris, rue Montmartre, n° 17; tu lui diras qui tu es, et il te remettra une lettre où tu trouveras mon adresse; quant à cette lettre, il ne la recevra lui-même qu'à la fin de mai, car, à cette heure, M. Duval ne me connaît même pas de nom.

« Je suis tellement certaine de ton amitié, ma bonne Valentine, que je compte sur ta visite; le voyage te semblera peut-être un peu long... mais tu pourras te reposer chez moi de tes fatigues, et Dieu sait si nous aurons à causer.

« Ta meilleure amie, qui t'embrasse de toute son âme.

« FLORENCE DE L. »

L'on comprend la surprise profonde de Valentine et de M. de Luceval en lisant cette lettre; ils gardèrent un instant le silence; M. de Luceval l'interrompit le premier, et s'écria :

— Cette nuit, ils se sont aperçus que nous les suivions!

— Comment Florence a-t-elle su mon adresse? dit Valentine pensive; je n'ai vu personne à Paris, excepté vous, Monsieur, et un de nos anciens domestiques, à l'aide de qui je suis parvenue à découvrir l'adresse de Michel, qui a eu pour nourrice la sœur de l'homme dont je vous parle.

— Pourquoi Florence vous écrit-elle à vous, Madame, et non pas à moi, si elle s'est doutée que je la suivais?

— Peut-être nous trompons-nous, Monsieur, et m'écrit-elle sans savoir que vous êtes à Paris.

— Mais alors, Madame, pourquoi ce retard à vous recevoir, et cette recommandation indirecte de ne pas chercher à savoir son adresse avant la fin du mois de mai, puisqu'elle vous avertit que la personne qui vous donnera cette adresse ne doit la savoir qu'à cette époque?

— Oui, il est évident, reprit Valentine un peu abattue, Florence ne désire pas me voir avant trois mois... et elle aura pris ses mesures, en conséquence... Maintenant, Michel a-t-il participé à l'envoi de cette lettre?

— Madame... il n'y a pas une minute à perdre, dit M. de Luceval après un moment de réflexion, prenons une voiture et allons rue de Vaugirard... si ma femme a quelque soupçon... quelque crainte, elle sera revenue chez elle... dans le jour, ou elle aura fait donner quelque ordre qui pourra nous éclairer.

— Vous avez raison, Monsieur, partons... partons...

Une heure après, Valentine et M. de Luceval se rejoignaient dans le fiacre qui les avait déposés à peu de distance des deux maisons mitoyennes où ils étaient allés se renseigner.

— Eh bien! Monsieur, dit avec anxiété madame d'Infreville, qui, pâle et agitée, était remontée la première en voiture; quelle nouvelle?

— Plus de doute, Madame, ma femme a des soupçons. J'ai demandé au portier madame de Luceval, ayant à l'entretenir d'une affaire très-importante. « Depuis tantôt, Monsieur, m'a répondu cet homme, cette dame ne demeure plus ici... Elle est venue en fiacre sur les onze heures, elle a emporté plusieurs paquets, en annonçant qu'elle ne reviendrait plus... Cela était tout simple, a ajouté le portier, car madame de Luceval avait payé six mois d'avance en entrant ici, et avait, il y a quelque temps, donné congé pour le 1er juin; quant à son petit mobilier, elle fera savoir plus tard comment elle en disposera. » Telles ont été les réponses de cet homme, Madame; il m'a été impossible d'en tirer autre chose. Et vous, Madame, qu'avez-vous appris?

— Ce que vous avez appris vous-même, Monsieur, répondit Valentine avec un accablement croissant. Michel est venu sur les onze heures; il a de même annoncé qu'il quittait la maison et qu'il aviserait à la destination de ses meubles. Il avait d'ailleurs aussi donné congé pour le 1er juin.

— Ainsi, c'est le 1er juin qu'ils doivent se réunir...

— Alors, Monsieur, pourquoi me donner rendez-vous à cette époque?

— Oh! quoi qu'il en soit, quoi qu'ils fassent, s'écria M. de Luceval, je pénétrerai ce mystère.

Madame d'Infreville secoua mélancoliquement la tête, ne répondit rien, et resta profondément absorbée.

XVI

Il y avait trois mois environ que M. de Luceval et madame d'Infreville s'étaient rencontrés à Paris.

Les scènes suivantes se passaient dans une *bastide* située à deux lieues environ de la ville d'*Hyères*, en Provence.

Cette bastide, toute petite maison de campagne, de la plus modeste mais de la plus riante apparence, s'élevait au pied d'une colline, à cinq cents pas de la mer.

Le jardin, d'un demi-arpent tout au plus, planté de sycomores et de platanes séculaires, était traversé par un cours d'eau rapide; alimenté par les sources de la montagne, ce ruisseau allait se jeter dans la mer, après avoir répandu la fraîcheur dans ce jardinet.

La maison, blanche, à volets verts, semblait enfouie au milieu d'un quinconce d'énormes orangers en pleine terre, qui l'abritaient contre les rayons brûlants du midi.

Une simple haie d'aubépine fleurie clôturait le jardin, où l'on entrait par une petite porte enchassée entre deux assises de pierres sèches.

Vers les trois heures de l'après-midi, par un soleil aussi resplendissant que le soleil d'Italie, une calèche de voyage, venant d'Hyères, s'arrêta non loin de la petite bastide, sur la pente de la colline.

M. de Luceval, pâle, la figure contractée, sortit le premier de la voiture, et aida madame d'Infreville à en descendre.

Celle-ci, après avoir un instant jeté les yeux autour d'elle, aperçut, de la hauteur où la voiture venait de s'arrêter, la maisonnette enfouie au milieu des orangers.

Valentine, désignant alors d'un geste la bastide à M. de Luceval, lui dit d'une voix légèrement altérée :

— C'est là !....

— En effet, reprit-il avec un soupir contenu. Ce doit être là... d'après les renseignements qu'on nous a donnés... Le moment suprême est arrivé... Allez, Madame, je vous attends; je ne sais s'il n'y a pas plus de courage à rester ici, dans l'angoisse de l'incertitude... qu'à vous accompagner.

— Rappelez-vous, de grâce... votre promesse, Monsieur ; laissez-moi seule... accomplir cette mission peut-être bien pénible ; vous pourriez ne pas rester maître de vous... et, malgré l'engagement d'honneur... que vous avez pris envers moi... Ah ! Monsieur... tenez... je n'achève pas... je frémis à cette pensée...

— Ne craignez rien, Madame, reprit M. de Luceval d'une voix sourde, je n'ai qu'une parole... à moins que...

— Ah ! Monsieur... vous m'avez juré...

— Soyez tranquille, Madame... je n'oublierai pas ce que j'ai juré...

— A la bonne heure, vous me rassurez... Allons, Monsieur, courage et espoir... ce jour que nous attendons depuis trois mois avec tant d'anxiété est enfin venu. Le même mystère enveloppe pour nous la conduite de Michel et de Florence. Dans une heure nous saurons tout... et tout sera décidé.

— Oui... reprit M. de Luceval avec accablement, oui... tout sera décidé.

— A bientôt, Monsieur... peut-être ne reviendrai-je pas seule...

M. de Luceval secoua tristement la tête, et Valentine, descendant un sentier, se dirigea vers la porte du jardin de la maisonnette.

M. de Luceval, resté seul sur le versant de la colline, se promena d'un air sombre et pensif, jetant parfois les yeux comme malgré lui sur la maisonnette.

Soudain il s'arrêta, tressaillit, devint livide... son regard étincela...

Il venait de voir, à quelque distance de la haie dont était entourée la bastide, passer un homme vêtu d'une veste de coutil blanc et coiffé d'un large chapeau de paille.

Mais bientôt cet homme disparut parmi quelques rochers bordant la mer, et au milieu desquels s'élevaient çà et là d'énormes chênes de liège.

Le premier mouvement de M. de Luceval fut de courir à la voiture, d'y prendre, sous une des banquettes, une boîte à pistolets de combat, soustraite aux regards de madame d'Infreville, et de s'élancer à la poursuite de l'homme au chapeau de paille.

Au bout de dix pas, M. de Luceval fit une pause, réfléchit, revint lentement auprès de la calèche et y replaça les armes en se disant :

— Il sera toujours temps... et quant à mon serment... je le tiendrai... tant que le désespoir et la rage de la vengeance ne m'emporteront pas au delà de toutes les limites de la raison et de l'honneur.

Puis M. de Luceval, les yeux fixés sur la maisonnette, descendit le sentier, et, semblant lutter contre une puissante tentation, il examina la haie dont le jardin était entouré.

Pendant la durée de ces derniers incidents, Valentine, arrivant à la porte extérieure de l'enclos, y avait frappé.

Au bout de quelques instants cette porte s'ouvrit.

Une femme de cinquante ans environ, très-proprement vêtue à la mode provençale, parut sur le seuil.

— A sa vue, Valentine s'écria sans cacher sa surprise :
— C'est vous, madame Reine !!!
— Oui, Madame... reprit la vieille femme, avec un accent méridional et sans paraître d'ailleurs nullement étonnée de la visite de Valentine, toujours votre servante ; donnez-vous la peine d'entrer.

Valentine sembla retenir une question qui lui vint aux lèvres, rougit légèrement, entra dans le jardin, et la porte se referma sur les deux femmes (madame Reine avait été la nourrice et l'unique servante de Michel Renaud, même au temps de sa splendeur).

Madame d'Infreville arriva bientôt sous l'épaisse voûte de verdure formée par le quinconce d'orangers, au centre duquel était bâtie la petite maison blanche.

— Madame de Luceval est-elle ici? demanda Valentine d'une voix un peu altérée.

La vieille nourrice s'arrêta court, mit un doigt sur sa bouche, comme pour recommander le silence à madame d'Infreville; puis, d'un geste, elle lui fit signe de regarder à gauche, et resta immobile.

Valentine aussi resta immobile.

Voici ce qu'elle vit :

Deux hamacs caraïbes, tressés de joncs aux mille couleurs, étaient attachés, à peu de distance l'un de l'autre, aux troncs noueux des orangers.

L'un de ces hamacs était vide.

Dans l'autre reposait Florence.

Une sorte de léger velarium en toile blanche à raies bleues, tendu au-dessus du hamac, se gonflant comme une voile au souffle du vent de mer, qui venait de s'élever, imprimait un doux balancement à ce lit aérien...

Florence, les bras et le cou nus, vêtue d'un peignoir blanc, sommeillait dans une attitude ravissante d'abandon, de mollesse et de grâce. Sur son bras droit, à demi-replié, sa jolie tête s'appuyait languissante, et parfois la fraîche haleine de la brise, caressant le front de la jeune femme, soulevait quelques boucles de ses cheveux blonds; son bras gauche pendait nonchalamment en dehors du hamac, et sa main tenait encore le large éventail vert dont elle s'éventait peu d'instants auparavant que le sommeil l'eût surprise. Une de ses jambes charmantes, découverte jusqu'à la naissance d'un petit mollet rebondi, emprisonné dans les fines mailles d'un bas de fil d'Écosse, était aussi négligemment pendante en dehors du hamac, et mettait en évidence un pied de Cendrillon, chaussé d'une pantoufle de maroquin rouge.

Jamais Valentine n'avait vu Florence plus jolie, plus rose et plus fraîche; ses lèvres purpurines, à demi ouvertes, exhalaient un souffle pur et doux comme celui d'un enfant, et ses traits, dans leur adorable sérénité, exprimaient une quiétude ineffable.

A quelques pas de là, on voyait au milieu de l'eau transparente du ruisseau, qu'ombrageaient aussi les orangers, une grande corbeille de jonc à demi submergée, remplie de pastèques vertes à chair vermeille, de figues empourprées et de raisins précoces, qui rafraîchissaient dans cette onde presque glacée, où étaient aussi presque noyées des carafes de cristal remplies de limonade au citron couleur de l'ambre, et de jus de grenade couleur de rubis... Enfin... sur le gazon dont le ruisseau était encadré, et toujours bien à l'ombre, on voyait deux vastes fauteuils, des nattes de paille, des carreaux, des coussins, et autres *engins* de paresse et de *far niente;* puis, à portée des fauteuils, une table où se trouvaient pêle-mêle quelques livres, une pipe turque, des coupes de cristal, et, sur un plateau, de petits gâteaux de maïs à la mode du pays. Enfin, pour compléter ce tableau, l'on apercevait à travers deux des percées du quinconce, d'un côté les flots bleus et assoupis de la Méditerranée; de l'autre, les cimes étagées des hautes collines, dont les lignes majestueuses se profilaient sur l'azur du ciel.

Valentine, frappée du spectacle qu'elle avait sous les yeux, restait, malgré elle, immobile et charmée...

Soudain, la petite main de Florence s'ouvrit machinalement, l'éventail tomba, et, en s'échappant des doigts de la dormeuse, l'éveilla.

XVII

A l'aspect de madame d'Infreville, pousser un cri de joie, sauter de son hamac et se jeter au cou de son amie, tels furent les premiers mouvements de Florence.

— Ah! dit-elle en embrassant tendrement Valentine, pendant que des larmes d'attendrissement mouillaient ses paupières, j'étais bien sûre que tu viendrais... Depuis deux jours je t'attendais, et, tu le vois, ajouta-t-elle en souriant et en jetant un coup d'œil sur le hamac dont elle venait de descendre, le *bonheur vient en dormant;* proverbe de paresseux, mais il n'en est pas moins vrai, puisque enfin te voilà. Mais, laisse-moi donc bien te regarder, ajouta Florence en tenant entre ses mains les mains de son amie, et se reculant de deux pas. Toujours belle... oui, plus belle que jamais. Embrasse-moi donc encore, ma bonne Valentine! Quand j'y songe, voilà pourtant plus de quatre ans que nous ne nous sommes vues, et dans quelle occasion encore! Mais chaque chose aura son temps. Et d'abord, ajouta Florence en prenant son amie par la main et la conduisant auprès du ruisseau, comme la chaleur est accablante, voici des fruits de mon jardin que j'ai fait rafraîchir pour toi.

— Merci, Florence, je ne prendrai rien maintenant. Mais, à mon tour, laisse-moi te regarder et te dire... (je ne suis pas une flatteuse, moi!) combien tu es embellie. Quel éclat! quelle fraîcheur! et surtout quel air de bonheur!

— Vrai! tu me trouves l'air heureux? tant mieux, car je serais bien ingrate envers le sort si je n'avais pas cet air-là... Mais je devine ton impatience... tu veux causer?... moi aussi, j'en meurs d'envie. Eh bien ! causons... mais d'abord assieds-toi là... dans ce fauteuil... maintenant, ce carreau sous tes pieds, puis ce coussin pour t'accouder plus mollement... Oh! on ne saurait trop prendre ses aises...

— Je le vois, dit Valentine de plus en plus étonnée de l'air dégagé de son amie, quoique leur entrevue, en raison de plusieurs circonstances, dût avoir un caractère fort grave. Oui, ajouta-t-elle avec un sourire contraint, tu me parais, Florence, avoir fait de grands progrès dans tes recherches de bien-être.

— J'en ai fait d'étonnants... ma chère Valentine... Tiens, regarde cette petite mentonnière fixée au dossier de ce fauteuil.

— Bien... mais je ne devine pas.

— C'est pour se soutenir la tête... quand on le veut... Et joignant l'exemple au précepte, la nonchalante ajouta : Vois-tu comme c'est commode !... Mais à quoi pensai-je ?... Tu me regardes d'un air surpris, presque chagrin, dit la jeune femme en devenant sérieuse, tu as raison... Tu me crois peut-être insensible à tes douleurs passées... et, je l'espère... heureusement oubliées, ajouta Florence d'un ton ému et pénétré. Moi... insensible! oh! il n'en est rien, je te jure. A toutes tes peines j'ai compati; mais ce jour est si doux, si beau pour moi, que je ne voudrais pas l'attrister par de méchants souvenirs...

— Comment! tu as su...

— Oui, j'ai su, il y a de cela un an... ta retraite en Poitou, ton veuvage, ta détresse... dont tu as moins souffert pour toi que pour ta mère... reprit Florence de plus en plus attendrie. J'ai su aussi avec quel courage tu as lutté contre l'adversité jusqu'à la mort de ta pauvre mère... Mais, tiens... voilà ce que je craignais, ajouta la jeune femme en portant sa main à ses yeux, des larmes... et aujourd'hui... encore!...

— Florence... mon amie, dit Valentine en partageant l'émotion de sa compagne, jamais je n'ai douté de ton cœur...

— Bien vrai?

— Peux-tu le croire?

— Merci, Valentine... merci, tu me rends toute à ma joie de te revoir.

— Mais comment as-tu appris ce qui me regarde?

— Je l'ai appris de ci, de là, un peu de chaque côté. Je menais une vie si active, si agitée...

— Toi?

— Moi, répondit la jeune femme avec une petite mine joyeuse et triomphante; oui, moi... Oh! tu en sauras bien d'autres.

— Certes, si tu le veux, tu me feras tomber de surprise en surprise... car, moins instruite que toi, je ne sais rien de ta vie depuis quatre ans... sinon ta séparation d'avec M. de Luceval.

— C'est vrai, dit Florence avec un demi-sourire, M. de Luceval a dû te raconter cela... et par quels moyens un peu bizarres... mais puisés dans mon arsenal de paresse... (que veux-tu? on se sert de ce qu'on a...) j'ai amené mon mari à renoncer à la fantaisie de me faire voyager contre mon gré, et surtout de me garder malgré moi pour sa femme.

— Et cette séparation, tu l'as exigée lorsque tu appris ta ruine. M. de Luceval m'a tout dit... Il rend pleine justice à ta délicatesse.

— La générosité venait de lui... pauvre Alexandre!... A part ses habitudes de mouvement perpétuel et ses manières de *Juif errant*, il a du bon... beaucoup de bon... n'est-ce pas, Valentine? ajouta Florence en souriant malignement. Quel heureux hasard que vous vous soyez rencontrés... si à propos... et que, depuis trois mois, vous vous soyez vus si fréquemment! Vous avez dû ainsi vous apprécier ce que vous valez.

— Que veux-tu dire? reprit Valentine en rougissant et regardant son amie avec surprise. En vérité, Florence, tu es folle.

— Je suis folle... à la bonne heure... Mais, tiens, Valentine, soyons franches, comme toujours... Il est un nom que tu es impatiente et embarrassée de prononcer depuis ton arrivée, c'est le nom de Michel?

— C'est vrai, Florence, et cela pour plusieurs raisons.

— Eh bien! Valentine, pour nous mettre tout de suite à l'aise et appeler les choses par leur nom, je te dirai que Michel n'a pas été... et n'est pas mon amant.

Une lueur d'espérance brilla dans les yeux de Valentine, mais elle reprit bientôt avec un accent de doute:

— Florence...

— Tu le sais, je ne mens jamais; pourquoi te tromperais-je? Michel n'est-il pas libre, moi aussi? Je te répète qu'il n'est pas mon amant; je ne sais pas ce qui arrivera plus tard, mais je te dis la vérité quant à présent. Et puis enfin, est-ce que tu ne comprends pas, Valentine, toi la délicatesse même, que si j'avais été ou que si j'étais la maîtresse de Michel, il y aurait pour toi et pour moi quelque chose de si embarrassant, de si pénible dans cette entrevue, que je me serais bien gardée de la solliciter?

— Ah! Florence, ton loyal et bon cœur ne se dément jamais, dit Valentine en ne pouvant s'empêcher de se lever et d'aller embrasser son amie avec effusion, malgré toute ma joie de te revoir... j'avais le cœur serré, contraint; mais maintenant je respire à l'aise... Je suis délivrée d'une angoisse poignante.

— Ça aurait été ta punition d'avoir douté de moi... méchante amie; mais tu m'as demandé d'être franche... Aussi, ajouterai-je en toute franchise... que si nous ne sommes point amants, nous nous adorons, Michel et moi, autant que deux paresseux comme nous peuvent prendre la peine de s'adorer... Et tiens, il y a une heure encore, les yeux demi-clos, et fumant lentement sa longue pipe orientale, en se balançant dans ce hamac à côté du mien pendant que je m'éventais délicieusement, Michel me disait : « Ne trouvez-vous pas, Florence, que notre amour ressemble au doux balancement de ce hamac?... Il nous berce entre la terre et le ciel. » Tu me répondras, Valentine, que cette pensée n'est pas très-claire, ajouta Florence en souriant, qu'elle est vague et obscure comme les idées qui nous viennent entre le sommeil et la veille. Je suis de ton avis; maintenant, cela me paraît ainsi... mais, quand Michel me disait cela, je jouissais sans doute de toute la béatitude de corps et de tout l'engourdissement d'esprit nécessaires pour apprécier cette sublime comparaison de notre ami, qui me paraissait alors d'une vérité frappante.

— Michel ne m'aime plus, dit madame d'Infreville d'une voix altérée en regardant fixement Florence, il m'a tout à fait oubliée!

— Je ne puis répondre à cela, ma bonne Valentine, dit la jeune femme, qu'en te racontant notre histoire, et...

— Ah! mon Dieu! dit Valentine en interrompant son amie, tu n'as pas entendu!

— Quoi donc? dit la jeune femme en prêtant l'oreille et regardant du côté vers lequel se dirigeaient les regards de son amie, qu'as-tu entendu?...

— Écoute donc...

Les deux compagnes restèrent muettes, attentives, pendant quelques instants.

Le plus grand silence régnait au dedans et au dehors du jardin.

— Je me serai trompée, dit madame d'Infreville rassurée, j'avais cru entendre du côté de ce massif...

— Quoi donc, Valentine?

— Je ne sais... comme un bruit de branches cassées...

— C'est le vent de mer qui s'élève par intervalles; il aura agité les grands rameaux de ce vieux cèdre, placé là-bas près de la haie, et dont tu vois la cime au-dessus de ces massifs... le frottement des branches des arbres verts cause souvent des bruits singuliers, reprit Florence en toute sécurité de conscience; puis elle ajouta : Maintenant, Valentine, que je t'ai expliqué ce grand phénomène, écoute notre histoire à Michel et à moi.

XVIII

Madame d'Infreville, revenue de la crainte dont elle avait été un moment agitée, dit à madame de Luceval :

— Florence... je t'écoute ; je n'ai pas besoin de te dire avec quelle curiosité... ou plutôt avec quel intérêt.

— Eh bien ! donc, ma chère Valentine, ce que mon mari ne t'a pas sans doute appris, car il l'ignorait, c'est que, deux jours après ton départ, je reçus une lettre de Michel.

— Et le but de cette lettre?

— Était tout simple... Sachant par toi que, pour dérouter les soupçons de ton mari, tu voulais me demander de t'écrire afin d'établir que nous avions eu de fréquentes entrevues, Michel, n'entendant plus parler de toi, fut très-inquiet, s'informa, apprit que, depuis deux jours, tu étais partie avec ta mère, mais il lui fut impossible de découvrir le lieu de ta retraite.

— Vrai? il s'est ému de ma disparition? dit Valentine avec un mélange de doute et d'amertume. Une fois, enfin, il est sorti de son apathie !

— Oui, oui, méchante... il s'est ému, et pensant que, t'ayant vu la surveille, je serais peut-être mieux instruite que lui, il m'écrivit, me supplia de le recevoir, j'y consentis ; rien de plus naturel que sa visite, il était notre cousin.

— Mais ton mari?

— Il n'avait aucune objection à faire, ignorant que Michel fût l'objet de la passion qui t'avait perdue.

— En effet, M. de Luceval n'a su cela... que par moi.

— Michel vint donc me voir... je lui appris ce qu'il ignorait : la cruelle scène dont j'avais été témoin. Sa douleur me toucha ; elle était profonde, et contrastait avec ce que je savais par toi de ce caractère ennemi du chagrin comme d'une fatigue de l'âme, et préférant aux regrets... l'oubli... comme moins gênant.

— Michel est-il donc changé à ce point, que ce caractère ne soit plus le sien.

— Il est le sien, plus que jamais le sien, ma bonne Valentine... Michel est toujours, a toujours été le Michel que tu as connu. C'est pour cela, je te répète, que sa douleur m'a beaucoup touchée. Nous sommes donc convenus que moi de mon côté, lui du sien, nous ferions toutes les tentatives possibles pour te retrouver. Il s'y est bravement résolu; je dis bravement... parce que tu comprends ce qu'était pour un paresseux comme lui la perspective de tant de peines! d'embarras!.. Seulement...

— Seulement?

— Il s'est naïvement écrié : « Ah! que je la retrouve ou non! c'est bien la dernière maîtresse que j'aurai. » Ce qui correspondait parfaitement, tu le vois, à ma terreur des angoisses auxquelles peut vous exposer l'inconvénient d'avoir un amant. Je trouvai en cela Michel rempli de bon sens... et l'encourageai dans ses démarches pour te retrouver.

— Et ces démarches... vraiment il les a faites?..

— Avec une activité qui me confondait, car il me tenait au courant de tout; malheureusement les mesures de ton mari avaient été si bien prises... que nous ne pûmes rien découvrir, et, de plus, nous ne recevions aucune nouvelle... aucune lettre de toi.

— Hélas! Florence... presque prisonnière dans une demeure isolée au milieu des bois, entourée de gens dévoués à M. d'Infreville... tout envoi de lettres m'était impossible.

— Nous l'avons bien pensé, ma pauvre Valentine... mais enfin il nous fallut renoncer à l'espoir de retrouver tes traces.

— Et en t'occupant ainsi de moi... tu voyais souvent Michel?

— Nécessairement.

— Et que pensais-tu de lui?

— T'en dire tout le bien que j'en pensais serait faire mon éloge, car, chaque jour, je m'étonnais de plus en plus de l'inconcevable ressemblance qui existait entre son caractère, ses idées, ses penchants et les miens... Or, comme je ne suis pas d'une modestie farouche lorsque je cause avec moi-même... je trouvais... que nous étions tous deux charmants.

— C'est alors que tu as pensé à te séparer de ton mari ?

— Qu'elle est donc mauvaise ! dit Florence, en menaçant du doigt son amie. Non, Madame... la cause de notre séparation est tout autre... car nous étions, Michel et moi, si fidèles à notre caractère, qu'en parlant de toi, et conséquemment de toutes les algarades, de tous les soubresauts, de tous les émois que cause une *liaison criminelle*, comme disent les maris, nous nous écriions de la meilleure foi du monde :

« — Voilà pourtant, Monsieur, où ça conduit, l'amour ! jamais de repos... toujours sur le qui-vive... l'oreille au guet... l'œil inquiet, le cœur palpitant, rôder, user, épier sans cesse.

« — Et le dérangement, Madame ? et les séances dans la rue, à l'affût d'un signal, par la pluie et par la neige ?

« — Et les rendez-vous manqués, après trois heures d'attente, Monsieur ?

« — Et le tracas des duels, Madame ?

« — Et les tracas de la jalousie, Monsieur ? Et les courses furtives dans d'horribles fiacres, où l'on est moulue brisée !..

« — Ah ! que de peines ! que de fatigues, Madame, et, je vous le demande un peu, au résumé, *pourquoi ?*

« — C'est ma foi vrai, Monsieur, *pourquoi ?* »

— Enfin, je t'assure, Valentine, reprit gaiement Florence, que si un démon caché eût écouté nos moralités paresseuses, il eût ri comme un fou, et pourtant nous raisonnions en sages ; vint le moment où M. de Luceval entreprit de me faire voyager malgré moi... cette fantaisie lui passa.

— Oui, il m'a dit ton moyen... il était singulier, mais efficace.

— Que voulais-je à cette époque ? le repos ; car bien que mon mari eût été très-dur, très-brutal envers moi, lors de la scène de ta lettre, ma pauvre Valentine, et que je l'eusse alors menacé d'une séparation, toute réflexion faite, je m'étais amendée... reculant devant la pensée de vivre seule, c'est-à-dire d'avoir à m'occuper de mille soins dont mon mari ou mon intendant s'occupaient pour moi ; je bornais donc mes prétentions à ceci : ne jamais voyager, encourager mon mari à voyager le plus souvent possible, afin de n'être pas continuellement impatientée par ses agitations.

— Et pouvoir recevoir Michel à ta guise?

— C'est entendu... et cela bien à mon aise, sans le moindre mystère, sans avoir à me donner la peine de rien cacher, car rien n'était à cacher dans nos relations... toujours *la vertu de la paresse*... chère Valentine. Mais ce n'est rien encore... tu sauras tout à l'heure quelles merveilles elle peut enfanter, cette chère paresse.

— Je te crois... et cette séparation... m'a dit ton mari, fut réellement amenée par la perte de ta fortune?.. cela en a été le vrai motif?

— Voyons, Valentine... franchement... être désormais à la merci de mon mari... à ses gages, pour ainsi dire... est-ce que je pouvais admettre cela? Non, non, je me rappelais trop les humiliations que tu avais souffertes, pauvre fille sans fortune, en épousant un homme riche... Non, non, la seule pensée d'une vie pareille révoltait ma délicatesse et ma paresse.

— Ta délicatesse... soit, mais ta paresse, Florence, comment cela? Ne te fallait-il pas renoncer à ce luxe, à cette richesse qui te permettaient d'être paresseuse tout à ton aise?

— De deux choses l'une, Valentine : si je restais aux gages de M. de Luceval, il me fallait complétement sacrifier mes goûts aux siens, me lancer dans son tourbillon d'activité, et aller *au Caucase* s'il avait eu cette fantaisie; or, j'aurais, je crois, préféré la mort à cette vie-là.

— Mais pourquoi, au contraire, n'avoir pas imposé tes goûts à ton mari, profitant de l'empire que tu avais sur lui?.. car il t'aimait... et...

— Il m'aimait. Oui... comme j'aime les fraises... pour les manger. Mais d'abord je le connais, il ne pouvait pas plus changer son caractère que moi changer le mien; le naturel eût été un enfer; je préférai donc me séparer... tout de suite.

— Et Michel... fut-il prévenu de ta résolution?

— Il la trouva des plus convenables. Ce fut à cette époque... que lui et moi nous fîmes quelques vagues projets pour l'avenir... projets d'ailleurs toujours subordonnés à toi.

— A moi?

— Certes, Michel connaissait ses devoirs, il les eût accomplis, s'il fût parvenu à te retrouver... Aussi, pendant qu'il se livrait à une dernière recherche, je m'occupai de mon côté d'arriver à la séparation que je voulais obtenir; je priai Michel de cesser ses visites jusqu'à ce que je fusse libre ; sa présence m'eût gênée... Mon mari t'a dit sans doute...

— Comment tu étais parvenue à forcer sa volonté... par ton silence obstiné?..

— Il était impossible, j'espère, d'employer un moyen plus doux et de meilleure compagnie. Enfin, au bout de quatre mois, j'étais légalement séparée de M. Luceval, et il partait en voyage. Je revis Michel. Il n'avait non plus que moi aucune nouvelle de toi... Renonçant à l'espoir de te retrouver, nous revînmes à nos premiers projets d'avenir : notre détermination fut arrêtée. Je t'ai tout à l'heure, ma chère Valentine, parlé des prodiges que peut enfanter la *paresse*... ces prodiges, tu vas les connaître.

— Je t'écoute ; mon intérêt et ma curiosité redoublent.

— Voici quel fut notre point de départ, ou, si tu veux, ajouta Florence en souriant et faisant une petite mine solennelle la plus drôle du monde, voici notre DÉCLARATION DE PRINCIPES à nous deux Michel : « Pour nous, il n'y a qu'un désir, qu'un bonheur au monde ; la parfaite quiétude de corps et d'esprit, appliquée à ne rien faire du tout, si ce n'est à rêver, à lire, à s'aimer, à causer, à regarder le ciel, les arbres, les eaux, les prairies et les montagnes du bon Dieu ; à se bercer à l'ombre en été, à se chauffer durant la froidure. Nous sommes trop religieusement paresseux pour être glorieux, ambitieux ou cupides, pour rechercher le fardeau du luxe ou les fatigues du monde et de ses fêtes. Que nous faut-il pour vivre dans ce paradis de paresseux que nous rêvons? Une petite maison bien close en hiver, avec un jardinet bien frais en été; d'excellents fauteuils, des hamacs, des nattes pour nous y étendre; de beaux points de vue à la portée de notre regard, pour ne point nous donner la peine d'aller les chercher; un beau ciel, un climat doux et riant, une nourriture frugale (nous ne sommes gourmands ni l'un ni l'autre) et une servante; il faut surtout que cette vie soit bien réglée, bien assurée, afin que nous n'ayons jamais l'esprit troublé par des préoccupations d'affaires. » Tel était l'unique objet de nos désirs. Comment les réaliser? C'est là que nous avons fait des efforts de génie et de courage... Écoute et admire, ma bonne Valentine.

— Je t'écoute, Florence, et je suis bien près d'admirer... car il me semble que je devine un peu...

— Ne devine rien, laisse-moi le plaisir de te surprendre. Je poursuis : la nourrice de Michel est provençale et native d'Hyères; elle nous parla de la beauté de son pays, où l'on vivait, disait-elle, presque pour rien, affirmant que l'on pouvait y acheter, pour dix à douze mille francs, au plus, une maisonnette comme nous la désirions, sur le bord de la mer, avec un joli jardin planté d'orangers. Justement un des amis de Michel était établi à Hyères pour sa santé ; il fut chargé de prendre des renseignements ; ils confirmèrent ceux de la nourrice de Michel; il se trouvait même alors, à deux lieues d'Hyères, une petite maison du prix de onze mille francs, admirablement située, mais elle était louée pour trois années encore, l'on ne pouvait en jouir qu'à l'expiration du bail; pleins de confiance dans le goût de l'ami de Michel, nous le priâmes d'acheter la maison ; mais là était la grande difficulté, le nœud de notre situation... Pour l'acquisition de la maisonnette, et pour l'achat d'une rente de deux mille francs suffisant à nos besoins, il nous fallait soixante mille francs environ, afin d'avoir au moins, outre cela, deux ou trois mille francs d'avance... Or, ma bonne Valentine... le tout était de trouver les bienheureux soixante mille francs... une grosse somme, comme tu le vois.

— Et comment avez-vous fait?

— Il me restait, à moi, près de six mille francs en or que j'avais, lors de mon mariage, demandés sur ma dot. Un ami de Michel se chargea de liquider ses déplorables affaires ; il en retira une quinzaine de mille francs. Ces sommes furent placées. Nous résolûmes d'y toucher le moins possible, jusqu'à ce que nous fussions en mesure de gagner les quarante mille francs dont nous avions besoin pour arriver à notre paradis.

— Gagner! Comment pouviez-vous espérer gagner une si forte somme?

— Eh! mon Dieu! en travaillant, ma chère, dit Florence d'un air conquérant, en travaillant comme des lions.

— Toi! travailler, Florence? s'écria Valentine en joignant les mains avec surprise, toi, travailler? et Michel aussi?

— Et Michel aussi! ma bonne Valentine. Oui, nous avons

travaillé presque nuit et jour, en acceptant les plus drôles de métiers du monde, et cela pendant plusieurs années.

— Toi... et Michel... capables d'une pareille résolution?

— Comment! cela t'étonne?

— Si cela m'étonne, grand-Dieu!

— Voyons, Valentine, souviens-toi donc combien nous étions paresseux, moi et Michel.

— Et c'est cela même qui me confond, cette paresse!

— Mais au contraire.

— Au contraire?

— Certainement. Songe donc quel excitant, quel aiguillon c'est que la paresse!!!

— La paresse, la paresse?

— Tu ne comprends pas quel courage, quel élan, quelle ardeur cela vous donne, de se dire à la fin de chaque jour, quelque harassé que l'on soit, quelque privation que l'on ait endurée : Encore un pas de fait vers la liberté, l'indépendance, le repos et la volupté de ne rien faire!.. Oui, Valentine, oui... Et la fatigue même que l'on ressent alors vous fait songer, avec plus de délices encore, au bonheur ineffable dont on jouira plus tard; eh! mon Dieu! tiens... c'est en petit, et appliqué à la vie réelle, le procédé des joies éternelles achetées par les douleurs d'ici-bas; seulement, entre nous, j'aime mieux tenir mon petit *paradis* sur terre... que d'attendre... l'autre...

Madame d'Infreville fut tellement stupéfaite de ce qu'elle apprenait, elle regardait son amie avec un tel ébahissement, que Florence, voulant lui donner le temps de se remettre d'une si profonde surprise, garda un moment le silence.

XIX

Madame d'Infreville, sortant enfin de sa stupeur, dit à madame de Luceval :

— En vérité, Florence, je ne sais si je rêve ou si je veille ! encore une fois, toi... toi ! si indolente... si habituée au bien-être... un tel courage, une telle opiniâtreté dans le travail ?

— Allons, il faut que je t'étonne davantage encore. Sais-tu, Valentine, quelle a été ma vie pendant quatre ans, et notamment il y a trois mois, lorsque mon mari et toi vous êtes venus vous informer de Michel et de moi, rue de Vaugirard ?

— L'on nous a dit que chaque jour vous sortiez tous deux le matin, avant le jour, et ne rentriez que bien avant dans la nuit ?

— Mon Dieu ! mon Dieu ! dit Florence en riant comme une folle, maintenant que ces souvenirs me reviennent et que je vois tout cela... de loin... combien c'est amusant ! Tiens, voici le récit de l'une des dernières journées qui ont clos mon *purgatoire*. Elle te donnera une idée des autres. A trois heures du matin, je me suis levée, j'ai terminé la copie d'une partition et la coloration d'une grande lithographie... Tu ne t'étonneras pas, du moins, de mes talents...? Tu sais qu'au couvent, ce dont je me tirais le moins mal... c'était de la copie de musique et de la mise en couleur des gravures de sainteté !

— Il est vrai, et cela t'a été de quelque ressource ?

— Je le crois bien ; j'ai parfois gagné, rien qu'à ces ouvrages, jusqu'à quatre et cinq francs par jour... ou plutôt par nuit, sans compter mes autres états.

— Tes autres états !.. mais lesquels ?

— Je poursuis le récit de ma journée... A quatre heures, je suis sortie et me suis rendue à la HALLE...

— Ah ! mon Dieu !.. à la Halle, toi ! et qu'y faire ?

— J'y tenais, jusqu'à huit heures du matin, le bureau d'une factrice trop grande dame pour se lever sitôt... Du reste, rien de plus pastoral; un entrepôt de crème, d'œufs et de beurre... J'avais, en outre, un petit intérêt dans la *factorerie*... et, bon an, mal an, je retirais de cela deux mille et quelques cents francs.

— Toi... Florence... toi, marquise de Luceval, un pareil métier !

— Et Michel, donc?

— Lui? et quel métier faisait-il?

— Il en faisait plusieurs... d'abord celui d'*inspecteur des arrivages* à la Halle, ma chère, rien que cela ! Quinze cents francs, une haute considération de la part de messieurs les charretiers et de messieurs les maraîchers. Par là-dessus, libre à neuf heures du matin : c'est alors qu'il se rendait à son bureau et moi à mon magasin.

— Comment, à ton magasin?

— Certainement, rue de l'Arbre-Sec, A LA CORBEILLE D'OR; j'étais première demoiselle chez une grande lingère, une maison de la vieille roche, et comme, sans me vanter, je chiffonne avec assez de goût, je n'avais pas ma pareille pour la confection des *canezous*, des *baigneuses*, des *mantilles*, des *cols*, des *visites*, et pour l'élégance des garnitures, mais je me faisais payer très-cher, quinze cents francs (il faut profiter de sa vogue); oui, quinze cents francs par an et nourrie, s'il vous plaît ! c'était à prendre ou à laisser... Il était aussi formellement entendu que je ne paraîtrais jamais à la vente; j'aurais craint d'être reconnue par quelque pratique, et cela m'eût gênée en sortant du magasin...

— Ta journée n'était donc pas finie?

— A huit heures ! y penses-tu? car j'avais encore mis pour clause que je serais libre à huit heures, afin de pouvoir utiliser mon temps... Pendant un an je travaillai chez moi à la tapisserie, à la copie de musique et à mes aquarelles; mais, plus tard, la femme d'un ami de Michel m'a trouvé quelque chose de miraculeux, une bonne vieille dame aveugle, du meilleur monde... mais très-misanthrope; aussi, ne pouvant sortir de chez elle, et n'aimant pas à recevoir, elle préférait passer ses soirées à entendre des lectures; pendant trois ans, j'ai été sa lectrice au prix de 800 francs par année. J'arrivais chez elle à neuf heures; tour à tour je lisais, nous causions, puis nous prenions le thé. Cette dame demeurait rue de Tournon, de sorte que Michel, après minuit, venait me chercher en revenant de son théâtre.

— De son théâtre?

— Oui, de l'Odéon.

— Ah! mon Dieu! s'écria Valentine, il était acteur?

— Que tu es folle! dit Florence en riant aux éclats. Pas du tout; il était *contrôleur* à l'Odéon. Je te dis que nous avons fait tous les métiers... Michel remplissait ces fonctions au théâtre, après avoir quitté son bureau, où il gagnait ses deux mille quatre cents francs par an...

— Michel? si indolent!.. incapable autrefois de s'occuper seulement de ses affaires!

— Et, remarque bien qu'en rentrant, il mettait encore au net des livres de commerce, ce qui augmentait d'autant nos revenus... Ainsi donc, ma bonne Valentine, tu concevras qu'en vivant avec la plus sévère économie, en nous passant de feu en hiver, en nous servant nous-mêmes, et en employant même nos dimanches à travailler, nous ayons en quatre ans amassé la bienheureuse somme qu'il nous fallait... Eh bien! quand je te parlais des prodiges enfantés par la PARESSE, avais-je tort?

— Je n'en reviens pas... c'est à n'y pas croire.

— Eh! mon Dieu! Valentine, comme le disait Michel : « Il y a un vif amour de la paresse au fond de bien des existences très-laborieuses. Pourquoi tant de gens, qui ne sont ni ambitieux ni cupides, travaillent-ils souvent avec une infatigable ardeur? Afin de pouvoir se *reposer* le plus tôt possible. Or, qu'est-ce que le *repos*, sinon la PARESSE? Aussi, ajoutait Michel, on ne sait pas de quels travaux énormes est capable un paresseux bien déterminé à pouvoir *paresser* un jour. »

— Tu as raison... Je conçois maintenant que l'amour de la paresse puisse donner momentanément une ardeur extrême pour le travail; mais, dis-moi, Florence, pourquoi votre logement si voisin et pourtant séparé?

— Oh! quant à cela, vois-tu, Valentine, ç'a été, de notre part, le comble de la raison... une résolution d'une sagesse... sublime... héroïque, dit Florence avec un accent de triomphe plein de gentillesse et de gaieté; nous nous sommes dit:

« Quel est notre but? Amasser le plus vite possible l'argent qu'il nous faut pour *paresser* un jour; en ce sens, le temps c'est l'argent; donc, moins nous perdrons de temps, plus nous gagnerons d'argent : or, pour nous, le meilleur moyen de perdre beaucoup de temps, c'est d'être ensemble, et, par suite, de nous livrer ainsi aux délices de jaser de songes creux, de rêver à deux; nous trouverions cela si charmant, que la pente serait irrésistible.... Alors, adieu le travail, c'est-à-dire les moyens de pouvoir un jour paresser à tout jamais; car, pour paresser, encore faut-il vivre à son aise. Ce n'est pas tout, disions-nous encore; nous avons, il est vrai, une sainte horreur des amours qui donnent de la peine et du souci, c'est très-moral; mais à cette heure que nous sommes libres, à cette heure que rien ne nous serait moins gênant que notre amour, eh! eh! qui sait? le diable est bien fin, et alors... que deviendrait le travail? Que de temps! c'est-à-dire que d'argent perdu! car, comment trouver le double courage de s'arracher à la paresse et à l'amour? Non! non! soyons inexorables envers nous-mêmes, ne compromettons pas l'avenir, et jurons-nous, au nom du salut de notre divine paresse, de ne pas nous dire un mot... un seul mot, tant que notre petite fortune ne sera pas faite. »

— Comment! pendant ces quatre années!..

— Nous avons tenu notre serment.

— Pas un mot?

— Pas un mot, à partir du jour où nous avons commencé à travailler.

— Florence, tu exagères. Une telle retenue, c'est impossible!

— Je t'ai promis la vérité, je te la dis.

— Mais enfin pas un mot, cela me semble une précaution exagérée...

— Exagérée! Eh! mon Dieu! tout dépendait d'un mot... d'un seul mot, et ce premier mot-là dit, comment répondre du reste?

— Ainsi, pendant ces quatre années?..

— Pas un mot... Mais, pour les choses graves, les mesures à prendre concernant nos intérêts, nous nous écrivions... voilà tout... Il faut te dire aussi que nous avions imaginé un moyen de correspondre à travers la cloison qui séparait nos chambres; c'était juste tout autant qu'il nous en fallait, et pour nous dire : « *Bonsoir, Michel. — Bonsoir, Florence.* » Et le matin : « *Bonjour, Michel. — Bonjour, Florence...* » Ou bien encore : « *Il est l'heure de partir;* » et, de temps à autre : « *Courage, Michel. — Courage, Florence ; songeons à notre* PARADIS, *et gai le* PURGATOIRE! » Vois combien nous avons été prévoyants d'accepter cette méthode! Croirais-tu que Michel trouvait encore quelquefois le moyen de tant bavarder... à coups de manche de couteau frappés sur notre cloison, que j'étais obligée d'imposer silence à cet emporté... Juge donc, si nous avions eu le malheur de nous parler!..

— Et cette étrange correspondance vous suffisait?

— Parfaitement... n'avions-nous pas une vie commune, malgré cette muraille qui nous séparait? Notre esprit, nos moindres pensées ne tendaient-elles pas au même but? et poursuivre ce but, c'était songer toujours l'un à l'autre. Puis enfin, matin et soir, nous nous apercevions, nous n'étions pas amants, cela nous suffisait... si nous l'eussions été... brrr... la paille ne vole pas plus vite à l'aimant que nous n'eussions volé l'un vers l'autre, au premier regard... Enfin, il y a quinze jours, notre but a été atteint; nous avions en quatre ans gagné quarante-deux mille et tant de cents francs! J'espère que c'était vaillant! Nous aurions pu, comme disent les commerçants, *nous retirer* quelques mois plus tôt; mais nous nous sommes dit, ou plutôt écrit : « C'est bien de ne vouloir que le nécessaire ; mais il faut du moins que le pauvre passant qui aura faim et qui frappera à notre porte trouve aussi chez nous son nécessaire... Rien ne donne plus de quiétude à l'âme et au corps que la conscience d'avoir toujours été bon et humain... Cela repose. » Aussi, une fois en train, nous avons un peu prolongé notre *purgatoire*. Eh bien! maintenant, Valentine, avoue qu'il n'est rien de tel que la PARESSE bien dirigée pour donner aux gens *activité, courage...* et *vertu...*

. . . .
. . . .

— Adieu, Florence, dit madame d'Infreville d'une voix étouffée, en fondant en larmes et se jetant dans les bras de son amie, adieu... et pour toujours adieu !..

— Valentine... que dis-tu?

— Un vague et dernier espoir m'avait conduite ici... espérance insensée, comme toutes celles de l'amour opiniâtre et déçu... adieu! encore adieu! Sois heureuse avec Michel; Dieu vous avait créés l'un pour l'autre... votre bonheur, vous l'avez vaillamment gagné... mérité...

Soudain l'on entendit sonner bruyamment à la petite porte du jardin.

— Madame!.. Madame!.. dit la vieille nourrice en accourant aussitôt, tenant à la main une lettre sans cachet qu'elle remit à Valentine; voici ce que le monsieur qui était resté dans la voiture m'a dit de vous remettre... tout de suite... Il venait du côté de la haie, ajouta la vieille servante, en indiquant du geste la direction de la clôture végétale, masquée de ce côté par un épais massif d'arbustes.

Valentine, pendant que Florence la regardait avec une surprise croissante, ouvrit la lettre qui contenait un billet, et lut ce qui suit, écrit au crayon :

« Remettez, de grâce, ce mot à Florence, et venez me rejoindre... Il faut partir... il n'y a plus d'espoir... »

Madame d'Infreville fit un mouvement pour sortir.

— Valentine, où vas-tu? dit vivement Florence à son amie, en la prenant par la main.

— Attends-moi un instant, reprit madame d'Infreville en serrant presque convulsivement les mains de son amie entre les siennes; attends-moi... et lis cela...

Puis remettant le billet à Florence, elle s'éloigna d'un pas précipité pendant que la jeune femme, de plus en plus étonnée en reconnaissant l'écriture de son mari, lisait ces lignes aussi écrites au crayon :

« Au moment où madame d'Infreville entrait chez vous... je franchissais la haie de votre jardin... Caché dans un massif... j'ai tout entendu... Un vague et dernier espoir m'amenait ici... et, s'il faut tout vous dire.... cet espoir déçu... je voulais me venger... Je renonce à l'espérance comme à la vengeance... Soyez heureuse... Florence... je ne puis désormais ressentir pour vous qu'estime et respect.

« Mon seul regret est de ne pouvoir vous rendre une liberté absolue... la loi s'y oppose... il faut donc vous résigner à porter mon nom.

« Encore adieu, Florence... vous ne me reverrez jamais, vous n'entendrez plus parler de moi... mais, de ce jour... conservez mon souvenir comme celui de votre meilleur, de votre plus sincère ami.

« A. DE LUCEVAL. »

Madame de Luceval fut attendrie à la lecture de cette lettre, qu'elle terminait à peine, lorsqu'elle entendit le roulement d'une voiture qui s'éloignait de plus en plus.

Florence comprit que Valentine ne reviendrait pas.

Lorsqu'à la tombée du jour Michel revint trouver madame de Luceval, celle-ci lui remit la lettre de son mari.

Michel fut, comme Florence, ému de cette lettre, puis il dit en souriant :

— Heureusement, Valentine est libre.

XX

Environ deux ans après ces événements, on lisait dans les journaux du temps les nouvelles suivantes :

ÉTRANGER.

On écrit de *Symarkellil* :

« Parmi les rares voyageurs qui ont osé jusqu'à présent gravir les cimes les plus élevées du CAUCASE, on cite une ascension faite, au mois de mai dernier, par deux intrépides touristes français, M. et madame ***. Celle-ci, svelte et brune, d'une beauté remarquable, était vêtue en homme, et a partagé tous les dangers de cette aventureuse expédition ; les guides ne pouvaient assez admirer son courage, son sang-froid et sa gaieté : l'on prétend que les deux infatigables touristes se sont ensuite dirigés vers Saint-Pétersbourg, à travers les steppes, afin d'arriver à temps pour faire partie de l'expédition nautique du capitaine Moradoff, chargé d'entreprendre un voyage d'exploration au PÔLE NORD. Les pressantes recommandations dont sont favorisés M. et madame *** auprès de la cour de Russie leur font espérer qu'ils obtiendront la faveur qu'ils sollicitent, et qu'ils pourront prendre part à cette périlleuse expédition dans ces régions boréales. »

FRANCE.

On écrit d'*Hyères*, à la date du 29 décembre :

« Un phénomène de végétation extraordinaire s'est dernièrement présenté dans nos contrées. L'on nous avait parlé d'un oranger en pleine floraison à cette époque de l'année. Comme nous paraissions douter de ce prodige, l'on nous a proposé de nous convaincre, et nous nous sommes rendu, à deux lieues d'ici, dans une petite maison située au bord de la mer ; là, au milieu d'un quinconce d'orangers, nous avons vu, *de nos yeux vu, ce qui s'appelle vu,* un de ces arbres magnifiques littéralement couvert de boutons et de fleurs qui parfumaient l'air à cent pas à la ronde. Nous avons été bien payé de la peine de notre excursion par la vue de cette merveille et par l'accueil plein de bonne grâce qu'ont bien voulu nous faire les maîtres de la maison, *M. et madame Michel.* »

FIN DE LA PARESSE.

LAGNY. — Typographie de A. VARIGAULT et Cie

COLLECTION MICHEL LÉVY. — Gr. in-18, 1 fr. le volume.

...ard. Parisiennes et Provinciales. et Blondes. Femmes honnêtes ...-Marquises.
...m. Souv. d'un Musicien. Dern... ...rs d'un Musicien
...aux. L'Empereur Soulouque et ...oire.
...d'Arnim. (*Trad. Th. Gautier*) ...ntes bizarres.
...olant. Hist. fantast. de Pierrot ...ryet. Femme de vingt-cinq ans. ...zier. Poésies complètes.
...ran. Millionnt.
Banville. Odes funambulesques.
...arbara. Hist. émouvantes.
... de Beauvoir. Chevalier de ...orges. Aventuriers et Courtisanes. ...alières. Mlle de Choisy. Chev. de ...Cabaret des Morts.
...ernard. Portr. de la Marquise.
Bernard. Nœud gordien. Hom... ...ux. Gerfaut. Ailes d'Icare. Gentilh. ...ard, 2 v. Beau-père, 2 v. Paravent.
Lion. L'Écueil. Théâtre et Poésies.
...Berton. Bonheur impossible.

...uillet. Melænis.
...avard. Petite Ville. L'honneur ...mes.
Bréhat. Scènes de la vie contem... ...Bras d'acier.
...uchon. En Province.
...ize. Musiciens contemporains.
...rien (*Trad. de M. Souvestre*) ...nes Femmes.
...Carné. Drame sous la Terreur.
Carrey. Huit jours sous l'Équa... ...ets. de la Savane. Révoltés du ...écits de Kabylie. Scènes de la vie ...ie. Hist. et mœurs Kabyles.
Chabrillan. Voleurs d'or. Sapho.
...pfleury. Excentriques. Avent. de ...ariette. Réalisme. Souffr. du Prof. Premiers Beaux-Jours. Usurier Souv. des Funambules. Bourgeois ...nchért. Sensations de Josquin. ...aillou.
...ouvenirs d'un officier du 2me de...
...s.
...onscience (*Trad. Wocquier*) ...e la Vie flamande, 2 v. Fléan du Démon de l'Argent. Veillées Fla... Mère Job. Guerre des Paysans. ...du Soir. L'Orpheline. Batavia. ...1, 2 v. Souvenirs de Jeunesse. Flandre, 2 v.
Fleury. Voyages et Voyageurs.
...ntrague. Histoires d'amour et

...Dash. Bals masqués. Jeu de la Chaîne d'Or. Fruit défendu. Chât... ...que. Poudre et la neige. Marquise ...bère.
...al. Daumas. Grand Désert. ...du Sahara.
...suf. Aventures parisiennes. L'une ...e.
Dickens (*Trad. A. Pichot*). Név... ...ante, 2 v. Contes de Noël.
...idier. Mad. Georges. Fille de Roi.
Dumas. Vie au Désert, 2 v. Mai... ...lacé, 2 v. Charles le Téméraire, 2 v.
...Dumas fils. Avent. de quatre ...s. Vie à vingt ans. Antonine. Dame ...nélias. Boîte d'Argent.
...orville. Marq. de Pazaval. Cons...

...veux. Poésies. Vicomte de Launay, 4 v.
L. Gozlan. Châteaux de France, 2 v. Not... Je Chantilly. Émot. de Polydore Maras... quin. Nuits du Père Lachaise. Famille Lambert. Hist. de Cent trente Femmes. Mé... decin du Pecq. Dernière Sœur grise. Dragon rouge. Comédie et Comédiens. Marquise de Helveranx. Balzac et Vidocq.
Hildebrand (*Trad. Wocquier*). Scènes de la Vie hollandaise. Chambre obscure.
Hoffmann (*Trad. Champfleury*). Contes posthumes.
A. Houssaye. Femmes comme elles sont. L'Amour comme il est. Pécheresse.
Ch. Hugo. Chaise de paille. Bohème dorée, 2 v. Cochon de saint Antoine.
F. V. Hugo (*Trad.*). Sonnets de Shakspeare. Faust anglais de Marlowe.
E. Hugonnet. Souv. d'un Chef de bureau arabe.
J. Janin. Chem. de traverse. Contes litter. Contes fantastiq. L'Âne mort. Confession. Cœur pour deux Amours.
Ch. Joliey. Amour d'un Nègre.
A. Karr. Les Femmes. Agathe et Cécile. Promen. hors de mon Jardin. Sous les Tilleuls. Poignée de Vérités. Voy. autour de mon Jardin. Soirées de Sainte-Adresse. Pénélope normande. Encore les Femmes. Trois Cents Pages. Guêpes, 6 v. Menus Propos. Sous les orangers. Le Fleurs. Raoul. Roses noires et Roses bleues.
L. Kompert (*Trad. D. Stauben*). Scènes du Ghetto. Juifs de la Bohème.
A. de Lamartine. Les Confidences. Nouv. Confidences. Toussaint Louverture.
V. de Laprade. Psyché.
Th. Lavallée. Hist. de Paris, 2 v.
J. Lecomte. Poignard de Cristal.
J. de la Madelène. Âmes en peine.
F. Mallefille. Capitaine La Rose. Marcel. Mém. de Don Juan, 2 v. Monsieur Corbeau.
X. Marmier. Au Bord de la Neva. Drames intimes. Grande Dame russe.
F. Maynard. De Delhi à Cawnpore. Drame dans les mers boréales.
Méry. Hist. de Famille. Salons et Souterrains de Paris. André Chénier. Nuits anglaises. Nuits italiennes. Nuits espagnoles. Nuits d'Orient. Château vert. Chasse au Chastre.
P. Meurice. Scènes du Foyer. Tyrans de Village.
P. de Molènes. Mém. d'un Gentilh. du siècle dernier. Caract. et récits du temps. Chron. contemp. Hist. intimes. Hist. sentim. et milit. Avent. du temps passé.
F. Mornand. Vie arabe. Bernerette.
H. Murger. Dernier Rendez-vous. Pays Latin. Scén. de Campagne. Buveurs d'eau. Vacances de Camille. Roman de toutes les Femmes. Scén. de la Vie de Bohème. Propos de ville et propos de théâtre. Scén. de la vie de jeunesse. Sabot rouge. Madame Olympe. Amoureuses.
P. de Musset. Bavolette. Puylaurens.
A. de Musset, de Balzac, G. Sand. Tiroir du Diable. Paris et Parisiens. Parisiennes à Paris.
Nadar. Quand j'étais Étudiant. Miroir aux Alouettes.
Gérard de Nerval. Bohème galante. Marquise de Fayolles. Filles du Feu. Souvenirs d'Allemagne.
Charles Nodier (*Trad.*). Vicaire de Wakefield.
P. Perret. Bourgeois de campagne. Avocats et meuniers.
Amédée Pichot. Poètes amoureux.
E. Plouvier. Dernières Amours.
Edgard Poe (*Trad. Baudelaire*).

M. Radiguet. Souvenirs de l'A... que espagnole.
M. Révoil (*Traducteur*). Ha... Nouv. Monde. Docteur am-ricain.
L. Reybaud. Dernier des Co... Voyag. Coq du Clocher. Industrie en Jérôme Paturot. Position sociale. J. Paturot. République. Ce qu'on peut dans une Rue. Comtesse de Mauléon rebours. Vie de Corsaire. Vie de l'Emp...
A. Rolland. Martyrs du Foyer.
Ch. de La Rounat. Comédie de l'A...
J. de Saint-Félix. Scènes de... de Gentilhomme.
J. Sandeau. Sacs et Parchemins. M... veilles. Catherine.
G. Sand. Histoire de ma Vie, 10 v. ...prat. Valentine. India et Jeanne. Mar... Diable. Petite Fadette. François le Ch... Teverino. Consuelo, 3 v. Comt. de R... doltstadt, 2 v. André. Horace. Jacques. Bell 2 v. Lucrezia Floriani. Péché de M... toine, 2 v. Lettres d'un Voyageur. Mer... nier d'Angibault. Piccinino, 2 v. S... Dernière Aldini. Secrétaire intime.
E. Scribe. Théâtre, 20 v. Nouv... Historiet. et Prov. Piquillo Alliaga, 3 v.
Alb. Second. A quoi tient l'Amour.
Fr. Soulié. Mém. du Diable, 2 v. Cadavres. Quatre Sœurs. Conf. gén... 2 v. Au Jour le Jour. Marguerite. M... tre d'école. Bananier. Euldie. Por... Si Jeun. savait... si Vieill. pouvait. Huit jours au Château. Conseiller d'... Malheur complet. Magnétiseur. L... Port de Créteil. Co... t. de Toulouse... gerons. Été à Meud... n. Drames incon... Maison n° 3 de la r. de Provence, 4 v. Cadet de Famille. Amours de Bou... Olivier Duhamel. Chât. des Pyrénées. Rêve d'Amour. Diane et Louise. Pr... dup. Cont. pour les enfants. Quatre n... Sathaniel. Comte d'Toulouse. V... de Béziers. Saturni Fichet, 2 v.
E. Souvestre. Philos. sous les toi... Confess. d'un Ouvri... Coin du Feu. Scè... de la Vie intime. Chron... de M... Clairières. Scèn. de Chouannerie. Dr... la Prairie. Dern. P ysans. En Qua... taine. Scèn. et Réci des Alpes. Go... d'Eau. Soirées de Meudon. Échel... Femmes. Souv. d'un Vieillard. Sous... Filets. Contes et Nouv. Foyer breton, Dern. Bretons, 2 v. Anges du Foy... Sur la Pelouse. Riche et Pauvre. Le... de Jeunesse. Réprouvés. Éclus, 2 vol... Famille. Pierre et Jean. Deux Ma... Pendant la Moisson. ord du Lac H... mes parisiens. Sous les ombrages. Ma... cocagne. Mémorial de Famille. Sou... Bas-Breton, 2 v. L'H mme et l'Arg... Monde tel qu'il sera. Histoires d'autrefois... Sous la tonnelle. Théâtre de la Jeun...
Marie Souvestre. Paul Ferroll. ... duit de l'anglais.
D. Stauben. Scènes de la Vie ... Alsace.
De Stendhal. L'Amour. ...tofée Noir. Chartreuse de Par e. Promen... Rome, 2. v. Chroniq. italiennes. Mé... d'un touriste, 2 v. Vie d' Rossini.
Mme B. Stowe (*Trad. Forcade*). venirs heureux, 3 v.
E. Sué. Sept Péchés pitaux: ... gueil, 2 v. L'Envie, Colère, v. Luxure... resse, 2 v. Avarice, Gourmandise. Gil... et Gilberte, 3 v. Adèle Verneuil. Gr... Dame. Clémence Hervé.
E. Texier. Amour et Fi ance...
L. Ulbach. Secrets du Diable.
O. de Vallée. Maniers d'argent...

www.ingramcontent.com/pod-product-compliance
Lightning Source LLC
Chambersburg PA
CBHW071301160426
43196CB00009B/1381